深泉 심현섭 목사 설교집 · 1

[52주 설교] **하나님께서 함께 하신 사람들**

심현섭 지음

도서출판 **힘써**

축하의 글

정청송 목사
경희대학교 명예교수 · 평택대학교 총동문회 증경회장

　심현섭 목사님의 설교집 출판을 축하합니다.

　목사님과의 만남은 평택대학교의 전신인 피어선 신학원에서인데 벌써 49년 전입니다. 목사님은 학창 시절부터 학문과 경건에 남다른 영성이 느껴졌습니다.

　그 영성은 말로만 하는 것이 아니라 일상생활에서 하나님을 사랑하고 이웃을 사랑하는 실천적인 영성으로서 그 영성의 향기를 감지하게 되는 것은 결코 저만의 경험이 아닌 줄로 생각합니다. 그래서 그 영성의 향기가 머물렀고 머무는 곳마다 목사님을 기억하고 생각나게 합니다.

　목사님의 설교집은 '우리 안에 있는 하나님 말씀의 강력한 힘'을 말하고 있습니다. 이 설교집은 성경의 위대한 역사와 하나님께서 우리에게 보이려고 하시는 것을 말씀으로 정원(庭園)처럼 평화로움과 다이너마이트 같은 위력을 보입니다. 대한 예수교 장로회 총회(보수측) 총회장과 신학교 교장과 평택대학교 총동문회 부회장으로 오랫동안 수고하시며 목회 현장에서 최선을 다하여 전하신 설교입니다.

이 설교집은 52주일의 주옥과 같은 말씀으로 우리의 영성을 성령의 불 속으로 인도하며 말씀의 충만함을 이루고 있습니다. 목사님의 애쓰고 수고하신 노고를 높이 축하합니다. 말씀을 알기 쉽게 풀어 주셨으며 절기에 맞추어 펴낸 설교집입니다.

　이 설교집을 통하여 읽는 모든 성도들이 많은 은혜를 받을 것이라 믿으며 목사님의 신앙과 신학을 따르고자 하는 많은 제자와 후학들에게 큰 도움이 될 것입니다.

　심현섭 목사님의 앞길에 하나님의 은혜와 능력이 항상 함께 하셔서 앞으로 계획 중이신 설교집이 계속 출판되기를 간절히 고대합니다.

추천하는 말

문인원 목사
둔촌교회 목사 / 증경총회장

"오직 너 하나님의 사람아 … 의와 경건과 믿음과 사랑과 인내와 온유를 좇으며 믿음의 선한 싸움을 싸우라 … 이를 위하여 네가 부르심을 입었고 … 많은 증인 앞에서 선한 증거를 증거하였도다"(딤전 6:11-16)

하나님께서 부르심으로 선한 증거를 증거하게 하신 주님의 신실한 종 심현섭 목사님은 선한 싸움을 다 싸우고 달려갈 길을 마치고 믿음을 지킨 모범적인 목회자이며 후학들을 위하여 수고를 아끼지 아니한 신학자이신데 그의 지난날에 전한 말씀을 담은 '하나님께서 함께 하신 사람들' 이란 설교집이 세상에 태어나게 됨을 축하합니다.

목사님은 주님을 위한 많은 희생을 생활화한 종이라고 말할 수 있습니다. 1967년 목회를 시작하여 45년 동안 헌신하셨으며 후학들을 위한 강의는 많은 사람들에게 청교도적인 신앙의 세계를 맛보게 하셨습니다. 교회를 개척하고 목회를 하시면서 은퇴하실 때까지 매 주일 헌금의 십분의 일과 선교 헌금함을 만들어 모든 성도들이 선교에 자진 참여케 하여 어려움을 당하는 목회자들을 돕고 신학생들의 등록금을 은밀하게 돕는 생활은 모든 목회자들의 귀감이 되었습니다.

또한 길을 잃고 방황하는 많은 생명들을 길이요 진리요 생명이신 주님께로 인도하며 말씀으로 양육하기에 최선을 다하여 외치는 목사님의 메시지는 말씀의 증언 속에 생명이 있고 은혜가 있었습니다.

사도 바울의 고백처럼 선한 싸움을 마치고 달려 갈 길을 다 달려가고 믿음을 굳게 지킨 목회자로서 은퇴를 하신 후에 결코 묻어둘 수 없는 목사님의 보배와 같은 메시지를 뽑고 다듬어 설교 제1집을 출판하게 된 것을 진심으로 감사하며 축하를 드립니다.

목사님이 저술한 이 설교집이 많은 주의 종들과 신학도들에게 도움이 되리라는 것을 의심하지 않으며 또 일반 성도들에게도 신앙생활에 큰 영의 양식이 될 것을 확신하여 '하나님께서 함께 하신 사람들'을 필독할 것을 추천합니다.

끝으로 심현섭 목사님이 계획하고 계신 설교집이 계속 출판되기를 고대하면서 앞으로 건강하시기를 기원합니다.

심현섭 목사님 설교집에 붙여

김학진 목사
양촌교회 목사 · 교수 / 소설가

심현섭 목사님은 평소 존경하는 분입니다. 성실한 목회자이시며 성경 연구가이신 목사님께서 이번에 설교집을 내시게 됨을 기뻐하며 축하합니다. 그 성실한 성품이 설교문에도 그대로 나타나 있습니다. 강단 언어에 적절한 선택과 짜임새 있는 설교문은 복음의 진수를 담고 있습니다. 단순 담백함, 그리고 담담한 표현의 설교는 듣는 이들에게 감동을 주는데 이는 그의 삶의 성실함이 그대로 배어 있기 때문입니다.

학교에서도 설교학을 가르치고 계신데 현대 신학을 향하여 부르짖고 경고하는 보수(保守)의 열정은 다른 설교에서 찾을 수 없는 것입니다.

그동안의 목회 생활에서도 쉬지 않는 기도와 복음 전파의 열정과 건강 관리와 가족을 돌봄이 동료 목회자와 후배들에게 모범이 되셨습니다.

더욱이 보수 신학의 연구자답게 성경 언어의 분석과 객관적 방법에 의한 성경풀이에 있어 매우 탁월하고 특이함을 보여주고 있습니다.

설교집 출간에 기쁨을 함께 하며 동역자로서 축하를 표합니다.

저자가 드리는 말씀

옛날부터 세월은 흐르는 물과 같고 쏜 살과 같다고 하였는데 젊었을 때는 별로 실감이 나지 않았으나 지금 와서 뒤를 돌아보니 참으로 실감이 남을 새삼스럽게 자주 생각하게 됩니다.

32세에 홀로 되셔서 4개월 후에 나를 낳으시고 한 평생 모진 고생을 하시면서 오직 자식을 위하여 희생하시고 90세 되시던 해에 "우온이(손자 당시 군 복무중) 장가드는 것을 보고 가야 하는데 왜 자꾸 나를 오라고 하느냐 나는 더 있다 가야 한다"고 하시더니 2000년 11월에 91세를 다 채우지 못하시고 갑자기 돌아가셨는데 이 글을 쓰려니 12년 전에 돌아가신 어머니 생각이 자꾸 떠오르며 눈물이 흐름은 어찌된 일인가요?

하나님께서 "네 부모를 공경하라"고 하신 말씀을 외우기만 하고 실천을 하지 못한 것이 후회 막급입니다. 왜 살아 계실 때 효도를 하지 못하고 이제 와서 눈물을 흘린들 아무 소용없는 것을! … 그래서 옛날 중국 송나라의 주자(주희)는 그의 십회시(十悔詩)에서 "불효 부모 사후회(不孝 父母 死後悔, 불효를 하면 부모가 돌아가신 후에 후회한다)라고 했는데 그 의미를 생각하며 뒤늦게 후회하며 이 글을 씁니다.

세상에서 멸시를 받으며 소망도 없이 살던 나를 부르시고 일꾼으로 삼으시고 부족함과 허물을 덮어 주시고 또 용서하시며 일을 계속하고 이제 마칠 수 있게 하신 우리 주님께 감사드리며, 하일리교회(현. 하일동 제일교회)에서 신앙생활을 시작하고 신학교를 졸업한 후 용수리교회(현. 용수교회 ※경기도 광주군 초월면 용수리)에서 전도사로 사역을 시작한 것이 엊그제 같은데 45년이라는 세월이 지났습니다.

초등학교를 졸업하고 진학하지 못한 나를 배움의 길을 열어 주셔서 오늘 이 글을 쓸 수 있는 기초를 닦아주시고 생활의 모범을 보여 주신 당숙(相字 培字)어른과 바른 신앙생활을 지도해 주신 고(故) 김선신 장로님, 그리고 나를 신학의 길로 인도하시고 뒷바라지까지 해주신 당시 하일리교회에서 시무하시던 고(故) 이신혜 전도사님 그리고 저의 부족과 허물을 이해하시고 덮어주시고 나를 도와주시고 기도해주신 모든 분들과 또한 설교집을 출판하게 됨을 축하하여 말씀을 써주신 정청송 목사님과 추천사를 써주신 문인원 목사님과 김학진 목사님에게 감사의 말씀을 드립니다.

세상을 떠난다는 것이 나에게는 아주 먼 훗날이라고 생각하며 살아 왔는데 70이라는 나이를 넘기면서 "우리의 연수가 칠십이요 강건하면 팔십이라도 그 연수의 자랑은 수고와 슬픔뿐이요 신속히 가니 우리가 날아가나이다"(시90:10)라는 말씀이 내 머리에서 떠나지 않음으로 나도 이제는 세상을 떠나야 할 날이 가까워 오는 것을 느끼며 지난날 전한 말씀을 정리하여 동역자들과 후배들 또 제자들과 성도들에게 조금이라도 도움을 주고 떠나야지 하는 생각으로 이 책을 만들게 되었습니다.

특히, 내가 처음 목회를 할 때 설교에 대한 어려움이 많아 목회자의 길을 포기하려고도 했었으며 목회를 처음 하시는 분들이 설교에 많은 어려움을 겪을 때 낙심하여 사명을 포기하고 세상으로 돌아가는 이들이 있음으로 설교에 어려움을 겪는 목회자들이 이 책을 보고 "이런 설교로도 한 평생 목회를 했다니 나도 할 수 있겠구나" 하는 용기를 주기 위하여 이 설교집을 발행한 것이니 목회의 많은 어려움이 있더라도 중단하지 마시고 끝까지 사역에 진력하셔서 하나님께서 맡겨주신 민족 복음화를 위하여 끝까지 정진(精進)하셔서 선한 싸움을 다 싸우시고 달려갈 길을 마치고 믿음을 지키심으로 주님 앞에 서실 때 의의 면류관을 받으시기를 바랍니다.

그리고 많은 극한 어려움과 많은 시련 중에서도 불평 한 마디 하지 않고 변함없이 적극적으로 협력해준 아내와 자녀들과 또 이 책을 펴는 데 많은 도움을 준 사위들의 고마움을 새삼스럽게 느낍니다.

※ 설교의 구성은 구약성경에 나타난 인물 중에 하나님께서 함께 하신 사람들을 중심하였으며 각종 절기에 맞추어서 절기 설교를 하였습니다.

목 차

축하의 글 | 정청송 목사 ·· 2
추천하는 말 | 문인원 목사 ·· 4
심현섭 목사님의 설교 집에 붙여 | 김학진 목사 ····················· 6
저자가 드리는 말씀 ·· 7

1. 새 사람을 입고 새 출발하자(엡4:21-25) ···························· 12
2. 행복하게 사는 비결(시40:14-17) ··· 17
3. 항상 기뻐하라(빌4:4-7) ·· 22
4. 나는 행복한 사람이로다(신33:26-29) ··································· 27
5. 너희도 서로 사랑하라(요15:9-15) ··· 32
6. 하나님 뜻에 합당한 명절을(고전5:6-8) ································ 37
7. 하나님께서 모세와 함께 하심(출3:11-12) ···························· 42
8. 하나님께서 여호수아와 함께 하심(수1:1-8) ························ 47
9. 여호와께서 옷니엘과 함께 하심(삿3:7-11) ·························· 52
10. 하나님께서 드보라와 함께 하심(삿4:4-7) ·························· 57
11. 하나님께서 기드온과 함께 하심(삿6:11-18) ······················ 62
12. 하나님께서 입다와 함께 하심(삿11:29-33) ························ 67
13. 예수님을 대하는 사람들의 반응(마21:1-11) ······················ 72
14. 그리스도의 고난과 영광(눅24:13-35) ································· 77
15. 하나님께서 삼손과 함께 하심(삿16:28-39) ······················· 82
16. 하나님께서 룻과 함께 하심(룻4:13-17) ····························· 87
17. 하나님께서 사무엘과 함께 하심(삼상3:1-9) ······················ 92
18. 마땅히 아이에게 가르칠 것(잠22:1-6) ································ 97
19. 올바른 효도(엡6:1-4) ·· 102
20 성령을 충만하게 받은 사람들(행2:1-4) ······························ 107
21. 삼위 일체이신 하나님(마28:16-20) ····································· 112
22. 쓰임 받고 버림받은 사람(삼상10:1-8) ······························· 117

23. 하나님 마음에 맞은 다윗(행13:16-23) ········· 122
24. 다윗 왕의 유언(왕상2:1-9) ········· 127
25. 솔로몬이 드린 제사(왕상3:4-15) ········· 132
26. 솔로몬 왕의 타락(왕상11:1-13) ········· 137
27. 맥추의 초실절을 지키라(신16:9-12) ········· 142
28. 어리석은 르호보암 왕(왕상12:1-11) ········· 147
29. 어리석은 여로보암 왕(왕상12:25-33) ········· 152
30. 아사 왕의 개혁(왕상15:9-15) ········· 157
31. 사르밧 여인의 순종(왕상17:8-16) ········· 162
32. 나는 어떤 사람인가(왕상18:1-6) ········· 167
33. 엘리사의 결단(왕상19:19-21) ········· 172
34. 율법을 지키는 사람과 이용하는 사람(왕상21:1-16) ········· 177
35. 엘리야의 승천과 엘리사의 소명(왕하2:8-14) ········· 182
36. 개천을 많이 파라(왕하3:13-20) ········· 187
37. 불행을 행복으로 바꾼 사람(왕하4:1-7) ········· 192
38. 하나님의 영광을 위하여 하라(고전10:29-33) ········· 197
39. 나병을 고침 받은 사람(왕하5:1-14) ········· 202
40. 쇠도끼를 물에 빠뜨린 사람(왕하6:1-7) ········· 207
41. 복음을 전한 나병환자(왕하7:9-17) ········· 212
42. 형통한 히스기야 왕(왕하18:1-8) ········· 217
43. 히스가야 왕의 실수(왕하20:12-19) ········· 222
44. 요시야 왕의 종교개혁(왕하23:-1-7) ········· 227
45. 다윗 왕의 감사생활(대상16:1-6) ········· 232
46. . 요나의 감사기도(욘2:1-10) ········· 237
47. 사도 바울의 감사생활(몬1:1-7) ········· 242
48. 인정받지 못한 감사(눅18:9-14) ········· 247
49. 의로운 요셉(마1:18-25) ········· 252
50. 이사야 선지자가 본 예수님(사53:1-6) ········· 257
51. 말씀대로 내게 이루어지이다(눅1:26-38) ········· 262
52. 기쁘다 구주 오셨네(눅2:1-7) ········· 267

1. 새 사람을 입고 새 출발하자

에베소서 4:21-25
"진리가 예수 안에 있는 것 같이 너희가 참으로 그에게서 듣고 또한 그에게서 가르침을 받았을진대 너희는 유혹의 욕심을 따라 썩어져 가는 구습을 따르는 옛 사람을 벗어 버리고 오직 너희의 심령이 새롭게 되어 하나님을 따라 의와 진리의 거룩함으로 지으심을 받은 새 사람을 입으라 그런즉 거짓을 버리고 각각 그 이웃과 더불어 참된 것을 말하라 이는 우리가 서로 지체가 됨이라"

사람들은 누구나 새것을 좋아합니다. 아이가 태어나면 새 사람이 태어났다고 축하를 하며 결혼을 하면 새 신랑 혹은 새 아기라고 하며 축하를 하며 행복하게 살라고 복을 빕니다.

그리고 한 해를 보내고 새해를 맞이하면서 큰 기대를 가지고 송구영신 예배를 드리며 많은 음식을 장만하고 모든 사람들과 함께 즐거움을 나눕니다. 또한 잘못된 삶을 살던 사람이 바른 삶을 살게 되면 새 사람이 되었다고 칭찬을 아끼지 않습니다.

오늘 말씀에 사도 바울을 통하여 "새 사람을 입으라"고 하셨으므로 새해 첫 주일을 맞이하여 '새 사람을 입고 새 출발하자' 라는 제목으로 말씀을 전하겠습니다.

1. 예수님의 가르침을 받았기 때문입니다

　신앙생활은 하나님의 말씀과 예수님께서 하신 약속과 십자가의 대속을 믿고 가르쳐 주신 말씀을 따라서 사는 것인데 예수님의 약속은 믿으나 말씀대로 살지 않는 사람이 많습니다.
　예수님께서 약속하신 내세에 받는 영혼의 복인 구원은 예수 그리스도를 믿음으로 받을 수 있으나 하나님께서 약속하신 건강의 복과 물질과 만민 위에 뛰어나게 하신다는 복은 우리가 세상을 살아가면서 하나님께서 명령하신 대로 행해야 받을 수 있는데(신28:1-14) 많은 성도들이 하나님께 복을 구하기만 하고 하나님께서 가르쳐 주신 말씀대로 살지 않기 때문에 복을 받지 못하는 것입니다.
　사랑하는 성도들이여!
　하나님과 예수님께서 우리에게 어떻게 하라고 가르치셨는가를 성경 말씀을 통하여 잘 배워서 예수님께서 가르치신 대로 새 사람을 입고 사심으로 우리 하나님께서 약속하신 현세에서의 복과 내세의 구원의 복을 받으시기를 기원합니다.

2. 새 사람을 입으려면 옛 사람을 벗어야 합니다

　새 옷을 입으려면 먼저 입고 있던 옷을 벗고 입어야 합니다. 만약 먼저 입었던 옷을 벗지 않고 새 옷을 입으면 새 옷을 입은 모양도 좋지 않으며 활동하기에도 부자연스러운데 신앙생활도 이와 같이 구습을 벗지 않고 새 사람을 입으면 안 됩니다.
　그런데 신자 가운데는 간혹 옛날에 행하던 우상숭배와 음주와 흡연과 향락의 구습이라는 옷을 벗어버리지 않고 예수님을 믿는 새 옷을 겹쳐 입으려고 하는 사람이 있습니다. 즉, 절에 가면 부처 앞에 합장 배례(拜禮)하고 향교에 가거나 제사 때가 되면 제사를 지내며 한국 교회에서 금한 주초(酒草)와 도박과 향락을 끊지 않고 주일이 되면 교회에 오는 사람이 있습니다.

본문 말씀에 "너희는 유혹의 욕심을 따라 썩어져 가는 구습을 따르는 옛 사람을 벗어 버리라"고 하셨는데 옛 사람이란 우상 숭배하던 습관과 거짓말하는 것과 분을 품는 것, 도적질하는 것과 더러운 말을 하는 것이라고 하시며 이와 같은 것은 악의와 함께 버리라고 말씀하셨습니다.(엡4:26-32)

버릴 것은 과감하게 버리는 사람이 용기 있는 사람이고 취해야 할 것은 머뭇거리지 않고 신속하게 취하는 사람이 지혜로운 사람이요 주님의 마음에 합당한 사람이며 성공하는 사람입니다.

사랑하는 성도 여러분!

여러분이 벗어야 할 구습, 즉 옛 사람은 무엇입니까? 벗어야 할 옛 사람은 지금 당장 벗어버리시고 사도 바울을 통하여 말씀하신 대로 예수 그리스도로 새 옷을 입고 온전한 믿음으로 새로운 삶을 사심으로 예수님이 약속하신 은혜와 복을 받아 행복한 생애가 되시기를 기원합니다.

3. 덕을 세우며 사는 삶입니다

사람의 말은 하나님께서 주신 고귀한 선물입니다. 사람이 하나님의 형상을 따라 지음을 받고 하나님을 섬기며 만물의 영장이 되는 것은 말을 할 수 있기 때문이며 인류가 이루어 놓은 많은 문명과 문화도 말을 할 수 있기 때문에 가능하였습니다.

그런데 이렇게 귀중한 말이 잘못 사용되면 큰 문제가 발생하며 또 자신을 파멸로 끌고 가기도 합니다. 사람이 말을 어떻게 하느냐에 따라 복이 되기도 하며 반대로 화를 불러오기도 하므로 예로부터 "말 한 마디로 천 냥 빚을 갚는다"고 하였으며 "무기의 힘보다 혀의 힘이 더 강하다"고 하였습니다.

본문 말씀에도 "거짓을 버리고 각각 그 이웃으로 더불어 참된 것을 말하라 …… 무릇 더러운 말은 너희 입 밖에도 내지 말고 오직 덕을 세우는데 소용되는 대로 선한 말을 하여 듣는 자들에게 은혜를 끼치게 하라"(엡4:29)고 하셨습니다. 많은 사람들이 선한 일을 하면서도 말로 실수를 하여 자신의 선행이 인정을 받지 못하는 경우가 많으므로 예수님의 동생인 야고보를 통하여 "우리가 다 실수가 많으니 만일 말에 실수가 없는 자면 곧 온전한 사람이라"(약3:2)하시고 "혀는 곧 불이요 불의의 세계라 혀는 우리 지체 중에서 온 몸을 더럽히고 삶의 수레바퀴를 불사르나니 그 사르는 것이 지옥 불에서 나느니라"(약3:6)고 하셨습니다.

사랑하는 성도 여러분!

새해를 맞았으니 새 사람을 입은 성도로서 선한 말을 하여 덕을 세움으로 하나님께 영광을 돌리시며 하나님과 사람들에게도 인정받는 보람된 삶이 되시기를 기원합니다.

4. 용서하면서 사는 삶입니다

옛날부터 모든 사람이 염원하는 것은 사람과 사람 사이에, 민족과 민족 사이에, 나라와 나라 사이에 싸움이 없이 서로 돕고 화평하게 사는 것이었습니다. 이러한 사회나 국가를 이루기 위해서 무한한 노력을 해 왔으나 그 어느 한 시대도 전쟁이 없는 시대는 없었으므로 인류의 역사는 전쟁의 역사라고도 말을 합니다.

분명한 것은 예수님이 재림하시기 전에는 이러한 전쟁이 끝나지 않을 것입니다. 세계적으로는 어쩔 수 없다 하더라도 같은 민족이나 특히 이웃이나 또는 형제나 성도 사이에도 분쟁이 자주 일어나는데 그 해결 방법은 상대방을 이해하고 불쌍히 여기며 용서하는 길밖에 다른 방법은 없습니다.

이 세상 모든 일에는 문제를 삼으려면 문제 안 될 것이 없고 용서하려면 용서 못할 죄는 하나도 없습니다. 하나님께서 우리를 자녀로 받아주신 것은 우리의 죄가 없거나 용서받을 만한 가치나 자녀가 될 만한 이유가 있어서가 아니라 하나님께서 사랑으로 우리를 불쌍히 여기셨기 때문입니다.

우리도 다른 사람의 잘못을 볼 때 사랑의 마음으로 그를 불쌍히 여겨 용서해야 하는데 "오직 예수 그리스도로 옷 입고 정욕을 위하여 육신의 일을 도모하지 말라"(롬13:14)고 하신 말씀을 따라 순종하며 형제의 잘못을 용서하며 사는 것이 새 사람을 입은 성도로서 평화롭고 행복하게 사는 길입니다

사랑하는 성도들이여!

새해를 맞이하여 사도 바울을 통하여 가르쳐 주신 대로 옛 사람을 완전히 벗어버리고 새 사람을 입고 덕을 세우는 선한 말을 하며 인자한 마음으로 다른 사람의 잘못을 용서하면서 모든 사람과 화목하여 행복하게 사시기를 축원합니다.

2. 행복하게 사는 비결

시편 40:14-17
"내 생명을 찾아 멸하려 하는 자는 다 수치와 낭패를 당하게 하시며 나의 해(害)를 기뻐하는 자는 다 물러가 욕을 당하게 하소서 나를 향하여 하하 하하 하며 조소하는 자들이 자기 수치로 말미암아 놀라게 하소서 주를 찾는 자는 다 주 안에서 즐거워하고 기뻐하게 하시며 주의 구원을 사랑하는 자는 항상 말하기를 여호와는 위대하시다 하게 하소서 나는 가난하고 궁핍하오나 주께서 나를 생각하시오니 주는 나의 도우심이요 나를 건지시는 이시라 나의 하나님이여 지체하지 마소서"

세상의 모든 사람들은 행복하게 살기 위하여 많은 노력을 하지만 참 행복은 무엇이며, 왜 행복해야 하는가, 행복은 어디에서 찾아야 하는가를 바르게 알지 못하므로 헛수고와 죄에 빠지고 있습니다.

그래서 왜 행복하게 살아야 하는가, 어떻게 사는 것이 행복인가, 행복은 어디에서 찾아야 하는가를 '행복하게 사는 비결'이라는 제목으로 말씀을 전하겠습니다.

1. 행복은 하나님께 소망을 두고 사는 것입니다

행복한 사람과 불행한 사람은 간단하게 표현하면 소망을 가진 사람과 소망을 잃어버린 사람의 차이입니다. 사람들은 행복하기 위하여 이 행복을 주는 절대자를 찾기 시작한데서 종교 생활을 하게 되었는데 웅장한 산이나 큰 나무 또는 일월성신 또는 동물에게 소망을 두고 이를 섬김으로 행복의 길을 벗어나고 있습니다.

본문 말씀에 "주를 찾는 자는 다 주로 즐거워하며 기뻐하게 하시며"라고 하셨습니다. 이는 사람의 행복은 하나님께 있으므로 하나님을 찾으면 행복하게 해 주신다는 말씀인데 사람들은 이를 믿지 않고 도움을 줄 수 없는 피조물에 소망을 두고 노력을 하다가 하나님과 원수가 되고 깊은 늪에 빠져 후회와 좌절만을 남기게 되는데 "야곱의 하나님을 자기의 도움으로 삼으며 여호와 자기 하나님에게 자기의 소망을 두는 자는 복이 있도다"(시146:5)라고 행복의 길을 가르쳐 주셨습니다.

사랑하는 성도들이여!

소망을 어디에 두셨습니까? 도울 힘이 없는 피조물에 소망을 두지 말고 도와주실 것을 약속하신 하나님께 소망을 두고 말씀에 순종하여 소망이 이루어짐을 체험하면서 행복하게 사시기를 기원합니다.

2. 행복을 재물에서 찾지 말아야 합니다

사람들은 물질이 많고 적음을 행복과 불행의 척도로 알고 재물을 모으는 것을 삶의 목표로 삼고 수단 방법을 가리지 않고 불법을 행하여 사회의 질서를 무너뜨리고 자신은 물론 다른 사람의 목숨까지 해하는 끔찍한 죄를 범하기도 합니다.

그러나 재물은 삶을 편안하게는 하지만 온전한 행복은 주지 못하며 참된 행복은 하나님께서 주시는 것이므로 본문 말씀에서 다윗은

"나는 가난하고 궁핍하오나 주는 나의 도움이시오 건지시는 자시라" (시40:17)고 하나님께 감사하며 노래하였습니다.

그리고 하박국 선지자도 "비록 무화과나무가 무성하지 못하며 포도나무에 열매가 없으며 감람나무에 소출이 없으며 밭에 먹을 것이 없으며 우리에 양이 없으며 외양간에 소가 없을지라도 나는 여호와로 말미암아 즐거워하며 나의 구원의 하나님으로 말미암아 기뻐하리로다"(합3:17-18)라고 하였습니다.

예수님께서 "낙타가 바늘귀로 들어가는 것이 부자가 하나님의 나라에 들어가는 것보다 쉬우니라"(마19:24)라고 하셨는데 이는 재물로 인하여 즐거움을 누리려다 믿음을 잃어버리게 되어 하나님께서 주시는 즐거움과 하나님의 나라를 상실하게 되므로 경고하신 말씀입니다.

사랑하는 성도들이여!

행복을 재물에서 찾지 마시고 예수님께서 "너희는 먼저 그의 나라와 그의 의를 구하라 그리하면 이 모든 것을 너희에게 더하시리라" (마6:33)고 하심 말씀을 믿고 그의 나라와 그의 의를 구하심으로 모든 것을 받으시기를 기원합니다.

3. 하나님의 사랑을 생각해야 합니다

사람들은 세상을 살아가는데 가장 중요한 것은 재물이라고 생각하는데 사실 재물의 힘은 대단합니다. 그러므로 예로부터 "돈이 제갈량이라"고 하며 요즘은 "유전무죄(有錢無罪)요 무전유죄(無錢有罪)라는 말로 돈의 위력을 말하고 있습니다.

그러나 재물의 힘보다 사랑은 더 큰 힘을 가지고 있습니다. 근래에 이혼하는 가정이 많은데 특이한 것은 가난한 가정의 이혼율 보다 부유한 가정의 이혼율이 높다는 것입니다. 이는 가난한 사람들은 재물에서 행복을 찾지 않고 자신들이 가지고 있는 사랑에서 행복을 찾으면서 살지만 부유한 사람들은 사랑에서 행복을 찾기보다 눈에 보이는 많은 재물에서 행복을 찾고 있으므로 사랑은 식어지고 재물이 가정을 파괴하는 함정이 되는 것입니다.

사람은 사랑을 받고 있느냐 아니냐에 따라 행복이 결정되는데 특히 누구의 사랑을 받고 있느냐가 중요합니다. 그런데 성도는 하나님의 사랑을 받고 살아가는데 하나님의 사랑은 우리 인간은 상상조차 할 수 없는 넓고 크고 고귀한 것으로서 하나님과 원수된 우리의 죄를 용서하시기 위하여 독생자 예수 그리스도를 십자가에 내어 주신 사랑으로 우리가 이 큰 사랑을 받고 있음을 생각하면 어떤 환경에서도 넘치는 기쁨으로 행복하게 살 수 있습니다.

4. 하나님의 약속을 믿으면 행복하게 됩니다

사람이 동물들과 다르게 문명사회를 만들고 문화생활을 할 수 있게 된 것은 약속을 할 수 있기 때문인데 약속은 질서를 가져오며 질서는 삶의 평안함과 소망을 바라보게 하며 이웃과의 관계를 원활하게 하는 윤활유 역할을 해줍니다.

만약 약속 없이 산다면 짐승들과 같이 약육강식(弱肉强食)에 의한 본능에 따라 살게 되어 문명사회를 이루지 못하고 즐거움은 있을 수 없고 다만 생명을 유지하기 위하여 싸워야 하므로 불안함과 초조함이 연속되므로 불행하게 살 수 밖에 없습니다.

그리고 어떤 사람과 어떤 약속을 하면서 사느냐에 따라 행복과 불행이 결정되는데 만약 악한 사람과 약속을 하면 나도 악한 일에 어쩔 수 없이 동참하게 되어 죄악에 빠질 수밖에 없으며 신용이 없는 사람과 약속을 하면 항상 속고 또 이용만 당하게 되므로 행복할 수 없고 불행이 기다릴 뿐입니다. 그러나 선하고 지혜와 능력이 있으며 신용이 있는 사람과 약속을 하면 어려운 일이 있을 때 그 사람과 의논을 하며 도움을 받아 문제를 해결하게 되므로 즐거움으로 행복하게 살게 되는데 성도는 전지전능하시며 한 번 약속하신 것은 절대로 변치 않으시는 신실하신 하나님께서 함께 하시며 도우신다(사43:)고 약속하셨으므로 어떤 일을 만나도 두려워하거나 근심하지 않고 하나님께 구하여 문제를 해결받고 행복하게 살아가게 됩니다.

예수님께서도 "구하라 그러면 너희에게 주실 것이요 찾으라 그러면 찾을 것이요 문을 두드리라 그러면 너희에게 열릴 것이니 구하는 이마다 얻을 것이요 찾는 이가 찾을 것이요 두드리는 이에게 열릴 것이니라"(마7:7-8)고 약속하셨으며 또 사도 베드로를 통해 "너희 염려를 다 주께 맡기라 이는 저가 너희를 돌보심이라"(벧전5:7)고 말씀하셨습니다.

사랑하는 성도들이여!

행복한 삶을 원하십니까? 재물에서 행복을 찾지 마시고 하나님의 사랑하심과 하나님의 변치 않는 약속을 믿고 하나님 뜻에 합당한 생활을 하며 충성하시면 하나님께서 도와주실 것이니 앞으로의 남은 삶을 주께 맡기셔서 하나님의 도우심을 받으시며 행복하게 사시기를 축원합니다.

3. 항상 기뻐하라

빌립보서 4:4-7
"주 안에서 항상 기뻐하라 내가 다시 말하노니 기뻐하라 너희 관용을 모든 사람에게 알게 하라 주께서 가까우시니라 아무것도 염려하지 말고 다만 모든 일에 기도와 간구로 너희 구할 것을 감사함으로 하나님께 아뢰라 그리하면 모든 지각에 뛰어난 하나님의 평강이 너희 마음과 생각을 지키시리라"

기쁘게 사는 것이 모든 사람의 소망입니다 그러므로 기쁨을 찾기 위하여 많은 노력을 하는데 잘못된 곳과 잘못된 방법으로 기쁨을 찾다가 오히려 실패로 끝내는 사람들이 많습니다.

그러므로 우리 예수님께서 사도 바울을 통하여 우리 성도들에게 기쁨으로 사는 길을 가르쳐 주셨으므로 오늘은 '항상 기뻐하라' 라는 제목으로 말씀을 전하겠습니다.

1. 주안에서 기뻐하라고 하셨습니다

세상에는 사람들이 기쁨을 누릴 수 있는 곳과 방법이 많이 있으므로 사람들은 살기 좋은 세상이라고 하며 기쁨을 누릴 수 있는 곳을 찾아다니는데 이러한 기쁨은 일시적인 것이며 후회를 남기게 되므로 우리 예수님께서 사도 바울을 통하여 우리 성도들이 누릴 온전한 기쁨과 방법을 가르쳐 주셨으니 곧 "주 안에서 항상 기뻐하라"고 하신 것인데 이는 주님 안에는 기쁨이 충만하기 때문에 우리가 주님 안에만 있으면 항상 기뻐할 수 있습니다.

그러므로 "너희는 마음에 근심하지 말라 하나님을 믿으니 또 나를 믿으라"(요14:1)고 하셨으며 "평안을 너희에게 끼치노니 곧 나의 평안을 너희에게 주노라 내가 너희에게 주는 것은 세상이 주는 것과 같지 아니하니라 너희는 마음에 근심하지도 말고 두려워하지도 말라"(요14:28)고 예수님께서 말씀하셨습니다.

사랑하는 성도 여러분!

잘못된 곳이나 잘못된 방법으로 기쁨을 찾지 마시고 예수님께서 우리를 위하여 예비하신 참 평안을 찾으셔서 주님 안에서 항상 기쁨으로 행복하게 사시기를 기원합니다.

2. 관용하는 사람에게 기쁨을 주십니다

관용이란 다른 사람이 나에게 대하여 잘못을 했더라도 너그러운 마음으로 받아들이는 것을 말하는데 사람들은 자신의 잘못에 대하여는 너그럽게 생각하면서 다른 사람의 잘못에 대하여는 용서를 하기에 너무 인색하여 '관용'이라는 말은 국어사전에나 있는 것으로 생각하고 내 마음에는 두려하지 않는 이들이 많습니다.

그런데 다른 사람의 잘못을 관용하지 않으면 잘못을 저지른 사람은 물론이요 관용하지 못한 자신의 마음도 분노가 사라지지 않으므로 마음에 기쁨이 사라지고 괴로움이 계속되며 그 사람과의 관계가 회복되지 않고 점점 멀어짐으로 인간관계가 점점 어려워지기 때문에 마음에 증오심으로 가득 차게 되어 삶의 보람을 느끼지 못하며 삶이

싫어지므로 염세주의자가 되기도 합니다.

그러므로 본문에 "주 안에서 항상 기뻐하라"고 하신 후에 "너희 관용을 모든 사람에게 알게 하라"고 말씀하셨는데 이는 용서받는 사람을 위한 것만이 아니라 용서하는 사람 자신을 위한 말씀이기도 함을 명심해야 합니다.

그런데 세상 사람들은 "내 눈에서 눈물이 나게 하면 네 눈에서는 피가 나게 하겠다"고 하기도 하는데 이는 상대방의 잘못을 절대로 용서하지 않고 몇 배로 갚아주겠다는 말로서 이를 생각해 보면 관용한다는 것은 참으로 어려운 일이며 어리석은 사람같이 보이기도 합니다.

사랑하는 성도 여러분!

예수님을 믿는 사람들은 예수님께서 "너희가 다른 사람의 잘못을 용서하면 너희 하늘 아버지께서도 너희 잘못을 용서하시려니와 너희가 사람의 잘못을 용서하지 아니하면 너희 잘못을 용서하지 아니하시리라"(마6:14-15)고 하신 말씀을 생각하고 다른 사람의 잘못을 용서하고 하나님께서 나의 잘못을 용서하심을 믿고 기쁨으로 사시기를 기원합니다.

3. 염려를 주께 맡기면 기쁨을 주십니다

옛날 중국에 하늘이 무너질 것을 걱정하는 사람이 있었는데 이렇게 쓸데없이 하는 염려를 기우(杞憂)라고 합니다.

세상에는 염려하려면 염려 안 될 것이 없으므로 사도 바울을 통하여 본문 말씀에 "아무것도 염려하지 말라"고 하셨는데 예수님께서도 "그러므로 염려하여 이르기를 무엇을 먹을까 무엇을 마실까 무엇을 입을까 염려하지 말라 이는 다 이방인들이 구하는 것이요 너희 하늘 아버지께서 이 모든 것이 너희에게 있어야 할 줄을 아시느니라"(마6:31-32)고 하셨습니다.

이는 우리가 하나님께 맡겨야 할 것을 염려하기 때문에 베드로를 통하여 "너희 염려를 다 주께 맡겨 버리라"(벧전5:7)고 말씀하셨는데 이는 우리가 해결할 수 없는 문제를 해결하려고 시간이나 정력이나 물질을 낭비하지 말고 하나님께 맡기고 기도하면서 자신에게 주어진 일에 하나님의 뜻에 따라 최선을 다하면 하나님께서 해결해 주신다는 약속의 말씀입니다.

성도들이 해야 할 염려는 "어떻게 해야 하나님께 영광을 돌리며 살 수 있을까"입니다. 그러므로 사도 바울을 통하여 "주를 기쁘시게 할 것이 무엇인가 시험하여 보라"(엡5:10)고 하셨고, 또 "하나님의 뜻대로 하는 근심은 후회할 것이 없는 구원에 이르게 하는 회개를 이루는 것이요 세상 근심은 사망을 이루는 것이니라"(고후7:10)고 하셨습니다.

사랑하는 성도 여러분!

우리가 해결할 수 없는 문제들은 하나님께 맡기고 기도하면서 맡은 일에 충실하여 하나님의 도우심을 받아 문제를 해결 받으며 기쁨으로 사시기를 기원합니다.

4. 하나님의 평강이 지켜 주십니다

사람들은 자신의 마음은 자기 생각대로 할 수 있다고 말하지만 자기의 마음이라도 자기 생각대로 움직이지 못하기 때문에 큰 일을 한 사람들은 "외적인 조건보다 자신과의 싸움, 즉 마음의 갈등을 해결하는 것이 더 힘들었다"고 고백합니다.

그리고 "내가 나를 잘 안다"고 말하는 사람들이 많은데 오히려 다른 사람이 나를 아는 것보다 자기 자신을 모르고 과대평가하고 자신을 과신(過信)하다가 실패하는 사람들이 의외로 많습니다.

그러나 하나님께서 천지 만물과 인간을 창조하시고 다스리시는 전지전능하신 분으로 우리의 마음과 현재뿐 아니라 미래도 아시기 때문에 예수님께서 "너희에게는 머리털까지도 다 세신 바 되었나니 너희는 두려워하지 말라"(마10:30-31)고 하셨는데 이는 곧 하나님을 믿고 모든 것을 맡기는 성도에게 모든 문제를 해결해 주시고 평강을 주신다는 약속의 말씀입니다.

그러므로 본문 말씀에서도 "아무것도 염려하지 말고 다만 모든 일에 기도와 간구로 너희 구할 것을 감사함으로 하나님께 아뢰라 그리하면 모든 지각에 뛰어난 하나님의 평강이 그리스도 예수 안에서 너희 마음과 생각을 지키시리라"고 하셨습니다.

사랑하는 성도 여러분!

기쁨으로 살기를 원하십니까?

기쁨을 세상에서 찾지 마시고 주님 안에서 찾으십시오. 그리고 모든 사람에게 관용하십시오. 아무것도 염려하지 말고 모든 염려를 하나님께 맡기고 기도하며 오직 하나님을 기쁘시게 할 것이 무엇인가를 생각하며 실천하십시오. 그리하여 모든 지각에 뛰어난 하나님의 평강이 지켜주심으로 항상 기쁨으로 하나님의 은혜를 찬양하며 사는 행복한 성도가 되시기를 축원합니다.

4. 나는 행복한 사람이로다

신명기 33:26-29
"여수룬이여 하나님 같은 이가 없도다 그가 너를 도우시려고 하늘을 타고 궁창에서 위엄을 나타내시는도다 영원하신 하나님이 네 처소가 되시나니 그의 영원하신 팔이 네 아래에 있도다 그가 네 앞에서 대적을 쫓으시며 멸하라 하시도다 이스라엘이 안전히 거하며 야곱의 샘은 곡식과 새 포도주의 땅에 홀로 있나니 곧 그의 하늘이 이슬을 내리는 곳에로다 이스라엘이여 너는 행복한 사람이로다 여호와의 구원을 너같이 얻은 백성이 누구냐 그는 너를 돕는 방패시요 네 영광의 칼이시로다 네 대적이 네게 복종하리니 네가 그들의 높은 곳을 밟으리로다"

모세는 하나님께서 주신 민족 구원의 사명을 완수하고 느보산에 올라가서 약속의 땅 가나안을 바라본 후에 모든 백성들에게 "이스라엘이여 너는 행복한 사람이로다"라고 하였는데 이는 오늘 우리 성도들에게도 하신 말씀이므로 본문 말씀을 가지고 '나는 행복한 사람이로다' 라는 제목으로 말씀을 전하겠습니다.

1. 하나님께 택함을 받았기에 행복한 사람입니다

세상 모든 사람은 국적이 있으며 각 단체에 소속되어 있는데 만약 어느 나라 어느 단체에도 소속되어 있지 않으면 그 사람은 신분의 보장을 받지 못하여 직장에도 다닐 수 없으며 자기의 권리를 행사할 수 없음으로 국가에서 자기에게 부과하는 각종 의무를 다하며 소속된 단체에서 제명되지 않기 위하여 회비를 내며 자기에게 주어진 임무를 다하려고 많은 노력을 합니다.

백 년을 못사는 이 세상에서도 자신의 의무를 다해야 인정을 받고 신분의 보장을 받아야 삶의 지장이 없는데 하물며 우리의 영원한 생명인 영(靈)의 소속이 어디냐가 얼마나 중요하겠습니까?

하나님께서 사람을 지으시고 코에 생기를 불어넣으심으로 생령(生靈)이 되게 하셨으므로 하나님께 소속되어 있었는데 사탄의 미혹으로 죄를 범하여 사탄의 노예로 그 소속이 바뀌었습니다.

그런데 하나님께서 이스라엘 백성들을 택하셔서 하나님의 백성을 삼으셨으며 애굽에서 노예생활을 하던 그들을 약속에 땅 가나안으로 인도하시고 그들에게 모세를 통하여 "이스라엘이여 너는 행복한 사람이로다"라고 하셨는데 이는 오늘 우리들을 택하셔서 예수님의 보혈로 모든 죄를 씻어주셔서 우리가 하나님의 자녀가 되었으므로 우리들도 행복한 사람이 되었다는 말씀입니다.

사랑하는 성도들이여!

우리가 귀한 사람에게 선택을 받아도 복 받은 사람이라고 하는데 우리는 전지전능하신 하나님의 택하심을 받아 하나님의 자녀가 되었으니 행복하게 사시기를 기원합니다.

2. 하나님께서 도와주심으로 행복한 사람입니다

이스라엘 백성들이 애굽에서 나와서 가나안에 이르기까지 수많은 전쟁을 하였는데 조건으로 본다면 도무지 승산이 없는 전쟁이었으나 하나님께서 도와주심으로 인하여 모든 전쟁에서 승리하여 가나안을 눈 앞에 바라보게 되었습니다.

그런데 가나안 땅에는 기골이 장대한 일곱 족속이 성벽을 높이 쌓고 좋은 병기로 무장한 군인들이 지키고 있었으므로 40년 동안의 광야생활에 지친 이스라엘 백성들은 낙심할 수밖에 없었는데 하나님께서 모세를 통하여 "영원하신 하나님이 너의 처소가 되시니 그의 영원하신 팔이 네 아래에 있도다 그가 네 앞에서 대적을 쫓으시며 멸하리라"(신33:27)고 하셨는데 이는 지금까지 도와주신 것 같이 앞으로도 도와주시겠다는 약속의 말씀을 하시면서 "이스라엘이여 너는 행복한 사람이로다"라고 하신 말씀으로 오늘 택하심을 받은 우리들에게 "도와주시겠다"고 약속하신 말씀입니다.

곰곰이 생각해보면 우리가 지금까지 사는 동안 하나님의 도우심을 받지 않은 때가 단 하루, 한 순간도 없었음을 깨닫게 됩니다.

사랑하는 성도 여러분!

예수님께서 승천하시기 전에 "내가 세상 끝날까지 너희와 항상 함께 있으리라"(마28:20)고 하신 말씀을 생각하고 모든 어려움을 하나님께 맡기고 믿음으로 구하셔서 하나님의 도우심을 받아 모든 문제를 해결받고 하나님께 영광을 돌리며 행복하게 사시기를 기원합니다.

3. 승리를 약속 받았으므로 행복한 사람입니다

우리가 사는 동안 많은 문제와 싸우게 되는데, 특히 악의 영, 즉 사탄과의 싸움은 나의 힘으로는 도저히 이길 수 없으므로 인류의 조상인 아담과 하와도 사탄과의 싸움에서 실패하였고 믿음의 조상들 중에도 많은 선진들이 패하였습니다. 그런데 하나님께서 이사야 선지자를 통하여 택한 백성들에 승리를 약속하셨으니 "야곱아 너를 창조하신 여호와께서 지금 말씀하시느니라 이스라엘아 너를 지으신 이가 말씀하시느니라 너는 두려워하지 말라 내가 너를 구속하였고 내가 너를 지명하여 불렀나니 너는 내 것이라 네가 물 가운데로 지날 때에 내가 너와 함께 할 것이라 강을 건널 때에 물이 너를 침몰치 못할 것이며 네가 불 가운데로 지날 때에 타지도 아니할 것이요 불꽃이 너를 사르지 못할지니 대저 나는 여호와 네 하나님이요 이스라엘의 거룩한 이요 네 구원자임이라"(사43:1-3상)고 하셨습니다.

예수님께서 말씀하시기를 "세상에서는 너희가 환난을 당하나 담대하라 내가 세상을 이기었노라"(요16:33)고 하셨는데 이는 우리가 예수님을 믿을 때 환난을 당하게 되지만 예수님의 승리는 곧 성도를 위한 승리이며 또한 성도의 승리이므로 이미 승리가 보장되었으니 환난을 두려워 할 필요가 없다는 말씀입니다.

사랑하는 성도 여러분!

성도가 어려움을 당할 때 하나님께서 망하도록 내버려두지 않으시고 승리하게 하신다고 약속하셨으니 어떤 일을 당해도 낙심하지 마시고 하나님의 약속을 믿고 기도하며 인내하심으로 승리하시고 행복한 삶을 사시기를 기원합니다.

4. 내세가 보장되었으므로 행복한 사람입니다

사람들이 기쁨을 잃고 근심하는 이유는 여러 가지가 있으나 가장 큰 이유는 장래에 대한 보장이 없을 때이므로 장래를 보장하기 위하여 보험을 들며 또 많은 재물을 쌓아 놓기도 합니다.

그런데 사람은 현세의 삶에 대한 보장도 중요하지만 그보다 중요한 것은 내세에 대한 보장이므로 내세에 대한 보장을 받기 위하여 자신의 내세를 보장해줄 절대자를 찾다가 피조물을 섬기며 때로는 자신의 손으로 형상을 만들어 놓고 섬김으로 우상숭배의 죄를 범하여 오히려 하나님의 진노를 사게 되었습니다.

그러므로 사도 바울을 통하여 우상을 숭배하는 사람들에게 "썩어지지 아니하는 하나님의 영광을 썩어질 사람과 새와 짐승과 기어다니는 동물 모양의 우상으로 바꾸었느니라 그러므로 하나님께서 그들을 마음의 정욕대로 더러움에 내버려 두사 그들의 몸을 서로 욕되게 하셨으니 이는 그들이 하나님의 진리를 거짓 것으로 바꾸어 피조물을 조물주보다 더 경배하고 섬김이라 주는 곧 영원히 찬송할 이시로다(롬 1:23-25)라고 말씀하셨습니다.

그러나 하나님을 믿는 성도에게는 "영접하는 자 곧 그 이름을 믿는 자들에게는 하나님의 자녀가 되는 권세를 주셨다"(요1:12)고 하셨으며 또 "하나님이 세상을 이처럼 사랑하사 독생자를 주셨으니 이는 저를 믿는 자마다 멸망하지 않고 영생을 얻게 하려 하심이니라"(요3:16)고 하셨습니다.

사랑하는 성도 여러분!

우리는 하나님의 택하심을 받고 하나님의 자녀가 되었으며 하나님의 도우심을 약속받았으므로 승리가 보장되었으니 현재 세상에서뿐 아니라 내세까지 보장되었음을 믿으시고 하나님께 충성하며 행복하게 사시기를 축원합니다.

5. 너희도 서로 사랑하라

요한복음 15:9-15
"아버지께서 나를 사랑하신 것 같이 나도 너희를 사랑하였으니 나의 사랑 안에 거하라 내가 아버지의 계명을 지켜 그의 사랑 안에 거하는 것 같이 너희도 내 계명을 지키면 내 사랑 안에 거하리라 내가 이것을 너희에게 이름은 내 기쁨이 너희 안에 있어 너희 기쁨을 충만하게 하려 함이라 내 계명은 곧 내가 너희를 사랑한 것같이 너희도 서로 사랑하라 하는 이것이니라 사람이 친구를 위하여 목숨을 버리면 이보다 더 큰 사랑이 없나니 너희는 내가 명하는 대로 행하면 곧 나의 친구라 이제부터는 너희를 종이라 하지 아니하리니 종은 주인이 하는 것을 알지 못함이라 너희를 친구라 하였노니 내가 내 아버지께 들은 것을 다 너희에게 알게 하였음이라"

예수님께서 이 세상에 오신 것은 멸망의 자리에 빠져있는 인류를 구원하시려는 지극한 사랑 때문이므로 사랑을 실천하시고 또 사랑을 가르치셨는데 본문 말씀에 "내가 너희를 사랑한 것같이 너희도 서로 사랑하라"고 하셨으므로 '너희도 서로 사랑하라'는 제목으로 말씀을 전하겠습니다.

1. 하나님의 사랑으로 구원을 받았기 때문입니다

하나님께서 우리에게 주신 선물 가운데 가장 귀한 것이 구원입니다. 독생자 예수님을 이 땅에 보내주셔서 우리를 구원하셨는데 이 구원의 선물은 우리가 받을 만한 자격이 있어서가 아니라 하나님께서 우리를 사랑하심으로 선물로 주신 것입니다. 선물은 받고 싶은 사람 마음대로 받는 것이 아니라 주시는 분에 의하여 결정되며 선물은 선물의 내용과 또 누가 주느냐에 따라서 그 가치가 달라지는데 우리가 받은 선물은 천하를 주고도 얻을 수 없는 구원 즉 영생이며 이를 주신 분은 우주 만물을 창조하시고 또 다스리시며 인생의 생사화복을 주관하시는 전지전능하신 하나님이시며 이 하나님은 사랑의 근원이시며 본체이십니다.

하나님께서 죄인된 우리를 사랑하셔서 예수 그리스도를 보내 주셨으며 예수님은 우리에게 사랑을 가르치시고 십자가에 달리심으로 사랑을 실천하셨으며 부활 승천하심으로 영원한 세계를 확신케 하시고 다시 오실 것을 약속하셨습니다.

그리고 본문 말씀에 "아버지께서 나를 사랑하신 것같이 나도 너희를 사랑하였으니 나의 사랑 안에 거하라"고 하셨는데 이는 하나님의 사랑 받음을 잊지 말고 기억하라는 말씀입니다.

사랑하는 성도 여러분!

하나님의 사랑으로 구원을 선물로 받았으니 구원을 선물로 주신 하나님께 충성하시기를 기원합니다.

2. 서로 사랑하라고 명령하셨습니다

사람은 누구나 행복한 삶을 원하는데 행복한 삶의 기본은 사랑입니다. 행복을 위하여 많은 조건들을 갖추어 놓았어도 사랑이 없으면 행복은 나와 관계가 없으므로 "내가 사람의 방언과 천사의 말을 할지라도 사랑이 없으면 소리나는 구리와 울리는 꽹과리가 되고"(고전13:1)

"그런즉 믿음 소망 사랑 이 세 가지는 항상 있을 것인데 그 중에 제일은 사랑이라"(고전13:13)고 하셨습니다.

사람들은 옛날부터 사랑의 소중함은 다 알고 있으며 "사랑은 주는 것이라"고 합니다. 그런데 세상에서 가장 사람을 괴롭게 하는 것은 돈을 주고서 받지 못하는 것이 아니라 사랑을 주기만 하고 받지 못하는 것입니다.

주기만 하고 받지 못하는 사랑을 짝사랑이라 하며 짝사랑은 상사병이라는 무서운 병이 들거나 증오로 변하여 무서운 죄를 범하게도 됩니다. 그러므로 사랑은 주기만 하지 말고 다른 사람의 사랑을 받을 줄도 알아야 합니다. 사랑은 주고 또 받아야 그 사랑이 더욱 성장하게 되고 아름다운 가치를 발휘합니다. 그러므로 본문 말씀에서 "사랑하라"고 일방적인 사랑을 말씀하시지 않고 "서로 사랑하라"고 '서로' 사랑할 것을 말씀하셨습니다.

사랑하는 성도 여러분!

사랑을 서로 주고 받아 열매를 맺으며 주님의 사랑 안에 거하시며 행복하게 사시기를 기원합니다.

3. 사랑을 하면 행복을 주십니다

옛날 어떤 가수는 "사랑을 하면은 예뻐져요"라는 노래를 해서 유명해졌습니다. 사랑을 하면 왜 예뻐질까요? 흔히 예쁜 사람이 사랑을 받는다고 생각하고 예뻐지기 위하여 성형 수술을 하기도 하는데 때로는 잘못되어 오히려 불행하게 되는 사람도 있습니다. 그러나 예쁘기 때문에 사랑하는 사람이라면 더 예쁜 사람이 나타나면 그쪽으로 옮겨 갈 가능성이 많기 때문에 마음이 항상 불안하여 행복은 있을 수가 없습니다.

그러나 사랑을 하므로 예쁘게 보인다면 그 사랑은 영원할 것이며 사랑을 하면 예뻐지는 이유는 사랑하는 사람의 마음에는 기쁨이 있기 때문에 표정이 항상 밝아서 예쁘게 보이지만 반대로 마음에 미움이 있는 사람은 마음에 불만과 불평과 증오심이 있음으로 그 표정이 밝지 못하기 때문에 예쁘게 보일 수가 없습니다.

그러므로 예수님께서 "내가 이것을 너희에게 이름은 내 기쁨이 너희 안에 있어 너희 기쁨을 충만하게 하려 함이라"(요15:11)고 하셨는데 이는 예수님의 사랑 안에 있으면 우리의 마음에도 기쁨이 충만하게 되는데 기쁨이 충만한 삶은 곧 행복한 삶이 되기 때문에 서로 사랑하며 행복하게 살라는 말씀입니다.

어떤 대학교수는 "행복해서 웃는 것이 아니라 웃으면 행복해진다"고 하였는데 마찬가지로 예쁘기 때문에 사랑하는 것이 아니라 사랑하면 예쁘게 보이는 것입니다. 그러므로 다른 사람들을 볼 때 미워하는 마음으로 보지 말고 사랑하는 마음으로 보며 도저히 사랑하는 마음으로 볼 수 없는 사람이라면 측은히 여기는 마음으로 보면 마음이 평안하게 됨으로 행복한 삶을 살게 됩니다.

사랑하는 성도 여러분!

우리 예수님께서 말씀하신 대로 서로 사랑하면서 하나님의 은혜로 피차 행복하게 사시기를 기원합니다.

4. 사랑을 하면 예수님이 친구가 되십니다

사람들은 "친구를 보면 그 사람의 인격을 알 수 있다"고 합니다. 또한 친구를 잘 사귀면 성공의 길로 가지만 친구를 잘못 사귀면 큰 피해를 보게 되며 성공의 길은 점점 멀어지고 실패의 길이 다가옵니다. 그러므로 부모는 자녀에게 좋은 친구를 사귀라고 권하며 또 좋은 친구를 사귈 수 있도록 최선을 다합니다.

세상의 많은 친구들은 편안할 때는 가까이 하다가도 어려움을 당하게 되면 멀리하는 경우가 많은데 가장 좋은 친구는 언제나 함께 하며 특히 어려움을 당하였을 때 더 가까이 하며 위로하고 용기를 주며 또 해결의 방법을 의논하고 또 해결해 주기도 하는 데 세상에는 그런 친구가 많지 않으며 특별히 목숨까지 대신해 줄 수 있는 친구는 없습니다.

그런데 예수님께서 우리에게 "사람이 친구를 위하여 목숨을 버리면 이에서 더 큰 사랑이 없나니 너희는 내가 명하는 대로 행하면 곧 나의 친구라"고 하셨는데 이는 우리가 예수님의 말씀에 순종하면 예수님께서 우리의 친구가 되어 주시되 목숨을 버리는 참된 친구가 되어 주신다는 말씀이며 세상의 모든 사람들이 죄로 말미암아 지옥 형벌을 받아야 하는 멸망에 이르게 되었으나 예수님께서 우리의 죄를 대신 감당하시기 위하여 십자가를 지심으로 죄인을 구원하신 참된 친구가 되셨습니다.

사랑하는 성도들이여!

우리가 하나님의 사랑으로 구원을 받았으니 우리 모두 사랑하면서 예수님의 말씀에 순종함으로 우리의 죄를 대신하여 십자가를 지시고 우리의 참된 친구가 되신 예수님의 영광을 위하여 헌신하면서 행복하게 사시기를 축원합니다.

6. 하나님의 뜻에 합당한 명절을

고린도전서 5:6-8
"너희가 자랑하는 것이 옳지 아니하도다 적은 누룩이 온 덩어리에 퍼지는 것을 알지 못하느냐 너희는 누룩 없는 자인데 새 덩어리가 되기 위하여 묵은 누룩을 내어 버리라 우리의 유월절 양 곧 그리스도께서 희생되셨느니라 이러므로 우리가 명절을 지키되 묵은 누룩으로도 말고 악하고 악의에 찬 누룩으로도 말고 누룩이 없이 오직 순전함과 진실함의 떡으로 하자"

하나님께서 이스라엘 백성들을 애굽에서 이끌어 내시고 이날을 기념하여 대대로 유월절을 지키라고 하시고 약속의 땅 가나안에 들어가서 거처할 장막을 짓고 초막절을 지킬 것과 여름에 보리를 수확하고 맥추절을 지키고 가을에는 추수를 끝내고 수장절을 지키고 월삭(月朔=초하루)과 안식일을 지키라고 명하셨는데 오늘 말씀에는 명절을 지킬 때에 주의해야 할 것을 말씀하셨으므로 우리 민족이 수천 년을 지켜오는 설 명절을 맞이하여 사도 바울을 통하여 주신 본문 말씀을 가지고 '하나님 뜻에 합당한 명절을' 이라는 제목으로 말씀을 전하겠습니다.

1. 묵은 누룩을 내어버리라고 하셨습니다

이스라엘 백성들은 떡을 만들 때 부드럽고 맛있게 하기 위하여 누룩을 넣어 부풀게 하였습니다. 특히 명절이 되면 이웃과 더불어 맛있게 먹기 위하여 누룩을 넣고 떡을 만들었는데 출애굽을 기념하는 유월절에는 누룩을 넣지 말고 떡을 만들어 먹으라고 하셨으므로 이스라엘 백성들은 유월절에는 누룩을 넣지 않고 떡을 만들어 먹었습니다. 이 떡을 무교병이라고 하며 유월절이 되면 7일 동안 무교병을 먹었으므로 무교절이라고도 하는데 무교절에 누룩을 넣어 만든 떡(유교병=有酵餠)을 먹거나 집에 두는 사람은 이스라엘 민족 가운데서 끊어지리라고 하셨으며(출12:15) 예수님께서도 천국에 대하여 가르치실 때 "천국은 마치 여자가 가루 서 말 속에 갖다 넣어 전부 부풀게 한 누룩과 같으니라"(마13:33)고 좋은 의미로 말씀하시고 또 "삼가 바리새인과 사두개인의 누룩을 주의하라"(마16:6)고 누룩을 나쁜 의미로도 말씀하셨습니다.

그런데 오늘 말씀에는 "새 덩어리가 되기 위하여 묵은 누룩을 내어 버리라"고 하셨는데 성도는 예수 그리스도를 믿음으로 새 사람이 되었으므로 옛 사람을 벗어버리라는 말씀입니다.

그리고 "명절을 지키되 묵은 누룩으로 하지 말라"고 하셨는데 사람들이 조상에게 효도한다는 미명으로 조상을 숭배하며 또 하나님의 은혜를 생각하지 않고 즐기기 위한 명절로 지키기 때문에 이런 모든 묵은 옛 풍속과 습관을 버리고 절기를 제정해주신 하나님의 은혜를 생각하며 하나님이 기뻐하시는 보람된 명절로 지키라는 말씀입니다.

사랑하는 성도 여러분!

설 명절을 하나님께서 우리에게 새로운 해에는 새로운 마음으로 출발하라고 주신 것임을 믿고 새로운 마음으로 하나님을 기쁘시게 하는 명절로 지키셔서 하나님께서 약속하시고 베푸시는 은혜와 복을 받으시기를 기원합니다.

2. 악의에 찬 누룩으로 하지 말라고 하셨습니다

　과거의 개역 성경에는 본문 말씀을 "괴악하고 악독한 누룩으로도 말고"라고 하였는데 괴악하다는 말의 뜻은 말과 행동이 이상하고 매우 악함을 의미하며 악독함이란 마음이 흉악하고 독살스러움을 의미하는 것으로 괴악과 악독이란 거의 같은 의미의 말을 겹쳐 사용한 것은 과거의 절기를 지키는 습관이 대단히 잘못된 것임을 강조하는 말씀입니다.

　본문에서 악하고 악의에 찬 누룩이란 바리새인들의 교훈과 사두개인들의 교훈을 말씀한 것인데 당시에 종교 지도자라고 일컫는 그들의 교훈을 왜 악하고 악의에 찬 누룩이라고 하셨을까요?

　사실 바리새인들과 사두개인들의 교훈은 흠잡을 것 없이 훌륭하였으나 그들의 행위는 외식(外飾)하는 것이므로 예수님께서 제자들과 많은 무리들에게 "서기관들과 바리새인들이 모세의 자리에 앉았으니 그러므로 그들이 말하는 바는 행하고 지키되 그들이 하는 행위는 본받지 말라"(마23:2-3)고 하시고 "화 있을진저 외식하는 서기관들과 바리새인들이여"라고 그들이 다른 사람에게 보이기 위하여 외식하는 것을 엄하게 책망하셨습니다.(마23:13-29)

　예수님께서 그들의 외식함을 지적하여 말씀하시기를 "그들의 모든 행위를 모든 사람에게 보이고자 하나니 곧 그 경문 띠를 넓게 하며 옷술을 길게 하고 잔치의 윗자리와 회당의 높은 자리와 시장에서 문안 받는 것과 사람들에게 랍비라 칭함 받는 것을 좋아하느니라"(마23:5-7)고 하시고 우리에게 "너희는 랍비라 칭함을 받지 말라"(마23:8)고 말씀하셨습니다.

　또한 사도 바울을 통하여 서기관과 바리새인들의 교훈을 악하고 악의에 찬 누룩이라고 말씀하셨으므로 명절을 지킬 때에는 그 명절의 의미가 무엇이며 어떻게 지켜야 하나님께서 기뻐하실 것인가를 깊이 생각하고 육체의 쾌락을 위한 명절이나 효도한다는 생각으로 우상을 숭배하여 하나님을 노엽게 하는 명절이 아니라 하나님께 감사하며 영광을 돌리는 명절로 지켜 하나님의 사랑과 은혜를 계속 받으시기를 기원합니다.

3. 순전함과 진실함으로 명절을 지켜야 합니다

 이 말씀은 명절을 지킬 때 허례허식을 버리고 깨끗한 마음과 진실한 마음으로 하라는 말씀인데 우리 민족이 예로부터 체면을 중요하게 생각하여 체면을 지키기 위하여 자신의 분수에 맞지 않는 허례허식(虛禮虛飾)을 많이 하였는데 이런 허례허식은 특별히 명절 때 더욱 많이 행하게 되었으므로 하나님께서 명절을 지키라고 명하신 본래의 뜻에서 벗어나고 말았습니다.

 명절을 지키라고 말씀하신 이유는 지난날을 돌이켜 보며 하나님께 감사하고 조상들의 은덕과 유훈을 자손들에게 가르쳐주며 이웃과 친지들과 친교를 나누며 앞으로 화목하게 살 것을 계획하며 다짐하라는 것입니다. 우리나라에서는 옛날 유교에서 가르치고 또 지켜 오던 것을 미풍양속(美風良俗)이라고 생각하고 조상께 효도한다는 생각으로 제사를 지내며 복을 받겠다고 복조리를 출입문 위에 걸어 놓는데 이는 옛날 조상들이 하나님을 알지 못했던 때에 행하던 풍속이므로 이제는 이러한 풍속은 다 버리고 하나님께서 기뻐하시는 명절은 어떻게 지키는 것인가를 생각하고 순전함과 진실한 마음으로 감사의 예배를 드려야 합니다.

그러므로 사도 바울을 통하여 "너희는 이 세대를 본받지 말고 오직 마음을 새롭게 함으로 변화를 받아 하나님의 선하시고 기뻐하시고 온전한 뜻이 무엇인지 분별하도록 하라"(롬12:2)고 말씀하시고 또 "너희는 유혹의 욕심을 따라 썩어져 가는 구습을 따르는 옛 사람을 벗어 버리고 오직 너희의 심령이 새롭게 되어 하나님을 따라 의와 진리의 거룩함으로 지으심을 받은 새 사람을 입으라"(엡4:22-24)고 하셨습니다.

사랑하는 성도 여러분!

설 명절을 맞이하여 악하고 악의에 찬 묵은 누룩이라고 하신 우상숭배의 옛 습관을 다 벗어버리고 하나님의 은혜를 감사하며 조상의 은덕과 유훈을 자녀들에게 가르치며 순전함과 진실함으로 명절을 지키시고 가족과 이웃 간에 화목을 이루시어 하나님께서 기뻐하시는 명절로 하나님의 은혜와 복을 받는 명절로 지키심으로 행복하게 사시기를 축원합니다.

7. 하나님께서 모세와 함께 하심

출애굽기 3:11-12
"모세가 하나님께 아뢰되 내가 누구이기에 바로에게 가며 이스라엘 자손을 애굽에서 인도하여 내리이까 하나님이 이르시되 내가 반드시 너와 함께 있으리라 네가 그 백성을 애굽에서 인도하여 낸 후에 너희가 이 산에서 하나님을 섬기리니 이것이 내가 너를 보낸 증거니라"

사람의 성공과 실패는 누구와 함께 하느냐가 중요합니다. 좋은 재주와 실력이 있는 사람이라도 함께해 주는 사람이 없으면 성공할 수 없고 또 잘못된 사람과 함께 하면 실패하게 됩니다.

애굽의 왕궁에 있을 때 실패한 모세는 호렙산에서 하나님을 만남으로 이스라엘 민족을 구원하는 지도자가 되었으므로 '하나님께서 모세와 함께 하심'이라는 제목으로 말씀을 전하겠습니다.

1. 아브라함과 약속하셨으므로 모세와 함께 하셨습니다

하나님께서 천지 만물을 창조하시고 섭리하심에는 철저하게 약속에 따라 이루시는데 에덴동산에서 아담과 하와를 창조하시고 "동산 각종 나무의 실과는 네가 임의로 먹되 선악을 알게 하는 나무의 열매는 먹지 말라 네가 먹는 날에는 정녕 죽으리라"(창2:16-17)고 하셨는데 아담과 하와가 뱀의 유혹을 받아 선악을 알게 하는 나무의 열매를 따먹음으로 에덴동산에서 추방되었습니다.

오랜 세월이 지난 후에 하나님께서 사람과의 관계를 회복하시기 위하여 아브람을 택하셔서 함께 하시며 복을 주시고 "네 자손이 이방에서 객이 되어 그들을 섬기겠고 그들은 사백 년 동안 네 자손을 괴롭게 하리라"(창15:13)고 하셨는데 약 200여 년이 지난 후에 요셉이 애굽에 팔려가서 총리가 되었을 때 가나안에서 기근을 만난 아버지 야곱과 가족을 요셉이 초청하여 야곱이 그의 가족을 이끌고 애굽으로 내려가서 고센 땅에서 행복하게 살았으나 요셉이 죽은 후에 애굽의 왕이 이스라엘 백성들을 학대함으로 백성들이 하나님께 부르짖게 되었으며 하나님께서 아브라함과의 약속을 기억하시고(15:13-14) 학대 받는 이스라엘 백성들을 구원하시기 위하여 바로의 궁궐에서 지도자 교육을 받고 어머니 요게벳에게 신앙교육을 받은 모세를 택하셔서 함께 하시고 이스라엘의 지도자로 세우시고 백성들을 가나안으로 들어가게 하셨습니다.

사랑하는 성도 여러분!

여러분의 믿음으로 여러분 자녀들도 하나님께서 함께 하심으로 성공하게 하시기를 기원합니다.

2. 민족을 사랑하기 때문에 함께 하셨습니다

모세는 애굽에서 히브리 사람이 남자를 낳으면 죽이라는 악한 시대에 태어나 나일강에 버림을 받았으나 바로의 공주에게 발견되어 공주의 양자로 들어갔습니다. 부귀영화를 누리며 살 수 있었으나 자신을 낳고 또 길러준 어머니 요게벳에게 자신이 히브리인이라는 것과 하나님의 선민이라는 가르침을 받아 민족을 사랑하는 마음으로 성장하여 궁궐에서 영화를 누리기보다 동족 히브리 백성들이 노역하는 장소를 자주 찾아갔습니다.

그런데 애굽 사람이 모세의 동족인 히브리 사람을 때리는 것을 보고 학대받는 동족을 구하기 위하여 주위를 살펴보니 사람이 없으므로 애굽 사람을 쳐 죽여 모래 속에 감추었습니다. 다음날 그곳에 다시 나갔을 때 히브리 사람들이 서로 싸우는 것을 보고 잘못한 사람에게 "왜 동포를 치느냐"고 충고를 하였는데 그 사람이 모세의 충고를 받아들이지 않고 "누가 너를 우리를 다스리는 자와 재판관으로 세웠느냐 네가 애굽 사람을 죽인 것처럼 나도 죽이려느냐"(출2:11-14)고 항의하므로 모세가 애굽 사람을 죽인 것이 탄로가 나서 바로가 모세를 죽이려고 찾으므로 모세는 미디안 땅으로 도망하여 제사장 이드로의 딸 십보라와 결혼을 하고 처가에 머물면서 장인 이드로의 양떼를 이끌고 호렙산에 이르렀을 때 떨기나무에 불이 붙었으나 나무가 사라지지 아니하므로 모세가 이상해서 가까이 갔을 때 여호와께서 불꽃 가운데서 모세에게 "네가 선 땅은 거룩한 땅이니 네 발에서 신을 벗으라"(출3:5)고 하시고 두려워하는 모세에게 "내가 반드시 너와 함께 있으리라"(출3:12)고 약속하시고 이스라엘 백성들을 구하여 낼 사명을 주셨습니다.

그러므로 히브리서 기자는 기록하기를 "모세는 장성하여 바로의 공주의 아들이라 칭함 받기를 거절하고 도리어 하나님의 백성과 함께 고난받기를 잠시 죄악의 낙을 누리는 것보다 더 좋아했다"(히11:24-25)고 하였습니다.

사랑하는 성도 여러분!

우리도 모세와 같이 민족을 사랑하는 마음을 가지고 민족을 위한 기도와 봉사를 하셔서 하나님께서 함께 하심으로 사명을 받아 충성하시기를 기원합니다.

3. 맡은 일에 충성했기 때문에 함께 하셨습니다

바로의 궁궐에서 공주의 아들이 되어 부귀영화를 누리며 장차 애굽이라는 대제국의 왕이 될 것을 생각하며 교육을 받은 모세가 동족을 도우려다 사람을 죽이고 정처 없는 망명객이 되어 떠돌다가 처가의 양무리를 몰고 다녀야 하는 처지가 되었어도 모세는 누구를 원망하거나 좌절하지 않고 최선을 다하였습니다.

우리나라 속담에 "겉보리 서 말만 있어도 처가살이는 안 한다"는 말이 있는데 이는 처가살이가 얼마나 힘들고 자존심 상하는 것인가를 표현한 말이며 웬만하면 처가살이를 안 한다는 말입니다. 왕궁에서 부귀영화를 누리며 장차 왕이 되어 천하를 다스릴 수 있는 날을 기다리며 온 백성의 존경을 받을 것을 분토(糞土)같이 버리고 모세는 40세에 처가살이를 시작하여 80세에 하나님께 부르심을 받을 때까지 40년 동안 처가살이를 하면서 자신을 고발한 사람을 원망하거나 좌절하지 않고 양떼를 치는 일에 최선을 다하였으므로 하나님께서 이를 귀하게 보시고 하나님의 선민인 이스라엘 민족 구원의 대업을 맡기시고 이를 이루게 하시기 위하여 언제나 함께 하시며 능력을 주셔서 사명을 감당하게 하시고 때로는 모세가 위기를 당할 때마다 하나님께서 친히 역사 하셔서 해결해 주셨습니다.

예수님께서 달란트 비유를 말씀하시면서 주인에게 받은 달란트를 가지고 바로 가서 장사하여 갑절의 이를 남긴 종들에게 주인이 "잘하였도다 착하고 충성된 종아 네가 적은 일에 충성하였으매 내가 많은 것으로 네게 맡기리니 네 주인의 즐거움에 참여할 지어다"(마25:21-23)라고 하시고 주인을 인색한 사람으로 오해하고 두려워하여 장사하지 않고 땅에 묻어 두었다가 그대로 가져온 종에게는 "그에게서 그 한 달란트를 빼앗아 열 달란트 가진 자에게 주라 무릇 있는 자는 받아 풍족하게 되고 없는 자는 그 있는 것까지 빼앗기리라 이 무익한 종을 바깥 어두운 데로 내어 쫓으라 거기서 슬피 울며 이를 갈리라"(마25:14-30)고 하셨는데 이는 충성한 사람은 더 많은 것을 주시고 충성하지 않은 사람은 충성할 기회가 박탈되며 형벌을 받게 된다는 말씀입니다.

　그리고 사도 바울을 통하여 "사람이 마땅히 우리를 그리스도의 일꾼이요 하나님의 비밀을 맡은 자로 여길지어다 그리고 맡은 자들에게 구할 것은 충성이니라"(고전4:1-2)고 하시고 또 사도 요한을 통하여 "네가 죽도록 충성하라 그리하면 내가 생명의 면류관을 네게 주리라"(계2:10하)고 말씀하셨습니다.

　사랑하는 성도 여러분!

　하나님께서 믿음의 조상들과 약속하신 대로 함께 하신 것 같이 우리와 함께 하심을 믿고 모세와 같이 민족을 사랑하며 주신 사명에 최선을 다하여 하나님께서 함께 하심으로 더 귀한 사명을 받아 충성하시기를 축원합니다.

8. 하나님께서 여호수아와 함께 하심

여호수아 1:7-9
"오직 강하고 극히 담대하여 나의 종 모세가 네게 명령한 그 율법을 다 지켜 행하고 우로나 좌로나 치우치지 말라 그리하면 어디로 가든지 형통하리니 이 율법 책을 네 입에서 떠나지 말게 하며 주야로 그것을 묵상하여 그 안에 기록된 대로 다 지켜 행하라 그리하면 네 길이 평탄하게 될 것이며 네가 형통하리라 내가 네게 명한 것이 아니냐 강하고 담대하라 두려워하지 말며 놀라지 말라 네가 어디로 가든지 네 하나님 여호와가 너와 함께 하시느니라"

하나님께서 아브라함과 이삭과 야곱에게 하신 약속을 이루시기 위하여 모세를 이스라엘의 지도자로 세우셔서 애굽에서 가나안으로 인도하셨는데 모세가 가나안에 들어가지 못하고 죽음으로(신34:1-7) 모세가 죽은 후에 모세의 시종 눈의 아들 여호수아를 이스라엘의 새 지도자로 세우시고 "내가 모세와 함께 있던 것같이 너와 함께 있을 것이라"고 약속하시고 함께 하셔서 가나안을 정복하게 하셨으므로 '하나님께서 여호수아와 함께 하심'이라는 제목으로 말씀을 전하겠습니다.

1. 하나님께서 함께 하심을 확신했기 때문입니다

모세가 이스라엘 백성들을 이끌고 바란 광야에 이르렀을 때 하나님의 명령에 따라 12지파의 대표를 뽑아 가나안 땅을 정탐케 하였는데 정탐을 하고 돌아온 사람들 중에 열 명의 정탐들은 "우리가 두루 다니며 정탐한 땅은 그 거주민을 삼키는 땅이요 거기서 본 모든 백성은 신장이 장대한 자들이며 거기서 또 네피림 후손인 아낙 자손의 거인들을 보았나니 우리는 스스로 보기에도 메뚜기 같으니 그들이 보기에도 그와 같았을 것이니라"(민13:32-34)라고 보고하여 백성들이 두려워하여 모세와 아론을 원망하며 "우리가 애굽으로 돌아가는 것이 낫지 아니하냐"(민14:1-3)고 하였을 때 여호수아와 갈렙은 "우리가 두루 다니며 정탐한 땅은 심히 아름다운 땅이라 여호와께서 우리를 기뻐하시면 우리를 그 땅으로 인도하여 들이시고 그 땅을 우리에게 주시리라 이는 과연 젖과 꿀이 흐르는 땅이니라 오직 여호와를 거역하지 말라 또 그 땅 백성을 두려워하지 말라 그들은 우리의 먹이라 그들의 보호자는 그들에게서 떠났고 여호와는 우리와 함께 하시느니라"(민14:6-9)라고 하며 하나님께서 함께 하심으로 능히 가나안 땅에 들어갈 수 있음을 백성들에게 역설하였습니다.

그러나 백성들은 오히려 여호수아와 갈렙을 돌로 치려 하였으며 이 때에 하나님의 영광이 나타나며 "여분네의 아들 갈렙과 눈의 아들 여호수아 외에는 내가 맹세하여 너희에게 살게 하리라 한 땅에 결단코 들어가지 못하리라"(민14:30)고 하셨는데 이는 하나님의 함께 하심을 믿지 않고 원망하는 사람들은 가나안 땅에 들어가지 못하나 하나님께서 함께 하시고 도와주심을 믿는 여호수아와 갈렙은 가나안 땅에 들어갈 것을 약속하신 것입니다.

사랑하는 성도 여러분!

전능하신 하나님께서 함께 하시며 도와주심을 의심하지 않고 믿은 여호수아와 같이 여러분도 하나님께서 함께 하신다는 약속을 의심하지 않고 믿으심으로 하나님께서 여러분과 함께 하시고 또 도우심으로 승리하시기를 기원합니다.

2. 율법을 지켜 행하라고 하셨습니다

　선민 이스라엘 백성들이 이방인 애굽에서 애굽 법에 따라 생활을 했으므로 하나님께서 약속하신 가나안 땅에 들어가 살려면 선민의 삶에 맞는 법이 필요하므로 하나님께서 모세를 시내산으로 부르시고 40주야를 금식하며 기다리게 하시고 두 돌판에 친히 율법을 새겨 주셨는데 내용은 사람이 하나님을 섬기는 법과 사람과 사람 사이에 지켜야 할 도리를 기록한 것인데 본문에서는 이스라 엘의 새로운 지도자가 된 여호수아에게 율법을 지켜 행하라고 말씀하시며 율법을 지켜 행하면 하나님께서 함께 하신다고 약속하셨습니다.

　사람도 자기 뜻을 존중하고 따르는 사람과 교제를 계속하며 도움을 주고 받지만 아무리 가까운 사이라도 자기의 뜻에 따르지 않고 무시하는 사람과는 사이가 멀어질 수밖에 없는 것입니다. 우리가 하나님께서 함께 하시기를 원한다면 하나님의 뜻을 따르든지 하나님께서 우리의 뜻을 따라주셔야 하는데 사람의 뜻은 자기 중심적이어서 넓게 또는 멀리 보지 못하는 근시안적이며 무능하며 유한하기 때문에 사람의 생각을 따르면 항상 분쟁이 일어나며 실패하게 되지만 하나님은 전지전능하시며 공의로우시며 자비하신 분이시므로 하나님의 뜻을 따라 살면 모든 사람들이 평화를 누리며 행복하게 살게 되므로 인간의 행복을 원하시는 하나님께서 인간의 행복한 삶을 위하여 율법을 주셨으므로 율법을 지키라는 말씀은 곧 행복하게 살라는 말씀인 것입니다.

   사람이 법을 모르면 법을 지킬 수가 없고 또 법을 모르면 법의 보호를 받을 수 없는 것같이 성도가 율법을 모르면 하나님의 뜻을 알지 못하기 때문에 하나님을 바르게 섬기지 못하고 하나님을 섬긴다고 한 것이 우상을 섬기게 되는데 예를 들면 모세가 하나님의 부르심을 받아 시내산에 올라가서 율법을 받을 때 산 아래에서는 백성들이 금을 모아 송아지를 만들어 놓고 "이스라엘아 이는 너희를 애굽 땅에서 인도하여 낸 너희 신이로다"(출32:4-6. 느9:18)라고 하면서 그 앞에 단을 쌓고 이 날을 여호와의 절일(節日)이라고 선포하고 춤을 추었는데 이는 하나님을 믿으면서도 하나님을 바르게 알지 못하였기 때문에 금으로 송아지를 만들어 놓고 이것이 하나님이라 하여 결국 우상을 섬기게 된 것입니다.

   많은 성도들이 지금은 은혜 시대이므로 율법이 폐하여졌으므로 율법을 지킬 필요가 없다고 생각하는데 예수님께서는 "내가 율법이나 선지자나 폐하러 온 줄로 생각하지 말라 폐하러 온 것이 아니요 완전케 하려 함이니라"(마5:17)고 하셨으며 야고보는 "행함이 없는 믿음은 그 자체가 죽은 것이니라"(약2:17)고 하였습니다.

   사랑하는 성도 여러분!

   하나님의 말씀을 바르게 알고 믿으며 또 율법에 기록된 말씀을 지켜 행하심으로 하나님께서 함께 하시는 복을 받아 모든 일에 형통하여 행복하게 사시기를 기원합니다.

3. 여호와를 섬길 것을 다짐하였습니다

사람들은 어려움을 당하면 하나님을 찾고 열심히 하다가도 문제가 해결되면 믿음이 식어지는 사람들이 많은데 여호수아는 애굽에서 나와서 가나안에 들어가서 땅을 각 지파에게 분배해주고 세상을 떠날 때까지 믿음이 변하지 않는 모범을 보였으며 백성들에게 경고하기를 "이제는 여호와를 경외하며 온전함과 진실함으로 그를 섬기라 너희의 조상들이 강 저쪽과 애굽에서 섬기던 신들을 치워 버리고 여호와만 섬기라 만일 여호와를 섬기는 것이 너희에게 좋지 않게 보이거든 너희 조상들이 강 저쪽에서 섬기던 신들이든지 또는 너희가 거주하는 땅에 있는 아모리 족속의 신들이든지 너희가 섬길 자를 오늘 택하라 오직 나와 내 집은 여호와를 섬기겠노라"(수24:14-15) 고 하였습니다.

이와 같이 여호수아가 많은 어려움 속에서도 믿음을 지키며 사명을 완수할 수 있었던 것은 하나님께서 여호수아에게 약속하신 대로 함께 하셨기 때문에 많은 백성들 앞에서 유언한 것입니다.

사랑하는 성도 여러분!

하나님께서 도와주실 것을 확신하고 하나님만을 섬길 것을 다짐하고 섬기며 가나안을 정복한 여호수아의 믿음을 본받아 여러분도 말씀을 준행하여 하나님께서 함께 하시는 복을 받아 승리하시기를 축원합니다.

9. 하나님께서 옷니엘과 함께 하심

사사기 3:7-11

"이스라엘 자손이 여호와의 목전에 악을 행하여 자기들의 하나님 여호와를 잊어버리고 바알들과 아세라들을 섬긴지라 여호와께서 이스라엘에게 진노하사 그들을 메소보다미아 왕 구산 리사다임의 손에 파셨으므로 이스라엘 자손이 구산 리사다임을 팔 년 동안 섬 겼더니 이스라엘 자손이 여호와께 부르짖으매 여호와께서 이스라엘 자손을 위하여 한 구원자를 세워 그들을 구원하게 하시니 그는 곧 갈렙의 아우 그나스의 아들 옷니엘이라 여호와의 영이 그에게 임하셨으므로 그가 이스라엘의 사사가 되어 나가서 싸울 때에 여호와께서 메소보다미아 왕 구산 리사다임을 그의 손에 넘겨 주시매 옷니엘의 손이 구산 리사다임을 이기니라 그 땅이 평온한지 사십 년에 그나스의 아들 옷니엘이 죽었더라"

여호수아가 가나안을 점령하여 각 지파 별로 땅을 분배하여 주고 약 20년 간 지내다가 죽은 후에 이스라엘 백성들이 구산 리사다임의 침략을 받아 8년을 구산 리사다임을 섬기면서 백성들이 자신들의 죄를 깨닫고 하나님께 부르짖으므로 하나님께서 옷니엘을 부르셔서 사사로 세우셔서 이스라엘을 구하셨으므로 '하나님께서 옷니엘과 함께 하심'이라는 제목으로 하나님께서 옷니엘과 함께 하시게 된 배경과 그 결과에 대하여 말씀을 전하겠습니다.

1. 구산 리사다임의 침략을 받은 이유

모세의 후계자 여호수아의 다스림을 받으면서 평화롭게 살던 백성들이 여호수아가 죽은 후에 정치적으로나 종교적으로 지도자가 없는 암흑기를 맞이하여 이방인이 섬기는 아세라 신을 섬기며 살다가 메소포타미아 왕 구산 리사다임의 침략을 받아 패하여 8년 동안 메소 보다미아 왕 구산 리사다임에게 모진 학대를 받으며 그를 섬기게 되었는데 이는 하나님을 잊어버리고 우상을 숭배하였기 때문에 하나님께서 이스라엘 백성을 구산 리사다임에게 넘기신 것인데 이는 이스라엘이 하나님을 버리고 우상의 죄를 깨닫고 회개하고 하나님을 찾게 하시려는 하나님의 은혜입니다.

만약 이스라엘이 하나님을 버리고 우상을 숭배하는데도 고난을 당하지 않고 평안히 살게 하신다면 이스라엘 백성들은 영원히 하나님을 찾지 않고 우상을 숭배하며 하나님과 관계를 끊고 살게 되므로 이는 선민에게 가장 큰 불행일 것입니다. 고난을 통해서라도 자신들의 죄를 깨닫고 회개하고 하나님을 섬기는 것이 하나님을 떠나 평안하게 사는 것보다 더 복된 것이므로 하나님께서 선민 이스라엘 백성들이 하나님을 찾게 하기 위하여 고난을 당하게 하신 것이므로 이는 하나님의 사랑이요 은혜입니다.

그러므로 "고난당한 것이 내게 유익이라 이로 인하여 내가 주의 율례를 배우게 되었나이다"(시119:71)라고 하였으며 "주께서 그 사랑하시는 자를 징계하시고 그가 받아들이시는 아들마다 채찍질하심이라"(히12:6)고 하시고 "징계는 다 받는 것이거늘 너희에게 없으면 사생자요 참 아들이 아니니라"(히12:8)고 하셨습니다.

사랑하는 성도 여러분!

하나님의 징계는 저주가 아니라 '사랑의 매'라는 것을 기억하시고 징계를 받을 때 원망하거나 피하지 말고 잘못을 찾아 바로 회개하고 하나님께 감사하시기 바랍니다.

2. 하나님께서 옷니엘과 함께 하신 이유

메소보다미아에 구산 리사다임의 학정에 시달린 백성들이 자기들의 잘못을 깨닫고 회개하며 하나님께 부르짖으므로 하나님께서 그들의 부르짖음을 들으시고 구원하시기 위하여 옷니엘을 부르시고 사사로 세우셨습니다. 하나님께서 옷니엘을 택하셔서 함께 하시고 메소보다미아 왕 구산 리사다임의 학정 밑에서 고통받는 이스라엘 백성들을 구원하는 사사로 세우신 이유를 살펴보면 옷니엘은 모세의 명을 받고 여호수아와 함께 가나안 땅을 정탐하려고 갔던 갈렙의 동생인 그나스의 아들이며 큰아버지인 갈렙의 명을 받고 즉시 출전하여 기럇 세벨을 점령하였으므로 갈렙이 그의 딸 악사를 주어 갈렙의 사위가 되었는데 옷니엘이란 이름은 "하나님은 힘이시다"라는 뜻으로 여호수아와 더불어 하나님께서 믿음을 인정하신 갈렙의 동생 그나스가 아들의 이름을 "하나님은 힘이시다"라는 뜻으로 지은 것을 보면 그나스도 형인 갈렙과 같이 하나님께 인정받는 믿음이 좋은 사람임을 짐작케 합니다.

그러므로 옷니엘은 큰아버지이며 장인이 되는 갈렙과 아버지 그나스를 본받은 믿음의 사람이었기에 이스라엘이 위기에 처해서 하나님께 부르짖을 때 하나님께서 옷니엘을 택하여 사사로 세우시고 옷니엘과 함께 하심으로 구산 리사다임을 물리치게 하시고 또 사사로서의 임무를 충실하게 행하다가 그가 죽을 때까지 이스라엘이 40년 동안 평안하게 살도록 하셨습니다.

이와 같이 하나님께서 옷니엘과 함께 하신 것은 훌륭한 믿음의 가문에서 태어나 큰아버지인 갈렙과 부모님들의 믿음을 본받은 옷니엘을 이스라엘을 구원하시기 위한 사사로 세우신 것입니다.

지금도 하나님께서는 우리 민족이 어려움에 처하여 부르짖어 기도하면 하나님께 인정받을만한 올바른 믿음을 가진 사람을 부르셔서 지도자로 세우시고 모든 문제를 해결해주십니다.

사랑하는 성도 여러분!

옷니엘과 같이 하나님께 인정받는 믿음을 가지심으로 민족을 위하여 하나님께 쓰임 받으시기를 기원합니다.

3. 하나님께서 옷니엘과 함께 하신 결과

옷니엘은 유명한 믿음의 사람인 갈렙의 사위였으나 그가 하나님의 부르심을 받아 사사가 되기 전의 행적에 대하여는 기록되어 있지 않음을 보아 다른 사람들과 같은 평범한 사람이라고 보여집니다.

그리고 하나님께서 그를 부르시기 전에는 다른 사람들과 같이 메소보다미아에 구산 리사다임의 지배를 받고 있었습니다.

그런데 옷니엘을 하나님께서 부르셔서 사사로 세우시고 함께 하심으로 막강한 군대와 전술(戰術)을 가지고 있는 메소보다미아 왕 구산 리사다임을 물리치게 하셨으니 이는 옷니엘이 큰아버지인 갈렙과 아버지 그나스의 믿음을 본받으며 성장하였으므로 옷니엘의 믿음도 하나님께서 보시기에 합당하였기 때문입니다.

그러므로 옷니엘의 승리에 대하여 "여호와의 영이 그에게 임하셨음으로 그가 이스라엘의 사사가 되어 나가서 싸울 때에 여호와께서 메소보다미아 왕 구산 리사다임을 그의 손에 넘겨 주시매 옷니엘의 손이 구산 리사다임을 이기니라"(삿3:10)고 하셨습니다.

그러므로 큰 힘을 가지고 이스라엘을 지배하던 메소보다미아 왕 구산 리사다임을 옷니엘이 물리치고 그가 다스리던 40년 동안 적국의 침략을 받지 않고 백성들이 태평하게 살았습니다.

또한 블레셋의 골리앗 장군이 침략하였을 때 나이 어린 목동 다윗도 골리앗 장군을 향하여 나가며 "너는 칼과 창과 단창으로 내게 오거니와 나는 만군의 여호와의 이름 곧 네가 모욕하는 이스라엘의 하나님의 이름으로 네게 가노라"(삼상17:45. 47)고 하면서 물매로 돌을 던져 골리앗의 이마를 맞혀 쓰러뜨리고 골리앗이 가지고 있던 칼로 그의 목을 베어 죽임으로 블레셋군이 모두 물러감으로 나라를 위기에서 구하였으며 다윗은 왕이 된 후에 "많은 군대로 구원 얻은 왕이 없으며 힘이 세어도 스스로 구하지 못하는도다"(시33:16)라고 회고하며 노래하였습니다.

사랑하는 성도 여러분!

고난을 당할 때 낙심하지 마시고 옷니엘과 또는 다윗과 같이 하나님께서 함께 하심을 믿고 기도하며 행하심으로 하나님의 도우심을 받아 승리하시기를 축원합니다.

10. 하나님께서 드보라와 함께 하심

사사기 4:4-7
"그 때에 랍비돗의 아내 여선지자 드보라가 이스라엘의 사사가 되었는데 그는 에브라임 산지 라마와 벧엘 사이 드보라의 종려나무 아래에 거주하였고 이스라엘 자손은 그에게 나아가 재판을 받더라 드보라가 사람을 보내어 아비노암의 아들 바락을 납달리 게데스에서 불러다가 그에게 이르되 이스라엘의 하나님 여호와께서 이같이 명령하지 않으셨느냐 너는 납달리 자손과 스블론 자손 만 명을 거느리고 다볼 산으로 가라 내가 야빈의 군대 장관 시스라와 그의 병거들과 그의 무리를 기손 강으로 이끌어 네게 이르게 하고 그를 네 손에 넘겨 주리라 하셨느니라"

이스라엘 민족이 약속의 땅 가나안에 들어가 여호수아가 다스리던 때부터 사울이 왕이 되기 전 사무엘이 다스리던 때까지를 사사시대라고 하는데 드보라는 여자로서 사사가 되어 하나님께서 함께 하심으로 가나안 왕 야빈을 물리쳤으므로 오늘은 '하나님께서 드보라와 함께 하심' 이라는 제목으로 말씀을 전하겠습니다.

1. 드보라는 가정주부로 사사가 되었습니다

성경에는 여성들의 활동에 대해서는 별로 기록이 없고 대부분 남자들이 활동한 것이 기록되었으며 "여자는 교회에서 잠잠하라"(고전14:34)

고 하신 것을 보면 기독교는 남존여비(男尊女卑)의 사상이 강한 것같이 보이는데 이는 남존여비의 사상이 아니라 남녀의 직무가 구분되어 있고 가정과 교회와 사회의 질서를 유지하며 행복한 삶을 위한 것이며 필요에 따라 여인도 택하셔서 사명을 주시고 이를 감당할 수 있도록 함께 하시고 도와주십니다.

즉 하나님께서 사람을 창조하시고 남자는 삶의 일선에 나가서 땀 흘려 일하여 가족을 부양하게 하셨고 여자는 남자를 돕는 직무를 주셨는데 이는 남녀의 차별이 아니라 가정과 사회의 질서를 유지하며 행복하게 사는 가장 좋은 방법이기 때문입니다.

신체적인 조건을 보아도 남자는 힘과 용기와 외향적인 성격을 주셔서 가족을 부양할 책임을 주셨으며 여자는 힘과 용기는 없지만 섬세함과 부드럽고 따뜻한 내향적인 성품을 주셔서 남편을 돕고 자녀를 양육하며 행복한 가정을 이루고 사회를 아름답게 하기 위한 하나님의 뜻이요 섭리입니다.

그러므로 "남편들아 이와 같이 지식을 따라 너희 아내와 동거하고 그를 더 연약한 그릇이요 또 생명의 은혜를 함께 이어 받을 자로 알아 귀히 여기라"(벧전3:7)고 말씀하셨고 또 "주 안에는 남자 없이 여자만 있지 않고 여자 없이 남자만 있지 아니하니라"(고전11:11)고 남녀가 평등함을 말씀하셨으며 하나님 뜻에 합당한 사람이면 남녀를 차별하지 않으시고 그의 믿음을 보시고 필요에 따라 부르시고 사명을 주셔서 가정주부인 랍비돗의 아내 드보라의 믿음을 보시고 부르셔서 사사로 세우시고 가나안 왕 야빈에게 학대를 받던 이스라엘을 구원하셨습니다.

사랑하는 성도 여러분!

자신의 신분이 무엇이든 하나님 뜻에 합당한 믿음으로 하나님께 쓰임 받으시기를 기원합니다.

2. 드보라는 바락과 함께 나라를 구하였습니다

하나님의 부르심을 받고 사사가 된 드보라는 납달리 게데스에 있는 아비노암의 아들 바락을 불러 하나님의 뜻을 전하고 군사 일만 명을 주어 다볼산으로 가서 하솔에 도읍한 가나안 왕 야빈의 군대장관 시스라의 무리를 치라 하였습니다. 바락은 "당신이 나와 함께 가면 내가 가려니와 함께 가지 아나하면 나는 가지 아니하겠노라"(삿4:8)고 하였을 때 드보라는 사사의 권위로 바락을 꾸짖거나 벌하지 않고 그의 요청대로 전쟁터로 바락과 함께 갔습니다.

이스라엘 민족을 다스리는 사사이지만 여자로서 전쟁터로 간다는 것이 매우 어려운 일이지만 드보라는 조금도 망설이지 않고 "내가 너와 함께 가리라"고 약속하고 실행에 옮겼습니다. 이는 "그를 네 손에 넘겨 주리라"고 하신 하나님의 말씀을 조금도 의심하지 않고 믿었기 때문입니다. 또한 전쟁에 나서기를 주저하는 바락에게 용기를 주어 가나안 왕 야빈에게 억압을 당하고 있는 백성들을 하루라도 빨리 구하기 위하여 바락의 요청을 받아들이고 함께 전쟁터로 나가서 바락과 함께 가나안 왕 야빈의 군대 장관 시스라의 군대와 싸우러 갔는데 드보라는 자신이 하나님께 선지자와 사사로 부름을 받았더라도 자신이 홀로 감당할 수 없는 전쟁에 관한 것은 바락에게 맡기고 바락의 요청에 따라 참전을 하였습니다.

드보라의 훌륭한 믿음과 용기와 자신이 할 수 있는 일과 할 수 없는 일을 구별하여 자신이 할 수 없는 일은 할 수 있는 사람에게 맡기고 그 사람의 인격을 존중하여 의견에 따라 행하는 겸손한 사람이므로 하나님께서 그를 선지자의 사명을 주시고 당시에는 남자만이 할 수 있는 것으로 여겨졌던 사사의 직무를 주셔서 이스라엘 민족을 구원하신 것입니다.

사랑하는 성도 여러분!

우리에게 주신 사명과 능력이 다르다는 것을 명심하시고 드보라와 같이 다른 사람과 마음과 힘을 합하여 믿음의 선한 싸움에서 승리하시기를 기원합니다.

3. 드보라와 바락은 하나님께 찬양하였습니다

적장 시스라가 철 병거 900대와 많은 군대를 동원하여 이스라엘을 침략하였으므로 전력으로 본다면 드보라와 바락의 군대는 승산이 전혀 없었으나 드보라와 바락은 하나님께서 "야빈의 군대 장관 시스라와 그의 병거들과 그의 무리를 기손 강으로 이끌어 네게 이르게 하고 그를 네 손에 넘겨주리라"고 하신 약속을 믿고 주저하지 않고 그들과 싸워 물리쳤습니다.

전쟁에 패한 시스라는 야빈과 화평하게 지내는 겐 사람 헤벨의 집으로 피신하여 헤벨의 아내에게 자신을 보호해 줄 것을 부탁하고 곤하여 잠이 들었는데 헤벨의 아내가 장막 말뚝을 시스라의 관자놀이에 박아 죽임으로 드보라와 바락은 가나안 왕 야빈을 완전히 물리치고 노래하기를 "이스라엘의 영솔자들이 영솔하였고 백성이 즐거이 헌신하였으니 여호와를 찬송하라 너희 왕들아 들으라 통치자들아 귀를 기울이라 나 곧 내가 여호와를 노래할 것이요 이스라엘의 하나님 여호와를 찬송하리로다"(5:2-3)라고 노래하였는데 이는 가나안 왕 야빈과의 전쟁에서 승리한 것은 여호와께서 약속하신 대로 이루어주심을 찬양한 것입니다.

인류의 역사를 살펴보면 많은 전쟁을 하였으며 전쟁을 승리한 후에는 누구의 공로가 더 컸느냐를 따지는 논공행상(論功行賞)으로 인하여 많은 부작용이 있었음을 보게 되는데 드보라와 바락은 자신의 공로를 나타내려 하지 않고 전쟁의 승리는 오직 하나님께서 이루어 주셨음을 믿고 하나님께 감사하여 찬양을 하였습니다.

우리나라 속담에 "잘된 것은 내 탓이고 잘못된 것은 조상 탓"이라는 말이 있는데 이는 잘된 것의 영광은 자신이 받으려 하지만 잘못된 것의 책임은 자신이 지려하지 않는다는 말이며 교회도 부흥하지 않으면 ○○ 때문에 부흥이 안 된다고 하며 부흥이 되면 자신 때문이라고 자랑하는 사람들이 있습니다.

그러나 잘된 것은 하나님의 도우심인 줄 믿고 모든 영광을 하나님께 돌려야 하므로 "너희는 먹든지 마시든지 무엇을 하든지 하나님의 영광을 위하여 하라"(고전10:31)고 하셨으므로 모든 영광을 하나님께 돌리며 수고한 성도에게 박수를 쳐주고 잘못된 일은 자신이 앞장서서 책임을 지는 사람이 참 성도(聖徒)입니다.

사랑하는 성도들이여!

나의 신분이 무엇이든지 드보라와 바락과 같이 하나님의 뜻을 따라 합심하여 충성하시고 모든 영광을 하나님께 돌리며 세상의 빛과 소금이 되시기를 축원합니다.

11. 하나님께서 기드온과 함께 하심

사사기 6:11-18

"여호와의 사자가 아비에셀 사람 요아스에게 속한 오브라에 이르러 상수리나무 아래에 앉으니라 마침 요아스의 아들 기드온이 미디안 사람에게 알리지 아니하려 하여 밀을 포도주 틀에서 타작하더니 여호와의 사자가 기드온에게 나타나 이르되 큰 용사여 여호와께서 너와 함께 하시도다 하매 기드온이 그에게 대답하되 오 나의 주여 여호와께서 우리와 함께 계시면 어찌하여 이 모든 일이 우리에게 일어났나이까 또 우리 조상들이 일찍이 우리에게 이르기를 여호와께서 우리를 애굽에서 올라오게 하신 것이 아니냐 한 그 모든 이적이 어디 있나이까 이제 여호와께서 우리를 버리사 미디안의 손에 우리를 넘겨 주셨나이다 하니(14-15줄임) 여호와께서 그에게 이르시되 내가 반드시 너와 함께 하리니 네가 미디안 사람 치기를 한 사람을 치듯 하리라 하시니라"(17-18줄임)

이스라엘 백성들이 드보라가 사사가 되어 다스리던 40년 동안 하나님을 섬기며 평안하였으나 드보라가 죽은 후에 또 악을 행하므로 하나님께서 미디안의 손에 넘겨주심으로 그들은 고통을 받게 되었고 이로 인하여 하나님께 부르짖음으로 하나님께서 기드온을 사사로 세우시고 "내가 반드시 너와 함께 하리니"라고 하시고 이스라엘을 구하셨으므로 '하나님께서 기드온과 함께 하심'이라는 제목으로 말씀을 전하겠습니다.

1. 여호와의 사자가 기드온을 찾아갔습니다

　미디안 사람들이 이스라엘을 점령하고 토지 소산과 양과 소와 나귀를 모두 빼앗아 가므로 이스라엘 백성들이 하나님께 부르짖으니 하나님께서 그 부르짖음을 들으시고 미디안 사람을 피하여 포도주 틀에서 밀을 타작하고 있는 기드온에게 사자를 보내셔서 "큰 용사여 여호와께서 너와 함께 계시도다"라고 말씀하였습니다.

　이 말을 들은 기드온은 "여호와께서 우리와 함께 계시면 어찌하여 이 모든 일이 우리에게 일어났나이까 또 우리 조상들이 일찍이 우리에게 이르기를 여호와께서 우리를 애굽에서 올라오게 한 것이 아니냐 한 그 모든 이적이 어디 있나이까 이제 여호와께서 우리를 버리사 미디안의 손에 우리를 넘겨주셨나이다"라고 했는데 이는 기드온은 백성들이 하나님을 버리고 우상을 섬김으로 하나님께서 선민 이스라엘을 버리시고 미디안에게 넘겨주셨기 때문에 하나님께서 함께 하신다는 것을 믿을 수가 없다는 것입니다.

　이와 같이 미디안에게 점령을 당한 것에 대하여 하나님께서 보호해 주지 않으심을 원망하지 않고 자기들의 죄 때문임을 생각하며 열심히 일하는 기드온을 찾아가 사사의 사명을 주셔서 이스라엘을 미디안의 손에서 구원하셨습니다.

　사랑하는 성도들이여!

　때로는 견디기 어려운 고난을 당하더라도 낙심하지 말고 맡은 일에 최선을 다하심으로 기드온과 같이 하나님의 부르심을 받아 사명을 다하는 성도가 되시기를 기원합니다.

2. 기드온은 겸손한 사람입니다

　미디안의 학정에 고통받는 이스라엘 백성들을 구원하라는 사명을 받은 기드온은 "주여 내가 무엇으로 이스라엘을 구원하리이까 보소서 나의 집은 므낫세 중에 약하고 나는 내 아버지 집에서 가장 작은 자니이다"(삿6:15)라고 하였습니다.

　이는 하나님께서 주신 사명을 거부하는 것이 아니라 자신은 어느 모로 보나 너무 미약한 존재로서 민족을 구원하는 큰 사명을 감당할 수 없음을 솔직하게 고백한 것으로 보아 기드온이 교만하지 않고 겸손한 사람임을 알 수 있으며 하나님께서도 기드온의 이러한 겸손함을 아시기에 많은 사람 가운데 가장 미약한 므낫세 지파의 사람인 기드온을 부르신 것입니다.

　하나님께서 사람을 불러 사명을 주실 때 가문이 좋고 똑똑하고 힘이 있고 유식한 사람보다 겸손한 사람을 택하시는데 똑똑하고 힘이 있는 사람은 대부분 교만해서 하나님을 의지하지 않고 자신의 지혜나 힘을 의지하기 때문에 하나님의 뜻을 이룰 수 없고 또 이룬다 하더라도 하나님의 도우심과 은혜인 줄 모르므로 자신의 힘과 지혜로 이룬 것으로 생각하므로 하나님께 영광을 돌리지 않고 교만해져서 자신의 공로를 자랑하고 다른 사람을 무시하므로 하나님께서는 좀 부족하더라도 겸손한 사람을 쓰시는 것입니다.

　그러므로 사도 바울을 통하여 "하나님께서 세상의 미련한 것들을 택하사 지혜 있는 자들을 부끄럽게 하려 하시고 세상의 약한 것들을 택하사 강한 것들을 부끄럽게 하려 하시며 하나님께서 세상의 천한 것들과 멸시 받는 것들과 없는 것들을 택하사 있는 것들을 폐하려 하신다"

(고전1:27)고 하셨으며 야고보와 베드로를 통하여 "하나님이 교만한 자를 물리치시고 겸손한 자에게 은혜를 주시느니라"(약4:6. 벧전5:6)고 하셨습니다.

겸손한 사람은 때로는 무능해 보이고 또 나약한 사람같이 보이므로 사람들에게 무시를 당할 때도 있지만 겸손한 사람은 어려움을 당할 때 하나님을 의지하므로 인내하는 힘이 강하여 어려움을 극복하지만 교만한 사람은 강한 것같이 보이지만 인내하는 힘이 약하여 쉽게 포기하므로 하나님께서는 부족하더라도 겸손한 사람을 택하셔서 하나님의 뜻을 이루도록 끝까지 도와주심으로 최후에 승자가 되는 것입니다.

사랑하는 성도들이여!

기드온의 겸손을 본받으심으로 하나님의 뜻을 위하여 부르심을 받아 사명을 완수하시고 주님 앞에 서시는 날 영광의 면류관을 받으시기를 기원합니다.

3. 기드온은 번제를 드리고 전쟁터로 갔습니다

기드온은 하나님께 부르심을 받았으나 자신의 형편을 생각할 때 확신이 없음으로 지금 말씀하시는 이가 주(主)되시는 표징을 보여 달라고 하며 염소 새끼를 잡고 무교병을 가져다가 하나님의 사자의 말씀대로 바위 위에 놓고 국을 부었을 때 하나님의 사자가 지팡이를 고기와 무교병에 대니 불이 바위에서 나와서 고기와 무교병을 태웠고 여호와의 사자는 보이지 않으므로(삿6:17-21) 기드온이 몹시 두려워할 때 여호와께서 기드온에게 "두려워 말라 네가 죽지 아니하리라"고 위로하시므로 기드온은 여호와를 위하여 제단을 쌓고 "여호와 살롬"(여호와는 평강)이라고 하였습니다. 그날 밤에 여호와의 명령에 따라 바알의 제단을 헐고 아세라 상을 찍고 산성 꼭대기에 여호와를 위하여 제단을 쌓고 수송아지를 잡고 나무로 만든 아세라 상을 화목으로 하여 번제를 드리고 나팔을 불어 군사를 모집하매 삼만 이천 명이 모였는데 하나님께서 그들의 수가 너무 많다고 하시며 전쟁을 두려워하는 사람을 돌려보내라 하시므로 기드온은 자원병들에게 두려워 떠는 자는 돌아가라고 하여 이만 이천 명은 돌아가고 만 명이 남았는데 하나님께서 "물가로 사람들을 데리고 가서 물을 마시게 한 후에 무릎을 꿇고 물을 마신 사람은 돌려보내고 손으로 물을 움켜 먹은 사람만 남게 하라"고 하셨는데 남은 사람의 수가 삼백 명뿐이었습니다.

  기드온은 삼백 명에게 각기 나팔과 항아리를 주고 항아리 안에는 횃불을 감추게 하고 밤에 적진으로 가서 기드온이 지시한 대로 나팔을 불며 항아리를 깨뜨리며 온 무리가 일시에 "여호와와 기드온의 칼이여"라고 외치매 미디안 군사들이 놀라서 도망하였으며 하나님께서 적들이 서로 싸우게 하심으로 기드온은 삼백 명으로 적군을 물리쳤습니다. 이는 전쟁의 승리가 사람의 힘에 있지 않고 하나님께서 승리하게 하신다는 약속을 이루신 것입니다.

  하나님께 부름 받은 성도들이여!

  기드온과 같이 겸손한 마음과 믿음으로 하나님의 말씀에 순종하시며 제단(예배) 쌓는 일을 열심히 하심으로 하나님께서 함께 하셔서 도와주심으로 험하고 악한 세상에서 항상 승리하며 행복하게 사시기를 축원합니다.

12. 하나님께서 입다와 함께 하심

사사기 11:29-33
"이에 여호와의 영이 입다에게 임하시니 입다가 길르앗과 므낫세를 지나서 길르앗의 미스베에 이르니 길르앗의 미스베에서부터 암몬 자손에게로 나아갈 때에 그가 여호와께 서원하여 이르되 주께서 과연 암몬 자손을 내 손에 넘겨 주시면 내가 암몬 자손에게서 평안히 돌아올 때에 누구든지 내 집 문에서 나를 영접하는 그는 여호와께 돌릴 것이니 내가 그를 번제물로 드리겠나이다 이에 입다가 암몬 자손에게 이르러 그들과 싸우더니 여호와께서 그들을 그의 손에 넘겨 주시매 아로엘에서부터 민닛에 이르기까지 이십 성읍을 치고 또 아벨 그라밈까지 매우 크게 무찌르니 이에 암몬 자손이 이스라엘 자손 앞에 항복하였더라"

입다는 기생의 소생으로 이복 형제들의 학대로 인하여 고향에서 함께 살지 못하고 타향에 나가 방탕하며 소망 없이 살았는데 암몬 사람들이 이스라엘을 침략하므로 이스라엘의 장로들이 의논하여 입다를 장관으로 추대하여 이스라엘의 머리가 되게 하겠다는 약속을 받고 암몬 사람들과 싸울 때 하나님께서 함께 하심으로 암몬 사람을 물리치고 이스라엘을 구하고 사사가 되었으므로 '하나님께서 입다와 함께 하심' 이라는 제목으로 말씀을 전하겠습니다.

1. 입다는 첩의 소생입니다

입다의 어머니는 기생으로 길르앗이라는 사람의 첩이 되어 낳은 아들이므로 이복 형제들이 입다에게 "너는 다른 여인의 자식이니 우리 아버지의 집에서 기업을 잇지 못하리라"(삿11:2)고 하며 학대하므로 입다는 형제들을 피하여 '돕'이라는 지방으로 가서 그곳에 불량배들과 어울려 지냈습니다. 그들의 두목이 되어 소망이 없이 사는 지금 말로 표현하면 밑바닥 인생의 우두머리였으니 주변 사람에게 존경은 고사하고 동정도 받지 못하며 오히려 따가운 눈총을 받으며 좋지 못한 말을 들어가며 살아가고 있을 때 암몬 사람들이 이스라엘을 침략하여 나라가 위기에 처하게 되자 이스라엘 장로들이 위기에 처한 나라를 구하기 위하여 의논하고 입다에게 찾아갔습니다. 이스라엘을 도와 암몬 사람들과 싸워 그들을 물리쳐 주면 이스라엘의 머리가 되게 해주겠다고 하여 입다는 이스라엘 장로들의 언약을 받고 길르앗으로 돌아와서 장관이 되어 군사들을 이끌고 나가 암몬 사람과 싸워 그들을 물리치고 이스라엘 민족을 암몬 사람의 손에서 구했습니다.

사랑하는 성도들이여!

나의 육신의 신분이 어떠하든지 충성할 기회가 왔을 때 하나님께서 주신 사명을 잘 감당하심으로 하나님께서 함께 하시며 도우시는 복을 받아 승리하시기를 기원합니다.

2. 여호와의 신(神)이 입다와 함께 하셨습니다

입다는 자신을 찾아온 이스라엘 장로들이 암몬 사람과 싸우면 길르앗 거민의 머리가 되게 하겠다는 약속을 받고 암몬 사람과 싸우기 위하여 출전(出戰)하였는데 싸우기 전에 사자(使者)를 암몬 왕에게 보내어 암몬이 길르앗을 침략한 것이 부당함을 말하고 물러갈 것을 요구하였습니다. 암몬 왕이 듣지 아니하므로 입다는 암몬사람과 전쟁을 하려고 나가면서 "원컨대 심판하시는 여호와는 오늘날 이스라엘 자손과 암몬 자손의 사이에 판결하시옵소서"(삿11:27)라고 기도하였을 때 여호와의 영이 입다에게 임하심으로 아로엘에서부터 민닛에 이르기까지 또 아벨 그라밈까지 20성읍을 치고 암몬 왕의 항복을 받았습니다.

입다는 이복 형제들의 학대로 외지에 나가 불량배들과 어울리고 또 그들의 두목이 되었으나 그의 마음속에는 그가 아버지 집에서 여호와를 섬기던 그 믿음이 자리잡고 있었으므로 암몬 사람과 싸울 때에 그 믿음이 입다로 하여금 여호와께 기도하게 하였으며 하나님께서 입다의 기도를 들으시고 함께 하셔서 전쟁에 승리하게 하심으로 민족을 위기에서 구하게 하셨습니다

성도가 어려움을 당하는 것이 문제가 아니라 그 어려움으로 인하여 하나님을 잃어버리는 것이 더 큰 문제입니다. 그러므로 예수님께서 세상을 떠나시게 되면 제자들이 흩어지게 될 것을 염려하시고 흩어지지 않도록 하기 위하여 "내가 세상 끝날까지 너희와 항상 함께 있으리라"(마28:20)고 약속하시고 승천하셨습니다.

사랑하는 성도들이여!

어떤 어려움을 당해도 하나님을 떠나지 마시고 하나님께 더 가까이 하시고 함께 하신다는 약속을 믿고 기도하셔서 하나님의 도우심을 받아 승리하시기를 기원합니다.

3. 입다는 망령된 서원을 하였습니다

입다는 여호와의 신이 함께 하심으로 암몬과의 전쟁에서 승리를 보장받았는데 입다는 전쟁터로 가면서 "주께서 과연 암몬 자손을 내 손에 넘겨주시면 내가 암몬 자손에게서 평안히 돌아올 때에 누구든지 내 집 문에서 나와서 나를 영접하는 그는 여호와께 돌릴 것이니 내가 그를 번제물로 드리겠나이다"(삿:30-31)라고 망령된 서원을 하였는데 승전의 기쁨을 안고 승전고를 울리면서 집으로 돌아올 때 입다의 무남독녀인 딸이 소고를 치며 춤을 추면서 아버지의 승전을 축하하며 영접하므로 입다는 자기 옷을 찢으며 "어찌할꼬 내 딸이여 너는 나를 참담하게 하는 자요 너는 나를 괴롭게 하는 자 중에 하나로다 내가 여호와를 향하여 입을 열었으니 능히 돌이키지 못하리라"(삿11:35)고 탄식을 하였습니다.

아버지의 이와 같은 말을 들은 입다의 딸은 아버지가 한 말의 의미를 알고 "나의 아버지여 아버지께서 여호와를 향하여 입을 여셨으니 아버지의 입에서 낸 말씀대로 내게 행하소서 이는 여호와께서 아버지를 위하여 아버지의 대적 암몬 자손에게 원수를 갚으셨음이니이다"(삿11:36)라고 하면서 아버지가 하나님께 서원한대로 자신이 번제물이 될 것을 약속하면서 자기의 친구들과 산에 올라가서 자신이 처녀로 죽음을 인하여 두 달을 애곡하고 온 후에 번제로 드릴 것을 요구하였습니다. 아버지의 허락을 받고 친구들과 함께 산에 올라가서 처녀로 죽음을 인하여 두 달 동안 애곡하고 돌아온 딸을 입다가 자기가 여호와께 서원한 대로 번제로 드렸으니 입다는 전쟁에 승리하고 개선장군이 되어 큰 기쁨을 안고 집으로 돌아왔으나 자신의 잘못된 서원으로 인하여 사랑하는 무남독녀를 번제로 드리고 평생을 슬픔을 안고 후회하며 살았을 것입니다.

4. 입다는 왜 이런 망령된 서원을 했을까?

사람이 할 수 없는 망령된 서원을 입다가 한 것을 상고해 보면

첫째, 입다 자신은 한 지방의 불량배 두목이었으나 전쟁에는 자신이 없으므로 무엇을 바쳐서라도 여호와의 도우심을 받아 암몬과의 전쟁에서 반드시 승리하고 과거에 학대받던 것을 완전히 벗어버리려는 강박관념에서 이처럼 망령된 서원을 했을 것이며

둘째, 자신이 암몬과의 전쟁에서 승리하고 돌아오게 되면 과거에 자신을 학대했던 이복형제들이 과거에 자신들이 행한 일에 대하여 개선장군이요 사사가 된 입다로 인하여 엄한 보복이 있을 것이라 생각하고 이를 두려워하여 보복을 모면하기 위하여 이복형제들이 가장 먼저 입다 자신을 영접할 것이라고 생각하여 자신을 가장 먼저 영접하는 사람을 여호와께 번제물로 드린다고 서원을 하였을 것입니다.

이유는 명확히 알 수 없으나 입다는 하지 말아야 하고 할 수도 없는 망령된 서원을 하므로 가장 큰 기쁨의 날이 가장 큰 슬픔의 날이 되었으며 평생을 후회하며 살았을 것입니다

사랑하는 성도들이여!

아무리 위급한 일이 있더라도 또는 아무리 미운 사람이 있더라도 하지 말아야 할 망령된 서원을 하지 않고 하나님의 약속을 믿고 말씀에 따라 순종하는 삶으로 하나님께 영광을 돌리며 후회 없는 삶이 되시기를 축원합니다.

13. 예수님을 대하는 사람들의 반응

마태복음 21:1-11
(1-5 줄임) "제자들이 가서 예수께서 명하신 대로 하여 나귀와 나귀 새끼를 끌고 와서 자기들의 겉옷을 그 위에 얹으매 예수께서 그 위에 타시니 무리의 대다수는 그들의 겉옷을 길에 펴고 다른 이들은 나뭇가지를 베어 길에 펴고 앞에서 가고 뒤에서 따르는 무리가 소리 높여 이르되 호산나 다윗의 자손이여 찬송하리로다 주의 이름으로 오시는 이여 가장 높은 곳에서 호산나 하더라 예수께서 예루살렘에 들어가시니 온 성이 소동하여 이르되 이는 누구냐 하거늘 무리가 이르되 갈릴리 나사렛에서 나온 예수라 하니라"

예수님께서 유월절을 4일 앞두시고 예루살렘 성전에 들어가셔서 성전을 깨끗케 하신 날이며 예수님이 예루살렘으로 가실 때 사람들이 종려나무 가지를 흔들며 환영한 것을 기념하는 종려주일입니다. 예수님께서 예루살렘으로 가실 때 예수님을 대하는 사람들의 반응이 다양하였으므로 '예수님을 대하는 사람들의 반응' 이라는 제목으로 말씀을 전하겠습니다.

1. 어린 나귀를 제공한 사람이 있었습니다

예수님께서 천국 복음을 전하시며 많은 병든 사람들을 고치시기 위하여 쉴 사이도 없이 각처를 다니실 때 한 번도 말이나 나귀를 타고 다니신 적이 없는데 마지막 유월절을 지키기 위하여 예루살렘으로 올라가실 때 어린 나귀를 타고 가셨는데 이 어린 나귀의 주인은 성경에 이름도 밝혀지지 않은 무명의 사람입니다.

예수님께서 감람산 벳바게에 이르렀을 때 제자들에게 "맞은편 마을로 가서 매어있는 나귀와 나귀 새끼가 함께 있는 것을 보리니 풀어 내게로 끌고 오너라 만일 누가 무슨 말을 하거든 주가 쓰시겠다 하라 그리하면 즉시 보내리라"고 하셔서 제자들이 맞은편 마을로 가서 예수님께서 말씀하신 대로 나귀와 나귀 새끼가 매어 있는 것을 보고 끌고 오려고 고삐를 풀 때 나귀의 주인이 "무엇에 쓰려느냐"(눅19:33)고 물음으로 제자들이 예수님께서 말씀하신 대로 "주께서 쓰시겠다"(눅19:34)고 하니 나귀의 주인이 나귀를 끌고 가도록 허락하였는데 이 사람이 예수님과 어떤 관계가 있는지도 전혀 알 수는 없으나 "주께서 쓰시겠다"는 말을 듣고 나귀를 끌고 가게 허락한 것으로 보아 이 사람의 이름은 밝혀지지 않았으나 예수님께 대하여 잘 알고 있었음이 분명하며 또한 예수님을 지극히 존경한 사람임에 틀림없습니다.

이 사람이 나귀를 제공하므로 스가랴 선지자가 "시온 딸에게 이르기를 네 왕이 네게 임하나니 그는 겸손하여 나귀, 곧 멍에 메는 짐승의 새끼를 탔도다"(마21:5) (스가랴 9:9 인용)라는 예언을 이루는 데 한 몫을 하였습니다.

사랑하는 성도들이여!

예수님을 바르게 알고 믿으며 주님의 뜻을 이루는데 필요한 것을 아낌없이 제공하시며 충성하셔서 여러분의 이름이 하나님의 기념책에 기록되시기를 기원합니다.

2. 자기의 겉옷을 길에 펴는 사람이 있었습니다

　민족마다 존경과 헌신의 표시가 각각 다른데 유대인들은 지극한 존경과 헌신을 다짐할 때 그 분이 가는 길에 자기의 겉옷을 펴놓고 그 옷을 밟고 지나가게 하는 풍습이 있는데 예수님의 제자 중에는 자기의 겉옷을 예수님이 타실 나귀등에 펴놓고 또 다른 제자들과 많은 군중들이 겉옷을 길에 펴놓아 예수님이 타신 나귀가 밟고 지나가게 하였습니다.

　자신의 옷을 길에 펴놓고 그 옷을 밟고 지나가게 하는 것은 자신을 낮추고 그분에 대한 최대한의 존경과 헌신을 표현하는 것으로 대개 왕에게 충성의 맹세를 표현하는 것입니다. "나사렛에서 무슨 선한 것이 나겠느냐"(요1:46)라고 한 것을 보면 예수님이 자라신 나사렛은 아주 작은 동네이므로 나사렛에서는 귀한 인물이 나지 않을 것으로 생각했는데 예수님께서 작은 마을 나사렛에서 자라셔서 나사렛 사람으로 알려졌으며 또한 큰 말이 아닌 나귀새끼를 타고 예루살렘을 향하여 가시는 모습을 본 사람들 중에는 희한한 구경거리로 생각했을 것이며 자기의 겉옷을 벗어서 예수님이 타실 나귀등에 깔고 또 나귀가 밟고 지나갈 길 위에 펴는 사람들은 예수님이 지금은 나귀새끼를 타고 예루살렘으로 가시지만 머지 않아 선지자들이 성경에 예언한 이스라엘의 왕이 되실 것을 의심하지 않고 믿었기 때문에 자기들의 겉옷을 나귀등에 또는 길에 주저하지 않고 깔아 놓게 된 것입니다.

　사랑하는 성도들이여!

　세상 사람들이 무어라 해도 예수님께 헌신하심으로 예수님께서 다시 오실 때 기쁨으로 주님을 영접하시고 주님께 면류관을 받으며 칭찬 듣는 성도가 되시기를 기원합니다.

3. 찬송하며 환영하는 사람들이 있었습니다

만약 어린 아이가 나귀새끼를 타고 가면 귀엽게 보는 사람이 있을 것이지만 나이가 30이 넘은 건장한 사람이 나귀 새끼를 타고 가시는 예수님의 모습을 보는 대부분에 사람들은 "아무리 말 못하는 짐승이라고 저럴 수가 있을까"라고 욕을 하거나 비웃는 사람들이 많았을 것입니다.

그러나 비웃거나 욕을 하는 사람들에게 신경 쓰지 않고 "호산나 찬송하리로다 주의 이름으로 오시는 이여"라고 소리 높여 환영하는 사람들이 많았습니다.

예수님을 나사렛에 사는 목수 요셉의 아들로만 알고 있는 사람들이나 또는 예수님을 모르는 사람들은 예수님이 나귀새끼를 타고 가는 모습과 예수님을 향하여 환호하며 환영하는 사람들이 이 상한 사람들로 보였을 것입니다. 그러므로 대제사장들과 서기관들과 바리새인들이 분을 내며 예수님께 "선생이여 당신의 제자들 을 책망하소서"(눅19:39)라고 하였는데 이는 믿음의 마음으로 보는 사람과 선입견이나 시기심으로 보는 사람과의 차이이며 택하심을 받은 사람과 택하심을 받지 못한 사람과의 차이입니다.

사랑하는 성도들이여!

우리는 하나님께로부터 택하심을 받아 구원받은 성도이오니 나귀를 타고 예루살렘으로 입성하시는 예수님을 찬양하여 주님을 기쁘시게 하시기를 기원합니다.

4. 돈벌이에 혈안이 된 사람들이 있었습니다

예수님께서 유월절을 지키기 위하여 예루살렘으로 들어오실 때 수 많은 사람들이 예수님을 영접하면서 "갈릴리 나사렛에서 나온 선지자 예수"라고 하는 소동이 있었으나 성전 안에서는 돈벌이에 정신을 빼앗긴 사람들이 있었으니 곧 유월절을 지키기 위하여 먼 지방에서 오는 사람들에게 제물로 쓸 양이나 비둘기를 파는 사람들과 이에 필요한 돈을 바꾸는 일로 돈벌이에 정신이 팔려 있었으므로 예수님을 알아보지 못하고 자기 일에만 몰두하는 사람들이 있었습니다.

그러므로 예수님께서 성전 안에서 매매하는 사람과 돈 바꾸는 사람들의 상을 엎으시면서 "기록된 바 내 집은 만민이 기도하는 집이라 칭함을 받으리라고 하지 아니하였느냐 너희는 강도의 소굴을 만들었도다"(막11:17, 마21:13)라고 하시며 내쫓으셨는데 이는 돈 버는 것을 책망하심이 아니라 하나님을 경배하는 성전을 돈 버는 장소로 잘못 사용하였기 때문에 예수님이 분노하셔서 책망하신 것입니다.

사랑하는 성도들이여!

나귀새끼를 타고 오시는 예수님 앞에 여러분은 어떤 모습의 사람이라고 생각되십니까?

주님 오실 날이 가까운 이때에 세상 일에만 몰두하지 마시고 예수님께서 다시 오실 때 우리의 가장 소중한 것을 드리며 호산나 찬송하며 예수님을 영접하는 성도가 되시기를 축원합니다.

14. 그리스도의 고난과 영광

누가복음 24:25-35

"이르시되 미련하고 선지자들이 말한 모든 것을 마음에 더디 믿는 자들이여 그리스도가 이런 고난을 받고 자기의 영광에 들어가야 할 것이 아니냐 하시고 이에 모세와 모든 선지자의 글로 시작하여 모든 성경에 쓴 바 자기에 관한 것을 자세히 설명하시니라 그들이 가는 마을에 가까이 가매 예수는 더 가려 하는 것 같이 하시매 그들이 강권하여 이르되 우리와 함께 유하사이다 때가 저물어 가고 날이 이미 기울었나이다 하니 이에 그들과 함께 유하러 들어가시니라 그들과 함께 음식 잡수실 때에 떡을 가지사 축사하시고 떼어 그들에게 주시니 그들의 눈이 밝아져 그인 줄 알아보더니 예수는 그들에게 보이지 아니하시는지라"(32-35줄임)

오늘은 예수님께서 부활하신 부활절입니다. 예수님께서 부활하셨다는 소식을 듣고도 믿지 못하고 근심하며 엠마오로 가는 두 청년이 있었는데 예수님께서 그들에게 나타나셔서 "미련하고 선지자들의 말한 모든 것을 더디 믿는 자들이여 그리스도가 이런 고난을 받고 자기 영광에 들어가야 할 것이 아니냐"라고 하시며 그들에게 부활에 대하여 설명하셨으므로 부활주일을 맞이하여 '그리스도의 고난과 영광' 이라는 제목으로 말씀을 전하겠습니다.

1. 사랑하던 제자들에게 배신당함의 고난입니다

세상에는 즐거움을 주는 것도 많지만 고난을 주는 것도 많이 있습니다. 즉, 물질로 인한 고난, 질병으로 오는 고난, 사랑하는 이들의 죽음이나 배신으로 오는 고난, 사회생활의 여러 가지 헤아리기 힘들만큼 많은 것들이 몸과 마음에 고난을 주므로 예로부터 사람들은 인생은 고해(苦海)와 같다고 하였으며 욥은 "인생은 고난을 위하여 났으니 불티가 위로 날음 같다"(욥5:7)고 하였습니다.

예수님께서 십자가에 달리셔서 "나의 하나님 나의 하나님 어찌 하여 나를 버리셨나이까"라고 외치신 것은 그 십자가의 대속의 고통이 얼마나 큰 것인가를 우리에게 알려 주시는 말씀입니다.

그러나 예수님의 고통은 머리에 가시 면류관을 쓰시고 십자가에서 두 손과 두 발에 못을 박히시고 달리신 육체의 고통보다 더 견디기 어려운 고통이 있었는데 사랑하는 제자인 가룟 유다가 은 30에 스승을 팔아 넘긴 배신의 고통이 더 컸습니다.

그러므로 최후의 만찬을 하시면서 "인자는 자기에게 대하여 기록된 대로 가거니와 인자를 파는 그 사람에게는 화가 있으리로다 그 사람은 차라리 태어나지 아니하였더라면 제게 좋을 뻔하였느니라"(마26:24)고 말씀하시는 주님의 마음은 칼로 오려내는 것보다 더 아팠을 것입니다.

또한 만찬을 끝내고 감람산으로 가시면서 "오늘 밤에 너희가 다 나를 버리리라"(마26:31)고 하셨을 때 "다 주를 버릴지라도 나는 결코 버리지 않겠나이다"(마26:33)라고 호언장담하던 베드로마저 예수님께서 심문 받는 곳 가까이서 불을 쬐고 있다가 한 여종이 "이 사람도 갈릴리 사람 예수와 함께 있었다"고 했을 때 "나는 네가 무슨 말을 하는지 알지 못하겠노라"고 하였으며 사람들이 거듭해서 "이 사람은 예수와 함께 있었도다"라고 하며 "너도 진실로 그 도당이라 네 말소리가 너를 표명한다"고 말하는 사람에게 저주하며 맹세하여 이르되 "나는 그 사람을 알지 못하노라"(마26:69-74)고 하며 베드로가 예수님을 '그 사람'이라고 하면서 세 번 부인했을 때 뒤를 돌이켜 베드로를 보시는 예수님의 마음이 얼마나 아프셨겠습니까?(눅22;61)

사랑하는 성도들이여!

일상생활 중에 항상 자신의 신앙을 돌아보고 반석 위에 믿음의 집을 지어 어떤 어려움과 유혹이 있더라도 예수님을 배신하지 마시고 예수님을 섬기심으로 부활 승천하신 예수님이 다시 오실 때 기쁨으로 영접하시기를 기원합니다.

2. 희롱과 침 뱉음을 당하시는 고난입니다

예수님께 사형 판결을 내리고 형장인 골고다로 끌고 갈 때 관원들이 예수님의 머리에는 가시관을 면류관이라 하며 씌우고 옷을 벗기고 홍포(紅袍)를 입히고 오른 손에는 갈대를 들리고 그 앞에서 무릎을 꿇고 "유대인의 왕이여 평안할지어다"라고 하면서 침을 뱉고 갈대를 빼앗아 머리를 치며 희롱을 하였으니(마27:28-30) 이보다 더 심한 모욕이 어디에 있겠습니까?

희롱을 다 한 후에 홍포를 벗기고 예수님의 옷을 입히고 십자가에 못 박으려고 골고다로 끌고가서 예수님을 십자가에 못 박고 십자가 위에는 "유대인의 왕 예수"라는 패를 붙였고 지나가는 사람들은 머리를 흔들며 "성전을 헐고 사흘에 짓는 자여 네가 만일 하나님의 아들이어

든 십자가에서 내려오라"(마27:40)고 하였으며 대제사장들과 서기관들과 장로들은 "저가 남은 구원하였으나 자기는 구원할 수 없도다 저가 이스라엘의 왕이로다 지금 십자가에서 내려올지어다 그러면 우리가 믿겠노라"(마27:42)고 하며 조롱을 하였습니다.

아무리 큰 죄를 지은 사람이거나 미워하는 사람이라도 죽음을 당하게 되면 측은히 여기며 말을 함부로 하지 않는 것이 사람의 마음이며 예의이므로 "죽음 앞에서는 원수가 없다"고 하는데 지위고하를 막론하고 많은 사람들이 예수님을 희롱하였으니 예수님의 마음이 얼마나 아프셨겠습니까?

사랑하는 성도들이여!

예수님의 이와 같은 고통은 우리의 구원을 위한 것입니다. 우리 모두 예수님의 사랑과 희생을 잊지 마시고 충성하셔서 예수님의 은혜에 보답하며 사시기를 기원합니다.

3. 예수님의 고통은 부활의 영광이 되었습니다

사람들은 다른 사람의 죄를 대신 지면 억울해 하고 또 다른 사람들에게 바보 취급을 받으며 자신의 죄를 다른 사람에게 덮어씌우고 자신이 책임을 면하게 되면 지혜로 생각하고 자랑을 하는데 예수님은 "사람이 친구를 위하여 자기 목숨을 버리면 이보다 더 큰 사랑이 없나니 너희는 내가 명하는 대로 행하면 곧 나의 친구라"(요15:13-14)고 하시고 많은 사람의 죄를 대신하여 죽는 것을 영광이라고 말씀하셨습니다. 이는 사람들을 가르치기 위하여 하신 말씀만으로 끝난 것이 아니라 예수님께서 친히 십자가를 지심으로 죄인에 대한 예수님의 사랑을 확증하셨습니다.

예수님께서 십자가에서 죽으심은 당시 사람들이 생각했던 것같이 예수님의 죄 때문이 아니라 모든 인류의 죄를 대신하여 죽으심으로 오랜 기간 많은 성현(聖賢)들이 죽음의 문제를 해결하려고 부단한 노력을 하며 또 고행(苦行)을 했으나 이루지 못한 죄의 문제를 대속의 십자가로 단번에 완전하고도 영원히 해결하셨습니다.

하나님께서 인류를 죄에서 구속하시기 위하여 오랜 기간 선지자들을 통하여 예언하신 뜻을 온전히 이루기 위하여 십자가를 지셨으며 또한 부활하심으로 생명의 영원함을 증명하셨고 또 승천하심으로 예수님께서 전파하신 천국의 실존(實存)을 증명하심으로 우리에게 영생과 천국의 소망을 확실하게 하셨습니다.

만약 예수님께서 십자가를 지고 돌아가시지 않으셨다면 부활의 영광이 없었을 것이며 부활의 영광이 없었다면 500여 성도가 보는 가운데 구름을 타고 하늘나라에 올라가시는 영광이 없었을 것이며 천사장의 소리와 하나님의 나팔로 친히 하늘로 좇아 강림하시는 영광도 없을 것입니다.

사랑하는 성도들이여!

예수님께서 제자들에게 배신당하는 고통과 사람들의 모욕과 침 뱉음을 당하며 십자가를 지는 고통을 당하심으로 인류의 구원이 완성되었으며 부활과 승천의 영광과 재림의 영광에 참여하게 됨을 확신하시며 이 세상에서의 고통을 인내하심으로 예수님께 영광의 면류관을 받으시기를 축원합니다.

15. 하나님께서 삼손과 함께 하심

사사기 16:28-30
"삼손이 여호와께 부르짖어 이르되 주 여호와여 구하옵나니 나를 생각하옵소서 하나님이여 구하옵나니 이번만 나를 강하게 하사 나의 두 눈을 뺀 블레셋 사람에게 원수를 단번에 갚게 하옵소서 삼손이 집을 버틴 두 기둥 가운데 하나는 왼 손으로 하나는 오른 손으로 껴 의지하고 삼손이 이르되 블레셋 사람과 함께 죽기를 원하노라 하고 힘을 다하여 몸을 굽히매 그 집이 곧 무너져 그 안에 있는 모든 방백들과 온 백성에게 덮이니 삼손이 죽을 때에 죽인 자가 살았을 때에 죽인 자보다 더욱 많았더라"

이스라엘 백성들이 가나안을 점령하고 여호수아가 통치하던 때부터 사무엘이 다스리던 때까지를 사사시대라고 하며 사사기에는 12명의 사사가 있는데 그 중에 삼손이 사사로 활동한 기록은 13장에서 16장까지 가장 많이 자세하게 기록되었는데 오늘은 '하나님께서 삼손과 함께 하심' 이라는 제목으로 말씀을 전하겠습니다.

1. 삼손은 나실인으로 태어났습니다

나실인이란 '거룩하게 구별된 사람' 또는 '바쳐진 사람' 이란 뜻으로 성경에 기록된 훌륭한 사람들은 부모나 혹은 자신이 하나님께 바치기로 서원하고 나실인으로 살았습니다.

그런데 단 지파의 마노아라는 사람은 그의 아내가 잉태하지 못하여 자식이 없었는데 여호와의 사자가 마노아의 아내에게 나타나서 "보라 본래 네가 임신하지 못하므로 출산하지 못하였으나 임신하여 아들을 낳으리니 그러므로 너는 삼가 포도주와 독주를 마시지 말며 어떤 부정한 것도 먹지 말라 보라 네가 임신하여 아

들을 낳으리니 그의 머리 위에 삭도를 대지 말라 이 아이는 태에서 나옴으로부터 하나님께 바쳐진 나실인이 됨이라"(삿13:1-5)고 말씀하심으로 잉태될 때 하나님께서 나실인으로 선택하셨습니다.

아내로부터 이 기쁜 소식을 전해들은 마노아는 하나님께 "주께서 보내셨던 하나님의 사람을 우리에게 다시 오게 하사 우리가 그 낳을 아이에게 어떻게 행할지를 우리에게 가르치게 하소서"(삿13;8)라고 기도하므로 하나님께서 사자를 마노아에게 다시 보내셔서 "내가 이 여인에게 말한 것들을 그가 다 삼가서 포도나무의 소산을 먹지 말며 포도주와 독주를 마시지 말며 어떤 부정한 것도 먹지 말고 내가 그에게 명령한 모든 것은 다 지킬지니라"(삿13:13-14)고 하셨습니다.

그러므로 마노아는 염소 새끼와 소제물을 가져다가 바위 위에서 여호와께 드렸는데 불꽃이 제단에서 하늘로 올라가는 동시에 하나님의 사자도 함께 하늘로 올라가는 것을 보고 그가 하나님의 사자임을 확신하였으며(삿13:19-20) 마노아는 하나님께서 명하신 대로 삼손의 머리에 삭도를 대지 아니하여 삼손을 나실인으로 성장하게 하였습니다.

사랑하는 성도들이여!

우리는 하나님께 바쳐진 나실인임을 믿으시고 독주나 부정한 것을

먹지 말고 하나님의 뜻에 합당한 나실인의 삶으로 하나님께 충성하셔서 영광을 돌리시기를 기원합니다.

2. 삼손은 블레셋에서 이스라엘을 구했습니다

열한 번째 사사였던 압돈이 죽은 후에 이스라엘 백성들이 악을 행하므로 하나님께서 이스라엘 백성들을 블레셋 사람의 손에 붙이심에 40년 동안 통치를 받으며 고통을 당하였는데 하나님께서 삼손을 택하셔서 사사로 세우시고 삼손을 통하여 이스라엘을 구하셨습니다.

삼손이 이스라엘을 구한 내용을 살펴보면 삼손은 단 족속으로 소라 땅에 살았는데 청년이 된 후에 딤나로 내려가서 블레셋 사람의 딸을 보고 부모에게 "그를 맞이하여 아내를 삼게 해 달라"(14:2)고 말씀을 드렸는데 삼손이 블레셋 여인과 결혼을 하려는 것은 블레셋을 치기 위한 하나님의 뜻이었습니다(삿14:4)

그러나 삼손의 부모는 이를 알지 못하여 삼손의 결혼을 반대하였는데 삼손이 강청하여 부모와 함께 딤나로 가서 블레셋 청년들을 잔치에 초청하고 삼손이 그들에게 수수께끼를 해서 블레셋 청년들이 수수께끼를 풀면 베옷 30벌과 겉옷 30벌을 주고 만약 풀지 못하면 그들이 삼손에게 주기로 약속하였습니다.

그리고 삼손은 블레셋 청년들에게 "먹는 자에게서 먹는 것이 나오고 강한 자에게서 단 것이 나온 것이 무엇이냐"고 하였는데 블레셋 청년들이 수수께끼의 답을 알 수 없으므로 삼손의 아내를 협박하여 답을 알아내어 맞추었으므로 삼손이 아스글론으로 가서 그곳 사람 30명을 죽이고 그들이 입었던 옷을 빼앗아 수수께끼를 푼 블레셋 청년들에게 나누어주고 삼손이 심히 노하여 아내를 두고 소라에 있는 자기 아버지의 집으로 돌아갔으므로 여인의 부모가 삼손이 아내를 미워하여 버리고 간 것으로 오해하고 딸을 삼손의 친구와 결혼을 시켰습니다.(14:10-20)

그 후에 삼손이 딤나의 처가로 가서 아내를 만나려고 하였으나 아내는 이미 다른 사람과 결혼을 하였으므로 분하여 여우 300마리를 붙잡아 꼬리에 불을 붙이고 블레셋 사람의 밭에 놓으므로 여우들이 밭으로 뛰어들어가 밭에 곡식을 모두 태움으로 블레셋 사람들은 이 책임이 삼손의 아내 되었던 여인과 그의 아버지에게 있다고 생각하고 그들을 붙잡아 불에 태워 죽였습니다.(15:4-6)

이로 인하여 삼손이 나귀의 턱뼈를 취하여 블레셋 사람 1000명을 죽였는데 이는 하나님께서 이스라엘을 구원하시기 위하여 삼손을 택하시고 함께 하셨기 때문입니다.(15:15)

사랑하는 성도들이여!

하나님의 선민으로서의 긍지를 가지시고 모든 삶을 하나님 뜻에 따라 행하심으로 선민을 구원하시려는 하나님의 구원섭리에 합당하게 쓰임 받으시기를 기원합니다.

3. 하나님께서 삼손과 끝까지 함께 하셨습니다

삼손이 나귀 턱뼈로 블레셋 사람 1000명을 죽인 후 약 10년을 지난 후 소렉 골짜기에 '들릴라'는 여인을 사랑하여 그 여인과 동거하였는데 블레셋 방백들이 들릴라에게 삼손의 큰 힘이 무엇으로 있는지, 그를 어떻게 하면 결박하여 괴롭게 할 수 있는지 알려주면 은 일천 일백을 주겠다고 유혹하였을 때 돈에 눈이 먼 들릴라는 삼손에게 힘의 근원을 알려달라고 졸라서 그 힘의 근원을 처음에는 바르게 알려 주지 않았으나 결국 힘의 근원이 머리에 있음을 삼손이 실토하여(16:4-17) 들릴라가 불레셋 사람들에게 알려주었으며 삼손이 잠이 든 사이에 블레셋 사람들이 삼손의 머리를 깎음으로 삼손은 힘을 쓰지 못하게 되어 불레셋 사람들에게 결박을 당하여 두 눈을 뽑히고 옥중에서 맷돌을 돌리는 신세가 되었으며 불레셋 사람들이 다곤신에게 제사를 드릴 때 블레셋 사람들 앞에서 재주를 부리는 구경거리가 되었습니다.

  이 때에 삼손이 하나님께 "이번만 나를 강하게 하사 블레셋 사람이 나의 두 눈을 뺀 원수를 단번에 갚게 하옵소서"라고 기도하고 "블레세 사람과 함께 죽기를 원하노라"라고 하면서 힘을 쓸 때 그 집이 무너졌으며 이때에 블레셋 사람의 죽은 사람의 수가 삼손이 살았을 때에 죽인 사람보다 많았습니다.

  삼손이 자신의 힘의 근원을 알려주는 실수를 하여 머리를 깎이고 눈을 뽑혔을 때 하나님께서 삼손을 떠나신 것같이 생각할 수 있으나 하나님께서는 끝까지 삼손과 함께 하셔서 삼손의 기도를 들으시고 새 힘을 주심으로 원수를 갚게 하셨습니다.

  사랑하는 성도 여러분!

  우리는 하나님의 선민임을 기억하시고 언행에 항상 조심하시고 혹 실수를 했더라도 핑계하지 마시고 회개하시고 함께 하시는 하나님께 기도하여 승리하시기를 축원합니다.

16. 하나님께서 룻과 함께 하심

룻기 4:13-17
"이에 보아스가 룻을 맞이하여 아내로 삼고 그에게 들어갔더니 여호와께서 그에게 임신하게 하심으로 그가 아들을 낳은지라 여인들이 나오미에게 이르되 찬송할지로다 여호와께서 오늘 네게 기업 무를 자를 없게 하지 아니하셨도다 이 아이의 이름이 이스라엘 중에 유명하게 되기를 원하노라 이는 네 생명의 회복자이며 네 노년의 봉양자라 곧 너를 사랑하며 일곱 아들보다 귀한 네 며느리가 낳은 자로다 하니라 나오미가 아들을 받아 품에 품고 그의 양육자가 되니 그의 이웃 여인들이 그에게 이름을 지어 주되 나오미에게 아들이 태어났다 하여 그의 이름을 오벳이라 하였는데 그는 다윗의 아버지 이새의 아버지였더라"

성경에 여인의 이름이 많지 않고 그 중에도 대부분 선민 이스라엘 여인들인데 본문에 기록된 룻은 모압 사람으로 이방 여인이었으나 선민 이스라엘 사람인 기룐과 결혼하고 어려운 환경에서도 좌절하지 않고 시어머님을 잘 모시는 모범적인 삶을 인하여 하나님께서 함께 하심으로 예수님의 조상이 되었으므로 '하나님께서 룻과 함께 하심'이란 제목으로 말씀을 전하겠습니다.

1. 룻은 이방인이었으나 선민이 되었습니다

　모압 족속은 아브라함의 조카 룻의 후손으로 모세가 이스라엘 백성을 이끌고 가나안으로 갈 때 모압 평지에 진을 치고 있었는데 모압 왕 발락이 술사 발람을 초청하여 이스라엘을 저주하라고 하였으며(민22:) 이스라엘 백성들이 싯딤에 머물러 있을 때는 모압 여인들이 그 신에게 제사를 드리며 이스라엘 백성들을 초청하여 그들과 음행을 하였으므로 하나님께서 진노하셔서 모세에게 백성의 두령들의 목을 매달아 죽이라 명하셨습니다.(민25:)

그러므로 하나님께서 모세에게 "암몬 사람과 모압 사람은 여호와의 총회에 들어오지 못하리니 십 대뿐 아니라 영원히 여호와의 총회에 들어오지 못하리라"(신23:3-4)고 하셨는데 모압 여인인 룻이 이스라엘 회중에 들어오게 되었고 특별히 하나님께서 함께 하심으로 믿음의 조상이 되어 예수님의 족보에 기록되는 영광을 얻었는데 룻은 비록 저주받은 모압 여인이었으나 하나님의 선민 유다의 후손 말론과 결혼을 하여 이스라엘 사람이 되었으며 남편 말론이 죽은 후에도 시어머니인 나오미를 따라 베들레헴으로 와서 효도를 하였고 남편의 친족인 보아스를 만나 재혼하여 오벳을 낳고 오벳은 이새를 낳고 이새가 다윗을 낳음으로 인류의 구세주이신 예수 그리스도의 족보에 오르는 영광을 얻었습니다.

이와 같이 우리에게도 "너희는 그 때에 육체로는 이방인이요 손으로 육체에 행한 할례를 받은 무리라 칭하는 자들로부터 할례를 받지 않은 무리라 칭함을 받는 자들이라 그 때에 너희는 그리스도 밖에 있었고 이스라엘 나라 밖의 사람이라 약속의 언약들에 대하여는 외인이요 세상에서 소망이 없고 하나님도 없는 자이더니 이제는 전에 멀리 있던 너희가 그리스도 예수 안에서 그리스도의 피로 가까워졌느니라"(엡2:11-13)고 하셨습니다.

사랑하는 성도들이여!

이방인 룻이 말론과 결혼하여 선민이 된 것같이 우리는 예수님과 연합하여 하나님의 권속이 되게 하신 하나님의 은혜를 감사하며 충성하시기를 기원합니다.

2. 룻은 고난 중에도 최선을 다했습니다

룻은 나오미의 아들 말론과 결혼을 하여 행복한 삶을 꿈꾸었으나 얼마 못 되어 남편 말론과 그의 동생 기룐이 죽으므로 룻의 가족은 시어머니인 나오미와 동서인 오르바 세 여인만 남는 불행을 당하게 되어 어려운 삶을 살아갈 때 유다 베들레헴에는 풍년이 들었다는 소식을 듣고 고향으로 돌아오게 되었는데 시어머니 나오미가 두 며느리에게 "너희는 각각 어머니의 집으로 돌아가라 너희가 죽은 자들과 나를 선대한 것같이 여호와께서 너희를 선대하시기를 원하며 여호와께서 너희에게 허락하사 남편의 집에서 위로를 받게 하시기를 원하노라"(룻1:8-9)고 강권하여 오르바는 자기 집으로 돌아갔으나 룻은 "나로 어머니를 떠나며 어머니를 따르지 말고 돌아가라 강권하지 마옵소서 어머니께서 가시는 곳에 나도 가며 어머니께서 머무시는 곳에서 나도 머물겠나이다 어머니의 백성이 나의 백성이 되고 어머니의 하나님이 나의 하나님이 되시리니 어머니께서 죽으시는 곳에서 나도 죽어 거기 묻힐 것이라 만일 내가 죽는 일 외에 어머니를 떠나면 여호와께서 내게 벌을 내리시고 더 내리시기를 원하나이다"(1:16-17)라고 하면서 남편의 고향인 베들레헴으로 따라갔습니다.

베들레헴에 도착한 룻은 다른 사람들이 곡식 베는 밭에 가서 이삭을 주워다가 먹고사는 힘든 삶이 시작되었으나 누구를 원망하거나 불평하거나 낙심하지 않고 또 시어머니 앞에서 힘든 내색도 하지 않고 나른 사람들이 쉬는 시간에도 쉬지 않고 열심히 이삭을 주워다가 시어머니를 봉양하였는데 세상적인 면에서 보면 전혀 소망이 없는 불행한 삶이었으나 오직 늙으신 시어머니를 봉양하기 위한 효심에서 최선을 다한 것입니다.

사랑하는 성도들이여!

룻의 믿음과 효도를 본받아 고난을 당해도 극복하고 최선을 다하여 효도하심으로 주변 사람들에게 하나님의 백성으로서의 본을 보이셔서 하나님께서 베푸시는 은혜와 복을 받아 아름다운 이름을 후대에 남기시기를 기원합니다.

3. 이방 여인 룻이 믿음의 조상이 되었습니다

룻은 고달픈 생활이 계속되었으나 하루도 쉬지 않고 이삭 줍는 일을 계속하였으므로 그의 부지런함과 시어머니에 대한 지극한 효도는 온 동네에 소문이 퍼졌으며 친족인 보아스는 룻의 효심에 감동하여 자기 밭에서 계속하여 이삭을 줍게 하고 또 일꾼들에게 이삭을 일부러 흘리게 하여 룻이 이삭을 많이 줍도록 호의를 베풀었으며 타작을 하고 난 후에는 "빈손으로 네 시어머니에게 가지 말라"(3:14-17)고 하면서 보리를 여섯 번 되어 주어 시어머니를 봉양하도록 하였습니다.

룻의 시어머니에 대한 효도와 보아스의 후한 인심으로 인하여 룻은 보아스와 결혼을 하게 되었는데 유대인의 결혼법에 의하면 한 가문의 대를 잇기 위하여 죽은 남편과 가장 가까운 사람과 결혼을 하는데 보아스는 룻과의 결혼에서 제일 순위자가 아니었으나 제일 순위자가 룻과 결혼을 하면 룻의 남편의 기업을 이어 주는 손해가 될 것이라 생각하고 룻과의 결혼을 포기하였으나 다음 순위자인 보아스는 룻의 지극한 효도에 감동하여 자신의 경제적인 손해를 감수하고 룻과 결혼을 하였습니다.

소망이 전혀 보이지 않는 상황에서도 시어머니에게 지극한 정성으로 효도를 한 룻과 자신의 경제적인 손해가 되는데도 불구하고 하나님께서 이스라엘 백성들에게 말씀하신 대로 계대(繼代)결혼을 한 보아스의 가문에서 다윗 왕을 시작으로 유대의 왕통이 이어졌으며 인류의 구세주이시며 만왕의 왕으로 오신 예수 그리스도의 조상이 되는 복을 받았습니다.

현재도 많은 사람들은 자기가 마땅히 해야 할 일도 자신에게 유익이 없다면 모른 척하며 신앙생활도 하나님의 말씀보다 자신의 유불리를 따라서 하는 경우가 많으며, 특히 이단인 줄 알면서도 자신의 지위나 경제적인 이익 때문에 따르는 사람도 있습니다.

사랑하는 성도들이여!

룻과 같이 환경을 탓하지 않고 효도하심으로 하나님께서 함께 하시는 복을 받으시며 또한 사도 바울을 통하여 "자녀들아 주 안에서 네 부모에게 순종하라 이것이 옳으니라 네 아버지와 어머니를 공경하라 이것은 약속이 있는 첫 계명이니 이로써 네가 잘되고 땅에서 장수하리라"(엡6:1-3)고 약속하신 복을 받으셔서 행복한 가문을 이루시기를 축원합니다.

17. 하나님께서 사무엘과 함께 하심

사무엘상 3:1-9
"아이 사무엘이 엘리 앞에서 여호와를 섬길 때에는 여호와의 말씀이 희귀하여 이상이 흔히 보이지 않았더라 엘리의 눈이 점점 어두워 가서 잘 보지 못하는 그 때에 그가 자기 처소에 누웠고 하나님의 등불은 아직 꺼지지 아니하였으며 사무엘은 하나님의 궤 있는 여호와의 전 안에 누웠더니 여호와께서 사무엘을 부르시는지라 그가 대답하되 내가 여기 있나이다 하고 엘리에게로 달려가서 당신이 나를 부르셨기로 내가 여기 있나이다 하니 그가 이르되 나는 부르지 아니하였으니 다시 누우라 하는지라 그가 가서 누웠더니 여호와께서 다시 사무엘을 부르시는지라 사무엘이 일어나 엘리에게로 가서 이르되 당신이 나를 부르셨기로 내가 여기 있나이다 하니 그가 대답하되 내 아들아 내가 부르지 아니하였으니 다시 누우라 하니라 사무엘이 아직 여호와를 알지 못하고 여호와의 말씀도 아직 그에게 나타나지 아니한 때라 여호와께서 세 번째 사무엘을 부르시는지라 그가 일어나 엘리에게로 가서 이르되 당신이 나를 부르셨기로 내가 여기 있나이다 하니 엘리가 하나님께서 사무엘을 부르신 줄을 깨닫고 엘리가 사무엘에게 이르되 가서 누웠다가 그가 너를 부르시거든 네가 말하기를 여호와여 말씀하옵소서 주의 종이 듣겠나이다 하라 하니 이에 사무엘이 가서 자기 자리에 누우니라"

사무엘은 성경에 기록된 인물 중에서 예수님 외에 가장 위대한 인물이라 할 수 있는데 사사이며 제사장이며 선지자의 사명을 받은 사람으로 어머니 한나가 아들을 낳지 못하므로 아들을 주시면 하나님께 드리기로 서원하고 낳은 아들로서 받은 사명을 잘 감당하여 하나님께서 함께 하셨으므로 '하나님께서 사무엘과 함께 하심'이란 제목으로 말씀을 전하겠습니다.

1. 사무엘은 나실인으로 태어났습니다

에브라임 사람 엘가나는 아내 한나가 아이를 낳지 못하므로 브닌나라는 여인을 취하여 아이를 낳았는데 브닌나는 한나를 몹시 괴롭히므로 남편 엘가나가 매년 예배하며 제사를 드리려고 실로에 올라갈 때 한나도 함께 가서 하나님 앞에 엎드려 통곡하며 "만군의 여호와여 만일 여종의 고통을 돌보시고 나를 기억하사 주의 여종을 잊지 아니하시고 주의 여종에게 아들을 주시면 내가 그의 평생에 그를 여호와께 드리고 삭도를 그의 머리에 대지 아니하겠나이다"(삼상1:11)라고 서원하며 기도하고 집으로 돌아와서 잉태하여 아들을 낳고 하나님께서 주신 것을 믿고 "여호와께 구하여 얻었다"는 뜻으로 이름을 사무엘이라고 지었습니다. 젖을 뗀 후에 엘가나와 한나는 수소 세 마리와 밀가루 한 에바와 포도주 한 가죽부대를 가지고 여호와의 집에 가서 하나님께 제사를 드리며 "이 아이를 위하여 내가 기도하였더니 여호와께서 나의 구하여 기도한 바를 내게 허락하신지라 그러므로 나도 그를 여호와께 드리되 그의 평생을 여호와께 드리나이다"(삼상1:27-28)라고 하며 서원한 대로 사무엘을 하나님께 드려 엘리 제사장에게 수종들게 하였습니다.

사랑하는 성도들이여!

한나와 같이 간절히 기도하셔서 응답을 받으시고 또 서원한 대로 실천하시기를 기원합니다.

2. 사무엘은 여호와의 전 안에서 생활했습니다

사무엘은 젖을 뗀 어린아이였으나 부모의 뜻에 따라 집을 떠나 성전에서 살아야 했으니 어머니와 아버지가 얼마나 보고 싶었겠습니까? 그런데 당시 엘리 제사장의 아들들은 불량자였으므로 그들의 잘못된 행동을 본받기 쉬웠으나 사무엘은 그들의 나쁜 행위를 본받지 않고 하나님의 법궤를 모셔 놓은 하나님의 전 안에서 잠을 자면서 엘리 제사장의 심부름을 하면서 하나님의 말씀과 하나님을 섬기는 법을 배우며 엘리 제사장이 아들들의 잘못된 삶으로 인하여 근심하는 모습을 보고 사무엘은 그들을 본받지 않기 위하여 노력하며 하나님을 경외하는 일에 최선을 다하여 사람들과 하나님에게 인정을 받고 또 사랑을 받았습니다.

그러므로 하나님께서 엘리 제사장의 아들들 중에서 엘리 제사장의 후계자를 선택하시지 않고 진실한 마음으로 하나님을 경외하는 어린 사무엘을 엘리 제사장의 후계자로 선택하신 것입니다.

사랑하는 성도들이여!

세상에 유혹하는 것이 아무리 많고 악해도 사무엘을 본받아 유혹에 빠지지 마시고 진실한 마음으로 하나님을 경외하심으로 하나님께 귀하게 쓰임 받으시기를 기원합니다.

3. 여호와께서 사무엘을 부르셨습니다

엘리 제사장의 아들들의 범죄로 인하여 하나님께서 엘리 제사장을 책망하시면서 "나를 존중히 여기는 자를 내가 존중히 여기고 나를 멸시하는 자를 내가 경멸하리라"(삼상2:30)고 하시고 엘리 제사장의 가문에 무서운 재앙이 있을 것을 말씀하신 후 "내가 나를 위하여 충실한 제사장을 일으키리니 그 사람은 내 마음, 내 뜻대로 행할 것이라"(삼상2:35)고 하시고 엘리 제사장에게 아무 말씀도 하지 않으셨으며 또 이상도 보여주지 않으심으로 말씀이 희귀한 때에 하나님께서 사무엘을 부르셨습니다.(삼상3:1-18)

    사무엘이 하나님의 궤(법궤)가 있는 여호와의 전 안에서 누워 있을 때 여호와께서 사무엘을 부르심으로 사무엘은 엘리 제사장이 부르시는 줄 알고 엘리 제사장에게로 달려가서 "당신이 나를 부르셨기로 내가 여기 있나이다"라고 하였는데 엘리 제사장은 부르지 않았다고 하심으로 다시 가서 자리에 누워 잠을 자려는데 다시 사무엘을 부르시기를 세 번 거듭하심으로 엘리 제사장은 하나님께서 사무엘을 부르시는 줄 알고 사무엘에게 "가서 누웠다가 그가 너를 부르시거든 여호와여 말씀하소서 주의 종이 듣겠나이다"(삼상3:9)라고 하라고 가르쳐 줌으로 사무엘은 누웠다가 여호와께서 네 번째 부르시매 "말씀하옵소서 주의 종이 듣겠나이다"(삼상3:10)라고 하여 여호와께서 하실 일을 말씀하심으로 듣게 되었습니다.

    사랑하는 성도들이여!

    엘리 제사장에게 말씀이 희귀한 때가 사무엘은 하나님의 말씀을 들을 기회가 된 것같이 죄악이 관영한 세대가 참된 성도에게는 하나님의 은혜를 받을 때입니다. 진실한 믿음으로 하나님의 말씀을 들으시고 하나님께서 주신 사명을 충성을 다하여 하나님께 은혜와 복을 받으시기를 기원합니다.

4. 사무엘은 기도하여 블레셋을 물리쳤습니다

블레셋이 이스라엘을 침략하였을 때 전쟁에 불리하게 된 이스라엘 장로들이 "여호와의 언약궤를 실로에서 우리에게로 가져다가 우리 중에 있게 하여 그것으로 우리를 우리의 원수들의 손에서 구원하게 하자"(삼상4:3)고 하여 언약궤를 전쟁터로 모셔왔으나 이스라엘군이 패하여 엘리 제사장의 두 아들 홉니와 비느하스와 군인 삼만 명이 죽고 법궤는 블레셋 군인들에게 빼앗겼음으로(삼상4:10-11) 백성들이 사무엘에게 "당신은 우리를 위하여 우리 하나님 여호와께 쉬지 말고 부르짖어 우리를 블레셋 사람의 손에서 구원하시게 하소서"(삼상7:8)라고 요청하므로 사무엘은 젖 먹는 어린 양을 취하여 온전한 번제를 드리고 이스라엘을 위하여 여호와께 부르짖으매 하나님께서 응답하심으로 이스라엘이 승리한 후 돌을 취하여 미스바와 센 사이에 기념비를 세우고 "여호와께서 여기까지 도우셨다"고 하여 에벤에셀이라고 하였습니다(삼상7:12)

그리고 백성들에게 "나는 너희를 위하여 기도하기를 쉬는 죄를 결단코 범치 아니하고 선하고 의로운 도로 너희를 가르치실 것인즉 너희는 여호와께서 너희를 위하여 행하신 그 큰 일을 생각하여 오직 그를 경외하며 너희 마음을 다하여 진실히 섬기라"(삼상12:23-25)고 권면하였습니다.

사랑하는 성도들이여!

사무엘과 같이 우리 모든 성도들은 나실인이므로 하나님께서 함께 하심을 믿고 세상의 유혹과 죄와의 싸움에서 승리하셔서 구원의 에벤에셀의 기념비를 세우시고 기도하는 것을 쉬는 죄를 범하지 않는 성도가 되시기를 축원합니다.

18. 마땅히 아이에게 가르칠 것

잠언 22:1-6
"많은 재물보다 명예를 택할 것이요 은이나 금보다 은총을 더욱 택할 것이니라 가난한 자와 부한 자가 함께 살거니와 그 모두를 지으신 이는 여호와시니라 슬기로운 자는 재앙을 보면 숨어 피하여도 어리석은 자는 나가다가 해를 받느니라 겸손과 여호와를 경외함의 보상은 재물과 영광과 생명이니라 패역한 자의 길에는 가시와 올무가 있거니와 영혼을 지키는 자는 이를 멀리하느니라 마땅히 행할 길을 아이에게 가르치라 그리하면 늙어도 그것을 떠나지 아니하리라"

오늘은 어린이 주일입니다. 어느 나라 어느 민족 어느 가정이나 아이에게 큰 소망을 가지고 '어린이는 나라의 기둥'이라고 하며 어린이의 귀중함을 말하며 '교육은 백년지 대계(敎育百年之大計)'라고 하며 또 어린이 교육에 나라의 미래가 달려 있다고 하여 많은 투자를 하며 노력을 아끼지 아니합니다.

본문 말씀에도 자녀 교육의 중요함을 말씀하셨음으로 어린이 주일인 오늘 '마땅히 아이에게 가르칠 것'이라는 제목으로 어린이 주일의 유래와 아이에게 가르쳐야 할 것을 말씀드리겠습니다.

1. 어린이 주일의 유래

어린이 주일이 언제부터 지켜졌는지는 분명하지 않으나 기록에 나타난 것을 보면 미국의 매사추세츠 주에 있는 유니버설 리스트 교회의 찰스 레오나드 목사님이 어린이들의 기독교 교육을 위하여 1856년에 6월 둘째 주일을 어린이 주일로 정하여 예배를 드리며 어린이 신앙교육의 중요성을 강조하는 설교를 하였으며 그 후 볼티모어에서 열린 '교회 대표자 회의'에서 매년 한 주일을 어린이와 함께 예배를 드리며 이날을 어린이 주일로 정하여 어린이로 하여금 하나님께 헌신하게 하는 설교를 하도록 결정하였습니다.

우리나라에서는 1919년 기미년(己未年) 독립운동을 계기로 어린이들에게 민족정신을 심어주기 위하여 연구하였으며 1922년 방정환 선생님을 주축으로 색동회가 주동이 되어 5월 1일을 어린이 날로 정하였으며 1927년에 5월 첫째 주일로 변경하였는데 광복 후 정부가 수립되어 1946년 5월 5일을 어린이 날로 제정하여 어린이를 위한 행사를 하였으며 기독교에서는 이에 맞추어 5월 첫째 주일을 어린이 주일로 정하여 지금까지 지켜오고 있습니다.

2. 어린이 교육에 대한 하나님의 말씀

하나님께서 솔로몬을 통하여 "마땅히 행할 길을 아이에게 가르치라 그리하면 늙어도 그것을 떠나지 아니하리라"고 하셨는데 마땅히 행할 것이 무엇인가를 살펴보겠습니다.

1) 많은 재물보다 명예를 택하라고 말씀하셨습니다

예로부터 황금만능(黃金萬能)이라 하여 돈만 있으면 안 되는 일이 없다고 하여 자녀 교육도 돈 버는데 초점을 맞춤으로 인성교육(人性敎

育)을 등한히하여 사회에 많은 문제를 일으키고 결국 자신도 파멸에 이르게 된 사람이 많습니다.

물론 사람이 살아가려면 돈이 필요하지만 인격이 제대로 갖추어지지 않은 사람이 돈이 많으면 그것을 유익하게 사용하거나 관리할 능력이 없으므로 자신이 돈의 노예가 되어 자신의 인격을 파멸하며 또 사회를 어지럽히는 독이 되기도 합니다.

사람은 재물에 대한 욕심은 한이 없기 때문에 재물로 인하여는 만족이 없으므로 더 많은 것을 소유하고 싶은 욕심으로 인하여 자신의 본분이나 성도라는 신분을 잃어버리게 됨으로 하나님께서 부귀영화를 누린 솔로몬을 통하여 "많은 재물보다 명예를 택하라"고 말씀하셨습니다.

사람은 짐승과 달리 재물보다 더 중요한 것이 명예이므로 재물을 많이 소유하여도 명예를 잃어버리면 삶의 가치를 상실하게 되며 재물은 세상 사는 동안만 필요하지만 명예는 사후에도 남기 때문에 명예를 택하라고 하셨습니다.

2) 은이나 금보다 은총을 더욱 택하라고 하셨습니다

세상 사람들은 누구나 은이나 금의 가치를 최고로 보기 때문에 이를 보화(寶貨)라고 하며 이를 많이 가진 사람을 복이 많은 사람이라고 하며 행복할 것으로 생각하여 부러워합니다. 그러나 은 금 보화가 아무리 많아도 사랑을 받지 못하면 그 마음에 기쁨이 있을 수 없고 또한 죄가 있다면 그 사람의 마음은 항상 괴로움으로 가득할 수밖에 없으므로 불행한 삶을 살게 됩니다.

그러므로 하나님께서 은이나 금보다 은총을 더욱 택하라고 하셨는데 은총이란 세상에서는 지극히 높은 사람에게서 받는 사랑으로 이는 곧 임금님의 사랑을 받는 것을 말하는 것으로 본문에서 말씀하신 은총은 '하나님께로부터 받는 특별한 사랑'을 말씀하신 것입니다.

하나님의 특별한 사랑이란 우리의 모든 죄를 용서해주시고 하나님의 자녀로 입적시키시고 우리와 항상 함께 하시며 보호하시고 영원한 세계, 즉 하나님의 나라를 약속하신 하나님의 용서와 그리스도의 속죄의 사랑을 은총이라고 합니다.

그러므로 하나님의 은총으로 택하심을 받은 사람은 세상이 요동할지라도 두려워하지 않으며 항상 기쁨이 충만하여 행복하게 살 수 있으므로 사랑의 하나님께서 은총을 택하라고 말씀하셨습니다.

3) 겸손을 택하도록 가르치라고 하셨습니다

겸손은 남을 나보다 낫게 여기며 존경하는 것이므로 예로부터 미덕(美德)이라고 하였으며 "진실로 그는 거만한 자를 비웃으시며 겸손한 자에게 은혜를 베푸시나니 지혜로운 자는 영광을 기업으로 받거니와 미련한 자의 영달함은 수치가 되느니라"(잠3:34-35.)고 지혜의 왕 솔로몬을 통하여 말씀하셨으며 또 사도 베드로와 야고보를 통하여 "하나님이 교만한 자를 대적하시되 겸손한 자들에게는 은혜를 주시느니라"(약4:6, 벧전5:5)고 말씀하셨습니다.

예를 들면 기스의 아들 사울이 겸손할 때에 하나님께서 그와 함께 하시고 은혜를 베푸셔서 암몬 사람을 물리치게 하시고 이스라엘의 왕이 되게 하셨으나(삼상11:1, 15) 왕이 된 후에 교만하게 되어 하나님께서 사무엘 선지자를 통하여 책망하셨으나 사울이 자신의 잘못을 회개

하지 않고 변명하였는데 이는 사울의 교만 때문이며 하나님께서 사울을 버리셨습니다.(삼상15:1-)

겸손한 사람은 자신의 무능과 힘의 한계를 깨닫고 전능하신 하나님을 의지하지만 교만한 사람은 자신의 능력을 과신하여 하나님을 의지하지 않고 심지어 하나님을 부정하고 공격하므로 스스로 하나님과 원수가 되므로 성도는 자녀들에게 겸손을 가르쳐서 하나님께서 함께 하시는 은혜를 입게 하라는 말씀입니다.

4) 하나님을 경외함을 가르치라고 하셨습니다

하나님께서 각종 짐승과 사람을 지으실 때 사람을 짐승들과 달리 하나님의 형상을 따라 지으신 것은 하나님을 경외해야 할 의무와 특권을 주시기 위한 것이므로 "여호와를 경외하는 것이 지식의 근본이라"(잠1:7)이라 하셨고 또 "여호와를 경외하는 것이 지혜의 근본이라"(잠9:10)이라고 하셨으며 또 "여호와를 경외하는 것은 생명의 샘이라 사망의 그물에서 벗어나게 하느니라"(잠14: 27)고 하셨는데 이는 여호와를 온전히 경외하는 삶이 구원의 길이요 하나님의 은혜를 받는 길임을 말씀하신 것입니다. 그러므로 말씀에서 벗어나 순종하지 않고 형통하는 삶은 모래 위에 지은 집과 같다고 예수님께서 말씀하셨습니다.(마7:24-27)

사랑하는 성도들이여!

자녀에게 마땅히 해야 할 일, 즉 명예와 하나님의 은총을 택할 것을 가르치시고 또 겸손과 하나님을 경외함을 가르치셔서 늙어도 그것을 떠나지 않음으로 하나님께서 주시는 재물과 영광과 생명의 복을 받게 하시기를 축원합니다.

19. 올바른 효도

에베소서 6:1-3
"자녀들아 주 안에서 너희 부모에게 순종하라 이것이 옳으니라 네 아버지와 어머니를 공경하라 이것은 약속이 있는 첫 계명이니 이로써 네가 잘 되고 땅에서 장수하리라"

출애굽기 22:12
"네 부모를 공경하라 그리하면 네 하나님 여호와가 네게 준 땅에서 네 생명이 길리라"

오늘은 어버이 주일이므로 어버이 주일의 유래와 하나님께서 말씀하신 효도에 대하여 본문 말씀을 중심으로 해서 '올바른 효도'라는 제목으로 말씀을 전하겠습니다.

1. 어버이 주일의 유래

어버이 주일은 어머니날로 시작되었습니다. 어머니날 운동은 미국의 자비스(Jarvis)라는 여인이 시작했는데 이 운동이 세계적으로 확대된 것은 그의 딸 안나 자비스(Ana Jarvis)가 어머니의 뜻을 계승하여 일년 중 한 날을 어머니날로 정하고 어머니가 살아 계신 사람은 붉은 카네이션을, 어머니가 돌아가시고 안 계신 사람은 흰 카네이션을 가슴에 달고 어머니의 사랑과 은혜를 기렸습니다.

이날은 가정과 어머니를 축하하는 것으로 국가적인 기념일과 같이 국경일로 정하여 지킬 것을 주장했으며 '어머니의 날 국제협회'를 결성해서 국제적인 운동으로 발전했는데 어머니의 날 운동의 목적은 다음과 같습니다.

① 가정의 행복 증진을 위하여 국가, 단체, 교회, 주일학교, 사회 와 개인을 움직여서 어머니와 어린이에게 미치는 악을 추방하기 위하여 노력할 것
② 가정의 화목을 더욱 깊게 하고 보다 고상한 가정적이며 종교 적인 생활을 하도록 할 것

즉 어머니의 날을 온 인류가 행복한 삶을 살아가는 계기로 삼는 데 목적을 두었습니다.

이를 좋게 여긴 윌슨 대통령이 1914년 매년 5월 둘째 주일을 어머니 날로 공포하였으며 우리나라에서는 구세군에 의해서 1930년 6월 15일 처음으로 어머니날이 지켜졌으며 대한민국 정부가 수립된 후 5월 8일을 어머니날로 정하였으며 교회에서는 5월 둘째 주일을 어머니 주일로 정하여 지켰으며 1974년 국가에서 어머니날을 어머니와 아버지를 아울러서 어버이날로 명칭을 변경했음으로 교회에서도 어버이 주일로 명칭을 변경하여 지키며 부모님께 대한 효도를 강조하는 설교와 행사를 하게 되었습니다.

2. 효도에 대한 하나님의 말씀을 전하겠습니다

1) 주 안에서 순종하라고 하셨습니다

효도하는 것은 동서 고금을 불문하고 모두 다 가르치고 있는데 하나

님께서는 모세를 통하여 십계명을 주실 때 인류에 대한 첫 계명으로 "네 부모를 공경하라"(출20:12)고 하셨으며 사도 바울을 통하여 "주 안에서 너희 부모에게 순종하라"고 하셨는데 이는 세상에 잘못된 효도가 있기 때문에 올바른 효도를 가르쳐 주신 것으로 효도는 부모님 말씀에 순종하는 것인데 간혹 어떤 부모들은 자녀들에게 불의를 행하도록 하는 경우가 있으므로 이런 잘못된 부모의 말씀에 순종하면 이는 효도가 아니라 부모와 함께 깊은 죄에 수렁에 빠지게 되므로 주 안에서 순종하라고 하셨습니다.

때로는 부모님이 판단을 잘못하거나 내용을 몰라서 잘못된 것을 하라고 말씀하실 때가 있는데 잘못된 말씀에 순종하는 것은 효도가 아니라 죄를 짓게 되는 것이므로 바르게 알려 드려야 합니다.

예를 들면 믿지 않는 부모님이 하나님을 믿지 말라고 말씀하셨는데 순종하면 결국 신앙을 버리는 것이므로 이는 효도가 아니라 멸망의 길을 가는 것이므로 부모님들이 속히 하나님을 믿으시도록 하는 것이 주 안에서 순종하는 것입니다.

2) 네 어머니와 아버지를 공경하라고 하셨습니다

순종은 부모님의 말씀에 따라 행하는 것이며 공경은 부모님을 존경하며 감사하여 예의를 갖추는 것이므로 순종은 부모님을 공경하는 마음을 갖지 않고 불평을 하면서 억지로 할 수 있으나 공경은 마음에서 우러나서 자원하여 기쁨으로 하는 것이므로 공경하는 마음에는 순종할 마음이 함께 하므로 부모님을 공경하는 것은 가장 아름답고 고귀한 가치가 있는 것입니다.

그리고 사랑하는 사람에게 사랑을 표현하기 위하여 선물을 할 때에 어떤 선물을 좋아할까 깊이 생각해보고 정성을 기울여 선물을 마련하는 것과 같이 자녀들이 부모님께 공경하는 표현으로 선물을 드려야 하는데 부모님께서 어떤 선물을 좋아하실 것인가를 깊이 생각해 보아야 합니다.

부모님이 자녀들에게서 받으시기를 가장 기뻐하시는 선물은 값을 많이 주고 마련한 물건도 좋지만 그보다 더 기뻐하시는 선물은 세상 사람들이 자신의 자녀들을 칭찬하는 소리를 부모님들이 들으실 때 자식 둔 보람을 느끼며 가장 기뻐하시므로 이것이 부모님께 드리는 가장 귀한 선물이 되는 것입니다.

부모님의 은혜를 모르는 자녀들이 때로는 "부모님이 내게 무엇을 해주었느냐"고 부모님을 원망하며 항의를 하는데 부모님들이 많은 재산은 물려주지 못했어도 낳고 기른 수고와 정성과 희생은 아무리 많은 재산의 가치와도 비교할 수 없음을 알지 못하기 때문입니다. 그러므로 많은 사람들이 "내가 자식을 낳아 보니 부모의 심정을 알겠더라"고 말합니다.

"사람이 무엇으로 심든지 그대로 거두리라"(갈6:7하)고 하셨는데 내가 부모님께 불효하면 자녀들이 나의 행위를 보고 자랐으므로 내가 자녀들로부터 불효를 받으며 내가 부모님께 효도하면 내가 자녀들로부터 효도를 받습니다. 효도를 심으셔서 자녀들로부터 효도의 열매를 거두며 행복하게 사시기를 기원합니다.

3) 부모를 공경하는 것은 약속이 있는 첫 계명입니다

하나님께서 모세에게 십계명을 주실 때 인륜에 관한 계명 여섯을 주셨는데 인륜에 대한 첫 계명으로 "네 부모를 공경하라"는 계명을 주셨습니다. 이 계명에는 다른 계명과 달리 특별히 "그리하면 네 하나님 여호와가 네게 준 땅에서 네 생명이 길리라"(출20:12)고 사람이 누구나 바라는 장수(長壽)를 특별히 약속하셨습니다.

그러므로 사도 바울은 이 계명을 인용하여 "네 아버지와 어머니를 공경하라 이것은 약속이 있는 첫 계명이니 이로서 네가 잘 되고 땅에서 장수하리라"(엡6:2-3)고 말씀하셨습니다.

예로부터 효(孝)는 '백행지 근본(百行之根本)' 이라고 하며 효도를 가장 중요하게 생각하며 강조했는데 모든 일에 시기와 방법이 중요하듯 효도 역시 시기와 방법이 중요한데 우리나라에서는 유교 사상에 의하여 부모에 대한 효를 가르쳐 왔으므로 돌아가신 분들께 제사를 잘 지내는 것을 효의 가장 귀한 덕목으로 가르쳤는데 하나님께서는 "불효하는 자식은 죽이라"(신21;18-21)고까지 효도를 지극히 강조하시고 "부모를 공경하는 사람은 땅에서 잘 되고 장수한다"고 약속하셨으나 돌아가신 후에 제사를 드림으로 효도하라는 말씀은 한 마디도 하지 않으셨으므로 기독교인들이 제사를 지내지 않음으로 하나님을 믿지 않는 사람들은 기독교인들을 보고 조상도 모르는 불효하는 사람들이라고 핍박했는데 이는 참된 효도가 어떤 것인가를 알지 못하기 때문입니다.

사랑하는 성도들이여!

땅에서 잘되고 장수하시기를 원하십니까? 효도하십시오. 자녀들이 잘되고 장수하기를 원하십니까? 효도를 가르치시고 본을 보이시며 주 안에서 부모님의 말씀에 순종하시며 공경하심으로 땅에서 잘되고 장수하시기를 축원합니다.

20. 성령을 충만하게 받은 사람들

사도행전 2:1-4
"오순절 날이 이미 이르매 그들이 다같이 한 곳에 모였더니 홀연히 하늘로부터 급하고 강한 바람과 같은 소리가 있어 그들이 앉은 온 집에 가득하며 마치 불의 혀처럼 갈라지는 것들이 그들에게 보여 각 사람 위에 하나씩 임하여 있더니 그들이 다 성령의 충만함을 받고 성령이 말하게 하심을 따라 다른 방언들로 말하기를 시작하니라"

오늘은 명칭이 가장 많은 날입니다. 유월절을 지나고 50일째 되는 날이므로 오순절이라고 하며 유월절을 지나고 일곱 번째 안식일이므로 칠칠절이라고 하며 이스라엘 백성들이 가나안 땅에 들어가서 농사를 지어 밀과 보리를 수확하고 하나님께 감사의 절기를 지킨 맥추절이라고 하며 첫 열매(곡식)를 드린다하여 초실절이라고도 하며 예수님께서 승천하신 후 이날 성령이 강림하셨기 때문에 성령강림절이라고 하는데 지금은 대부분 교회들이 맥추 감사절과 성령강림절을 구분하여 따로 지키고 있습니다.

오늘은 성령강림절을 맞이하여 '성령을 충만하게 받은 사람들'이란 제목으로 말씀을 전하겠습니다.

1. 하나님께서 약속하신 대로 성령을 보내주셨습니다

하나님께서 인류를 구원하시기 위한 섭리는 때와 상황에 따라 즉흥

적으로 하지 않으시고 철저하게 계획하신 가운데 선민에게 약속하시고 그 약속을 이루시는데 다만 사람이 하나님께서 하신 그 약속을 믿지 못하고 또 속히 이루어지지 않을 때 포기하므로 하나님께서 하신 약속에 이루어짐을 받지 못하는 것입니다.

예를 들면 아브람(아브라함)은 75세에 후사를 주시겠다는 약속을 받았으나 속히 이루어지지 않으므로 더 기다리지 못하고 아내의 말을 듣고 아내의 여종인 하갈을 취하여 이스마엘을 낳아 가정의 화목이 깨졌으며 하나님께서 약속하신 후사는 25년 후에 이루어져 아브라함이 100세에 이삭을 낳았습니다.

오순절의 성령강림도 약속에 의한 것으로 하나님께서 "말세에 내가 내 영을 모든 육체에 부어 주리니 너희의 자녀들은 예언할 것이요 너희의 젊은이들은 환상을 보고 너희의 늙은이들은 꿈을 꾸리라 그 때에 내가 내 영을 내 남종과 여종들에게 부어 주리니 그들이 예언할 것이요"(요엘2:28-29, 행2:17-18)라고 약속하셨습니다. 예수님께서도 "내가 아버지께 구하겠으니 그가 또 다른 보혜사를 너희에게 주사 영원토록 너희와 함께 있게 하리니 그는 진리의 영이라"(요14:16-17상)고 하시고 승천하시기 전에 제자들에게 "예루살렘을 떠나지 말고 내게서 들은 바 아버지의 약속하신 것을 기다리라 요한은 물로 세례를 베풀었으나 너희는 몇 날이 못 되어 성령으로 세례를 받으리라"(행1:4-5)고 말씀하신 대로 사도들을 비롯한 120여 명의 성도들에게 성령을 보내주셨습니다.

사랑하는 성도들이여!

"하나님의 약속은 얼마든지 그리스도 안에서 예가 되니 그런즉 그로 말미암아 우리가 아멘하여 하나님께 영광을 돌리게 되느니라"(고후1:20)

고 하신 말씀과 성령을 부어 주신다는 약속을 믿고 기도하심으로 성령을 충만히 받아 하나님께서 주신 사명을 다하여 하나님께 영광을 돌리시기를 기원합니다.

2. 끝까지 기도하는 사람들이 성령 충만을 받았습니다

예수님께서 승천하시기 전에 "예루살렘을 떠나지 말고 내게서 들은 바 아버지께서 약속하신 것을 기다리라 요한은 물로 세례를 베풀었으나 너희는 몇 날이 못 되어 성령으로 세례를 받으리라"(행1:4-5)고 말씀하시고 승천하셨으므로 며칠 후에 성령이 강림하실 것인지 날을 알지 못하면서 오직 예수님께서 하신 말씀을 믿고 세상일을 다 포기하고 예루살렘을 떠나지 않고 마가의 집에 사도들과 성도들 120여명이 모여 기도하였는데 하루가 지나고 이틀이 지나고 일 주일이 지나도 성령이 강림할 아무런 증거가 나타나지 않았으나 사도들과 성도들이 조금도 의심하지 않고 기도에 전혀 힘쓰기를 계속하여 10일이 되었을 때 예수님께서 약속하신 성령께서 유대인의 명절인 오순절에 강림하심으로 그들이 성령의 충만함을 받았으므로 이때부터 오순절이라는 명칭이 성령강림절이라는 이름으로 바뀌어 지금까지 지켜지고 있습니다.

만약 기도하던 사람 중에 7일이나 8일 혹은 9일이 지나도 기다리는 성령이 강림하지 않음으로 기도하기를 포기하고 집으로 돌아간 사람이 있다면 성령이 강림하셨다는 소식을 들었을 때 얼마나 후회를 했을까 생각해 볼 필요가 있습니다.

사랑하는 성도들이여!

우리 주님의 약속은 반드시 이루어집니다. "너희가 얻지 못함은 구하지 아니함이요 구하여도 얻지 못함은 정욕으로 쓰려고 잘못 구함이라"(약4:2하-3)고 하셨으니 하나님의 뜻에 합당한 것을 구하시며 응답이 더딜지라도 기다리심으로 약속하신 성령을 충만하게 받아 사명을 다하시기를 기원합니다.

3 성령 충만함을 받은 사람은 삶이 변했습니다

예수님을 유대인의 왕으로 오신 분으로 알고 예수님을 좇았던 제자들이 예수님께서 십자가에 달려 돌아가신 후 흩어졌는데 부활하신 예수님께서 두려워하는 제자들을 찾아가셔서 40일 동안 함께 하시고 "예루살렘을 떠나지 말고 내게서 들은 바 아버지의 약속하신 것을 기다리라"고 하심으로 제자들이 예수님의 말씀에 순종하여 예루살렘 마가의 다락방에서 기도하다가 오순절에 성령을 충만하게 받은 사도들과 성도들이 완전히 변화되었습니다.

1) 죽음에 대한 두려움은 사라지고 기쁨으로 변했습니다

예수님께서 잡히셔서 대제사장 가야바에게 심문을 받으실 때 죽음이 두려워서 예수님을 세 번이나 모른다고 했던 베드로와 요한은 복음을 전하지 말라고 위협하는 관원에게 "하나님 앞에서 너희 말 듣는 것이 하나님 말씀을 듣는 것보다 옳은가 판단하라 우리는 보고 들은 것을 말하지 아니할 수 없다"(행4:19-20)고 하면서 조금도 두려워하지 않고 담대하게 복음을 전했으며 스데반 집사는 복음을 전할 때 이를 갈며 돌을 던지는 무리를 두려워하지 않고 돌에 맞으면서 "보라 하늘이 열리고 인자가 하나님 보좌 우편에 서신 것을 보노라"(행7:56)고 외치고 순교했습니다.

2) 오직 하나님의 뜻과 영광을 위하여 살았습니다

　날로 심해지는 박해에도 불구하고 베드로를 비롯한 사도들은 "사람보다 하나님께 순종하는 것이 마땅하니라 너희가 나무에 달아 죽인 예수를 우리 조상의 하나님이 살리시고 이스라엘로 회개하게 하사 죄 사함을 얻게 하시려고 그를 오른 손으로 높이사 임금과 구주로 삼으셨느니라 우리는 이 일에 증인이요 하나님이 자기에게 순종하는 자들에게 주신 성령도 그러하니라"(행5:29-32)라고 하며 담대하게 하나님의 뜻을 전하였으며 사도 바울도 복음을 전하다가 박해를 받고 옥에 갇혀 있으면서도 후회하거나 낙심하지 않고 "나의 간절한 기대와 소망을 따라 아무 일에든지 부끄럽지 아니하고 지금도 전과 같이 온전히 담대하여 살든지 죽든지 내 몸에서 그리스도가 존귀하게 되게 하려 하나니 이는 내게 사는 것이 그리스도니 죽는 것도 유익함이니라"(빌1:20-21)고 하면서 박해를 두려워하지 않고 하나님의 뜻과 영광을 위하여 70평생을 헌신하고 자신에게 주어질 면류관을 생각하면서 아들같이 사랑하는 디모데에게 "믿음의 선한 싸움을 싸우라 영생을 취하라 이를 위하여 네가 부르심을 받았다"(딤전6:12)고 권면하였습니다.

　사랑하는 성도들이여!

　우리도 주님의 약속을 믿고 인내하며 기도하여 약속하신 성령을 충만하게 받아 하나님의 뜻과 영광을 위하여 남은 삶을 기쁨으로 헌신하시기를 축원합니다.

21. 삼위일체이신 하나님

마태복음 28:16-20
"열 한 제자가 갈릴리에 가서 예수께서 지시하신 산에 이르러 예수를 뵈옵고 경배하나 아직도 의심하는 사람들이 있더라 예수께서 나아와 말씀하여 이르시되 하늘과 땅의 모든 권세를 내게 주셨으니 그러므로 너희는 가서 모든 민족으로 제자를 삼아 아버지와 아들과 성령의 이름으로 세례를 베풀고 내가 너희에게 분부한 모든 것을 가르쳐 지키게 하라 볼지어다 내가 세상 끝날까지 너희와 항상 함께 있으리라 하시니라"

오늘은 삼위일체(三位一體) 주일입니다. 삼위일체란 성부와 성자와 성령에 대한 성호(聖號)로 기독교에서만 사용하는 가장 중요한 교리이며 설명하기 가장 어려운 최상의 신비입니다.

삼위일체 주일을 맞이하여 '삼위일체이신 하나님' 이라는 제목으로 말씀을 전하겠습니다.

1. 삼위일체란 용어가 생긴 이유와 주님의 증거

삼위일체라는 말이 성경에는 직접 기록되지 않았으나 "성부와 성자와 성령"을 삼위일체 하나님이라고 일컫는 신학용어인데 이 말은 터툴리안(Tertullian 160-?)이 처음 사용하였으며 이 용어를 사용하게 된 이유는 당시 로마교회에서 큰 영향력을 발휘했던 프락세아스(Praxeas)라는 사람이 성부, 성자, 성령은 하나님이 나타나시는 양태(樣態=모양과 상태)에 따라 어떤 때는 성부로 어떤 때는 성자로 어떤 때는 성령으로 나타나신 것이라고 주장하였는데 이를 '성부 수난설' 또는 '양태론(樣態論)'이라고 하며 이로 인하여 성도들의 신앙을 혼란케 하였음으로 터툴리안이 이를 반박하기 위하여 "하나님은 하나의 본질(本質)과 세 위격(三位格)이시라"고 주장하였으며 주후 325년 니케아 기독교 회의에서 삼위일체 교리를 기독교 신조(信條)로 결정하였습니다.

그리고 381년 콘스탄티노플 기독교 회의에서 성부와 성자와 성령이 예배의 대상임을 결정했는데 그 이유는 아리우스가 '예수님은 우리와 똑같은 피조물'이라고 주장하여 예수님의 신격을 무시하여 성도들의 믿음을 파괴하므로 예수님은 피조물이 아니라 성부 하나님과 동등하신 제2위(第二位)의 신(神) 즉 제2위에 하나님이심을 분명하게 밝힌 것입니다.

이 후에도 많은 이단들이 예수는 신이 아니라 우리와 같은 사람이며 성령은 사람에게 미치는 하나님의 힘이라고 하였는데 성경에는 하나님을 단수(單數창1:1)와 복수(複數창1:26)로 사용하시므로 하나님은 삼위일체이심을 암시하셨습니다.

그리고 예수님께서 "나와 아버지는 하나이니라"(요10:30)고 하셨으며 "또 다른 보혜사를 너희에게 주사 영원토록 너희와 함께 있게 하시리니 저는 진리의 영이라"(요14:16-17)고 말씀하신 대로 성령이 강림하셨으며 사도 요한이 밧모섬에 유배되었을 때 예수님께서 말씀하시기를 "내 말을 들으라"고 하시지 않고 "귀 있는 자들은 성령이 교회들에게 하시는 말씀을 들을지어다"(계2:7)라고 말씀하시는 이가 성령이심을 밝히셨으며 또 예수님께서 승천하시기 전에 "너희는 가서 모든 족속으로 제자를 삼아 아버지와 아들과 성령의 이름으로 세례를 주라"(마28:19)고 하신 말씀은 성부와 성자와 성령이 삼위일체이심을 증거하신 것입니다.

2. 삼위일체에 대한 여러 가지 비유들

삼위일체에 대하여 누구나 공감할 수 있도록 시원하게 설명하기가 매우 어렵기 때문에 사람들이 비유로 설명을 했는데 몇 가지 예를 들면 ① 태양이 실체와 열과 빛이 있는 것과 같다고 많은 사람들이 말하였으며 ② 어거스틴은 사람의 마음에 지(知) 정(情) 의(意)가 있는 것과 같다고 했으며 ③ 헤겔은 정반합(正反合)의 원리로 설명했으며 ④ 현대 신학자 칼 발트는 계시의 주체는 성부이시며 계시하신 분은 성자이며 계시된 것은 성령이라고 하며 또 어떤 이들은 현대 민주주의의 정치제도인 입법부, 행정부, 사법부의 삼권분립을 비유로 하여 설명하기도 합니다.

그러나 피조물인 인간이 같은 피조물인 자연을 가지고 또는 사람이 만든 제도를 가지고 전능하신 하나님을 이해하려는 것 자체가 무리이며 어느 정도 이해는 할 수 있다고 하더라도 창조주이신 하나님을 피조물인 인간이 피조물을 예로 들어 비유로써 설명하려는 것은 어리석은 일이며 또한 기독교 초기의 훌륭한 신앙 인들의 심오(深奧)한 말도 바르게 이해하기 쉬운 일이 아닙니다. 예수님께서 사도 베드로를 통하여 "또 그 모든 편지에도 이런 일에 관하여 말하였으되 그 중에 알기 어려운 것이 더러 있으니 무식한 자들과 굳세지 못한 자들이 다른 성경과 같이 그것도 억지로 풀다가 스스로 멸망에 이르느니라"(벧후3:16)고 경고하셨으므로 이해할 수 없는 것은 억지로 풀려고 하지 말아야 합니다.

3. 삼위일체는 최상의 신비입니다

사람들은 고도로 발달한 과학문명을 가리켜 "사람이 하지 못할 것은 아무것도 없다"고 인간의 능력을 과대평가하는데 현재 우리가 눈으로 보는 피조물 가운데도 사람이 온전하게 알 수 없고 풀 수 없는 문제가 너무도 많습니다.

하물며 전능하신 하나님의 삼위일체의 신비는 신비 중에도 신비이므로 우리가 일체(一體)라는 말의 뜻을 한계를 초월하지 못하는 인간의 몸에다 맞추어 이해하려고 하기 때문에 더욱 이해를 하지 못하고 또 잘못 이해, 즉 오해를 하게 되는 것입니다.

그러므로 한계를 초월하지 못하는 유한한 피조물인 인간이 천지만물을 창조하시고 섭리하시는 전능하신 하나님의 실체를 분명하게 안다는 것이 불가능한 일인데 이를 알려고 유한한 사람의 지식이나 피조물을 예로 들어 삼위일체 하나님을 설명한다는 것은 불가능하고 또 부당한 일이며 참으로 어리석은 것이므로 우리는 알 수 없는 것을 알려고 헛수고하거나 잘못 이해하기보다는 겸손한 마음과 경건한 마음으로 예수님께서 "나와 아버지는 하나이니라"(요10:30)고 하신 말씀과 "내가 아버지께 구하겠으니 그가 또 다른 보혜사를 너희에게 주사 영원토록 너희와 함께 있게 하리니 그는 진리의 영이라 세상은 능히 그를 받지 못하나니 이는 그를 보지도 못하고 알지도 못함이라 그러나 너희는 그를 아나니 그는 너희와 함께 거하심이요 또 너희 속에 계시겠음이라"(요14:16-17)고 하신 말씀을 그대로 받아들이고 믿어야 합니다.

하나님의 신비를 너무 자세하게 설명하려다가 지나쳐서 이단으로 전락한 사람들이 기독교 역사 속에 무수하게 많았음을 알아야 합니다. 신비는 신비대로 받아들이고 믿을 때 신비로서의 가치가 있는 것이므로 예수님의 부활하심을 믿지 못하는 도마에게 예수님께서 "너는 나를 본고로 믿느냐 보지 못하고 믿는 자들은 복되도다"(요20:29)라고 말씀하셨습니다.

세 사람의 소경 중에 한 사람이 코끼리의 코를 만져보고 "코끼리는 홍두깨 같은 동물이다"라고 하니까 다리를 만져본 사람이 "무슨 소리냐 코끼리는 기둥과 같다"고 했으며 세 번째 소경은 코끼리의 배를 만져보고 "코끼리는 벽과 같이 큰 짐승이다"라고 했는데 나름대로 다 일리가 있으나 모두 틀린 것과 같이 사람의 생각이나 비유로 하나님의 실체를 말할 수 없습니다.

사랑하는 성도들이여!

삼위일체라는 말은 하나님께만 사용해야 하는 지극히 신비하고 거룩한 용어이므로 세속적인 것에는 사용하지 말아야 하며 오직 하나님께만 사용하심으로 하나님께 영광을 돌리며 하나님의 뜻대로 사시다가 이후에 하나님께서 부르실 때 하나님 앞에 가셔서 그때에 확인하시기를 축원합니다.

22. 쓰임받고 버림받은 사람

사무엘상 10:1-8
"이에 사무엘이 기름병을 가져다가 사울의 머리에 붓고 입맞추며 이르되 여호와께서 네게 기름을 부으사 그의 기업의 지도자로 삼지 아니하셨느냐 네가 오늘 나를 떠나가다가 베냐민 경계 셀사에 있는 라헬의 묘실 곁에서 두 사람을 만나리니 그들이 네게 이르기를 네가 찾으러 갔던 암나귀들을 찾은지라 네 아버지가 암나귀들의 염려는 놓았으나 너희로 말미암아 걱정하여 이르되 내 아들을 위하여 어찌하리요 하더라 할 것이요(10:3-5 줄임) 네게는 여호와의 영이 크게 임하리니 너도 그들과 함께 예언을 하고 변하여 새 사람이 되리라 이 징조가 네게 임하거든 너는 기회를 따라 행하라 하나님이 너와 함께 하시느니라 너는 나보다 앞서 길갈로 내려가라 내가 네게로 내려가서 번제와 화목제를 드리니 내가 네게 가서 네가 행할 것을 가르칠 때까지 칠 일 동안 기다리라"

하나님께서 지으신 피조물 가운데 사람이 으뜸이 되는 것은 사람을 위하여 만물을 창조하셨으며 사람은 다른 동물과 달리 하나님의 형상을 따라 지으셨는데 이는 만물을 다스리고 하나님의 뜻을 이루며 하나님께 영광을 돌리도록 창조하셨기 때문입니다.

그런데 사람들 중에는 하나님의 뜻을 위하여 계속 쓰임을 받는 사람이 있는가 하면 잘못된 것에 쓰여지는 사람이 있고 또 쓰임을 받은 후에 버림을 받는 사람이 있는데 본문 말씀에 기록된 사울은 하나님께 쓰임을 받은 후 버림을 받았으므로 '쓰임받고 버림받은 사람'이라는 제목으로 말씀을 전하겠습니다.

1. 사울은 효자이며 예의가 바른 사람입니다

사울은 베냐민 지파의 기스의 아들로 용모가 준수한 사람입니다(9:1-2) 그는 아버지의 잃은 암나귀를 찾으려고 여러 곳을 다니다가 찾지 못하고 사환에게 "돌아가자 내 부친이 암나귀 생각은 고사하고 우리를 위하여 걱정하실까 두려워하노라"(삼상9::5)고 한 것을 보면 그의 효심을 잘 알 수 있습니다.

이때에 사환이 "이 성에 하나님의 사람이 있는데 존경을 받는 사람이라 그가 말한 것은 반드시 다 응하나니 그리로 가사이다 그가 혹 우리가 갈 길을 가르쳐 줄까 하나이다"(삼상9:6)라고 말했을 때 사울이 선지자에게 드릴 예물이 없으므로 근심하였으며 이를 본 사환이 말하기를 "은 한 세겔의 사분의 일이 있나이다 이것을 드려 우리 길을 가르쳐 달라 하겠나이다"(삼상9:7-8)라는 사환의 말을 듣고 사울이 사무엘 선지자를 찾아갔는데 사환의 인격을 존중하는 것과 선지자에 대하여 예의를 지키려는 것을 보면 사울은 예의가 바른 사람인 것을 알 수 있습니다.

예로부터 "효도하는 가문에서 충신이 난다"고 했는데 효도는 사람 도리의 기본이 되므로 효도를 하는 사람은 가정뿐만 아니라 이웃과 나라를 위하여 크게 쓰임을 받게 됩니다.

사랑하는 성도들이여!

예의는 하나님께서 사람들의 행복한 삶을 위하여 주셨으므로 예의를 지키는 것은 하나님의 뜻을 따라 사는 것이며 삶을 아름답게 하고 인격을 고귀하게 하는 것이니 예의 바른 삶으로 하나님께 귀하게 쓰임 받으시기를 기원합니다.

2. 사울은 겸손한 사람입니다

사무엘 선지자를 찾아간 사울은 사무엘 선지자가 "온 이스라엘의 사모하는 자가 누구냐 너와 네 아비의 집이 아니냐"(삼상9:20)라고 말했을 때 "나는 이스라엘 지파의 가장 작은 지파 베냐민 사람이 아니니이까 또 나의 가족은 베냐민 지파 모든 가족 중에 가장 미약하지 아니하니이까"(삼상9:21)라고 말한 것을 보면 사울의 겸손함을 알 수 있습니다.

그리고 사무엘 선지자가 이스라엘 백성들을 미스바로 모으고 각 지파와 가족별로 제비를 뽑아 사울이 왕으로 뽑혔을 때 사울은 자신이 왕이 될 수 없다고 생각하여 그 자리에 나타나지 않고 짐 보따리 속에 숨어 있었던 것을 보면(삼상10:20-22) 얼마나 겸손한 사람이었나를 알 수 있습니다.

사울은 야곱의 막내 아들인 베냐민 지파 중에서 유력한 기스의 아들로서(삼상9:1) 기골이 장대하고 용모가 준수하였기 때문에 사무엘 선지자가 "너희는 여호와의 택하신 자를 보라 모든 백성 중에 짝할 이가 없느니라"(삼상10:24)고 하였으며 또 모든 백성들은 왕의 만세를 외친 것을 보면(삼상10:24) 사울은 가문으로 보나 자신의 용모로 보나 흠이 없는 사람으로 다른 사람을 얕보는 교만한 사람이 되기 쉬웠으나 오히려 겸손하였습니다.

그리고 사울이 왕이 됨을 비웃으며 "이 사람이 어떻게 우리를 구원하겠느냐"고 왕에게 드려야 할 예물도 드리지 않고 멸시하는 사람도 있었는데(삼상10:27) 사울은 그들에게 대하여도 아무 말도 하지 않은 것을 보면 그의 온유함과 겸손함이 더욱 돋보이게 되었습니다. 이와 같이 사울은 겸손한 사람이므로 하나님께서 택하셔서 이스라엘의 초대 왕으로 세우시고 암몬 사람 나하스를 물리치고 이스라엘을 구원하게 하셨습니다

사랑하는 성도들이여!

"겸손한 자들은 붙드시고 악인들은 땅에 엎드러뜨리시는도다"(시 147:6)라고 하신 말씀을 기억하시고 겸손함으로 하나님께서 붙들어 주심으로 승리하시기를 기원합니다.

3. 사울은 교만하게 되어 버림을 받았습니다

사울이 왕으로 기름부음을 받았으나 많은 백성들에게 인정을 받지 못하여 왕위에 오르지 못하고 있을 때 암몬 사람 나하스가 길르앗 야베스를 침략한다는 소식을 들은 백성들이 두려워 울고 있을 때 사울이 밭에서 일을 마치고 소를 몰고 오다가 백성들의 말을 듣고 한 겨리의 소를 잡아 각을 뜨고 이스라엘 각 지경으로 보내며 "누구든지 나와서 사울과 사무엘을 따르지 아니하면 그의 소들도 이와 같이 하리라"(삼상11:7)고 하여 사람을 모으고 백성들을 삼대로 나누어 새벽에 적진으로 들어가 암몬 사람을 물리치고 이스라엘을 구원함으로 사울은 온 백성의 지지를 받게 되었고 사무엘 선지자는 모든 백성을 길갈로 모으고 여호와 앞에서 사울에게 기름을 붓고 여호와 앞에 화목제를 드림으로 사울을 왕으로 세워 이스라엘을 다스리게 하였습니다.

약 2년이 지난 후에 블레셋이 침략하므로 전쟁을 위하여 하나님께 번제와 화목제를 지내려고 사무엘 선지자를 청하였으나 사무엘 선지자가 정한 기한이 지나도 오지 않고 백성들은 흩어짐으로 오직 선지자만이 하나님께 제사를 드릴 수 있는데도 불구하고 사울은 제물을 가져오라 하여 자신이 제사를 드리는 죄를 범하였으며 그 후에 아말렉과의 전쟁을 할 때 여호와께서 그들의 소유를 남기지 말고 모두 진멸하라고 하셨으나 양과 소를 하나님께 제물로 드린다는 핑계로 탈취하였으므로 버림을 받게 되었습니다.

사람이 낮은 자리에 있을 때는 겸손하다가도 지위가 높아지면 교만해지기 쉽고 교만하면 분별력을 상실하게 되어 자신이 해서는 안 될 일을 하게 되어 죄에 빠지게 되며 하나님과 사람들에게도 버림을 받게 됩니다.

그러므로 성도는 낮은 자리에 있을 때는 비굴하거나 낙심하지 말고 하나님께서 함께 하심을 믿고 소망을 가지고 주어진 일에 기쁨으로 최선을 다해야 하며 형통할 때는 교만해지지 않도록 항상 자신을 돌아보며 겸손하여 하나님께 버림받지 않고 끝까지 쓰임을 받아야 합니다.

사랑하는 성도들이여!

가정과 교회와 사회에서 예의를 잘 지키며 겸손함으로 하나님과 사람에게도 인정을 받아 귀하게 쓰임 받으시고 형통할 때 교만해지지 않도록 조심하셔서 사울과 같이 쓰임 받고 버림받는 일이 없이 끝까지 쓰임 받으시기를 축원합니다.

23. 하나님 마음에 맞은 다윗

사도행전 13:16-23 (※사무엘상 17:41-49)
"바울이 일어나 손짓하며 말하되 이스라엘 사람들과 및 하나님을 경외하는 사람들아 들으라 이 이스라엘 백성의 하나님이 우리 조상들을 택하시고 애굽 땅에서 나그네 된 그 백성을 높여 큰 권능으로 인도하여 내사 광야에서 약 사십 년간 그들의 소행을 참으시고 가나안 땅 일곱 족속을 멸하사 그 땅을 기업으로 주시기까지 약 사백 오십 년간이라 그 후에 선지자 사무엘 때까지 사사를 주셨더니 그 후에 그들이 왕을 구하거늘 하나님이 베냐민 지파 사람 기스의 아들 사울을 사십 년간 주셨다가 폐하시고 다윗을 왕으로 세우시고 증언하여 이르시되 내가 이새의 아들 다윗을 만나니 내 마음에 맞는 사람이라 내 뜻을 다 이루리라 하시더니 하나님이 약속하신 대로 이 사람의 후손에서 이스라엘을 위하여 구주를 세우셨으니 곧 예수라"

하나님의 택하심을 받고 왕이 된 사울은 자신이 해서는 안 되는 번제와 화목제를 드림으로 사무엘 선지자에게 책망을 받았으나 회개하지 않고 부득이한 일이었다고 핑계하므로 하나님께서 사울을 버리시고 다윗을 택하셔서 이스라엘의 왕으로 세우실 때에 "내가 이새의 아들 다윗을 만나니 내 마음에 맞는 사람"이라고 하셨으므로 '하나님 마음에 맞은 다윗' 이란 제목으로 말씀을 전하겠습니다.

1. 다윗은 철저한 믿음의 사람입니다

다윗은 믿음의 조상 아브라함의 14대 손(孫)으로 다윗의 아버지 이름이 '이새'인데 그 이름은 '주님의 선물'이라는 뜻입니다. 그 조상을 살펴보면 효부인 룻이 유력한 보아스를 만나 오벳을 낳고 또 오벳이 아들을 낳아 '이새'라고 지은 것을 보면 훌륭한 믿음의 가문이었으며 다윗은 철저한 신앙교육을 받았으므로 망령되이 행하는 사울 왕을 하나님께서 폐하시고 다윗을 택하시고 "내 마음에 맞는 사람이라 내 뜻을 다 이루게 하리라"(행13:22)고 하셨는데 하나님께서 목동인 다윗을 선택하실 때 "사람은 외모를 보거니와 나 여호와는 중심을 보느니라"(삼상16:7)고 말씀하셨는데 이는 다윗의 준수한 외모보다는 그의 신실한 믿음을 보시고 택하셨다는 말씀입니다.

사랑하는 성도들이여

우리도 다윗과 같은 신실한 믿음을 소유함으로 하나님께서 보실 때 하나님 마음에 맞는 성도로 인정하셔서 하나님께 선택되었으니 귀하게 쓰임 받으시기를 기원합니다.

2. 다윗은 용기 있는 사람입니다

다윗은 이새의 막내아들로 태어나 부모님의 사랑을 받으며 자랐기 때문에 겁이 많고 유약한 사람일 것으로 생각하기 쉬우나 어려서부터 들에 나가서 양을 돌보는 일을 했으며 사자나 곰이 양을 물고 가면 쫓아가서 그 입에서 양을 건져내고 자신을 해하려고 하면 맹수를 쳐죽이는 용기와 용맹이 있는 사람이었습니다. 블레셋과 전쟁을 할 때 아버지의 심부름으로 형들을 찾아갔을 때 블레셋의 골리앗 장군이 이스라엘을 모욕하고 있으나 이스라엘 군인들이 골리앗 앞에 감히 나서지 못하고 두려워 떠는 모습을 보고 다윗은 사울 왕에게 자신이 골리앗과 싸울 것을 요청하여 왕의 허락을 받고 "여호와의 구원하심이 칼과 창에 있지 아니함을 이 무리로 알게 하리라"(삼상17:47)고 하면서 골리앗에게로 달려가면서 물매로 돌을 던져 골리앗의 이마에 맞추어 쓰러뜨리고 달려가서 골리앗의 칼을 빼어 골리앗의 머리를 베어 죽임으로 패망 직전에 있던 이스라엘을 구하였습니다.

전쟁에 대한 지식도 경험도 없는 어린 목동이 블레셋의 골리앗 장군과 싸우겠다고 나가는 것은 철없는 어린아이의 만용과 같이 보이지만 다윗은 전능하신 하나님께서 선민 이스라엘을 블레셋의 손에서 구원하신다는 것을 확실히 믿는 용기가 있었기 때문에 장병들도 두려워하는 블레셋의 골리앗 장군을 향하여 두려워하지 않고 달려나간 것입니다.

사랑하는 성도들이여!

다윗의 믿음을 본받으셔서 믿음을 통한 용기를 가지고 악한 세상에 나가 하나님의 주신 사명을 충성을 다하여 감당하심으로 하나님의 뜻을 이루셔서 하나님께 영광 돌리심으로 하나님의 마음에 맞는 성도가 되시기를 기원합니다.

3. 다윗은 의리와 용서의 사람입니다

사람이 세상을 살아갈 때 반드시 필요한 것은 법(法)입니다. 만약 법이 없다면 질서가 유지될 수 없고 질서가 없으면 사람들이 원하는 안전과 평화를 누릴 수 없으므로 법은 매우 중요한 것이지만 그보다 못지 않은 것이 있으니 의리와 용서하는 마음입니다.

다윗은 자신을 죽이려던 사울 왕의 아들이며 자신의 친구인 요나단과의 약속을 지키기 위하여 요나단의 아들 므비보셋을 자식과 같이 생각하고 왕궁에 함께 거하게 하면서 왕의 상에서 함께 음식을 먹게 하였으며 사울 왕에게 속하였던 토지를 주어 사울의 사환 시바로 하여금 경작하게 하였습니다.(삼하 9)

그리고 아들 압살롬이 반역을 하여 망명 생활을 할 때 시므이가 돌을 던지며 저주하므로 아비새 장군이 시므이를 죽이겠다고 하였으나 다윗은 "저가 저주하는 것은 여호와께서 저에게 다윗을 저주하라 하심이니 네가 어찌 그리하였느냐 할 자가 누구겠느냐"(삼하16:5-14)라고 하면서 시므이를 죽이지 못하게 하고 반란이 평정된 후에 다윗이 환궁할 때 시므이가 찾아와서 용서해 달라고 애원하므로 다윗은 즉시 용서해 주었습니다.(삼하19:18-23)

사랑하는 성도들이여!

우리의 죄를 주님께 용서를 받았으니 다윗과 같이 죄를 지적 받았을 때 변명하지 말고 즉시 회개하며 모든 성도와 의리를 지키며 다른 사람들에 잘못을 용서하며 사랑으로 교제하며 화목하여 하나님께 인정 받으시기를 기원합니다.

4. 다윗은 자신의 죄를 인정하며 회개하였습니다

사람은 죄를 지으면서도 죄가 드러나는 것을 원하지 않으며 이를 감추기 위하여 많은 노력을 하는데 이는 죄가 잘못임을 알기 때문에 자신의 죄를 축소하기 위하여 거짓으로 변명을 하며 때로는 다른 사람에게 책임을 전가하는데 다윗은 전쟁터에 나가 생명을 걸고 싸우고 있는 우리야 장군의 아내 밧세바를 왕궁으로 불러들여 죄를 범하여 밧세바가 잉태하므로 이를 숨기려고 우리야 장군을 전사하도록 하였는데 하나님께서 나단 선지자를 보내셔서 다윗을 책망하셨을 때 다윗은 변명하거나 또는 왕의 권세로 나단 선지자를 벌하지 않고 즉시 회개하였으며(삼하11:-12) 특히 자신의 죄를 회개하고 시로 써서 남겼는데(시편51편) 이는 자신의 문학적인 소질을 자랑하려는 것이 아니라 모든 사람들에게 자신의 추한 모습을 알게 하려는 철저한 회개입니다.

한때 정욕을 억제하지 못하고 파렴치한 죄를 저지르고 또 충성하는 신하를 계획적으로 전사하게 하였으나 하나님께서 다윗을 버리시지 않고 인류의 구세주이신 예수 그리스도의 조상이 되게 하신 것과 이스라엘 역사상 가장 훌륭한 성군(聖君)으로서 모든 사람들에게 존경을 받게 된 것은 나단 선지자의 책망을 받고 자신의 죄를 인정하고 철저하게 회개하였기 때문입니다.

사람이 볼 때는 파렴치한 사람으로 용서받을 수 없을 것으로 생각되지만 하나님께서는 죄를 저지르는 추함보다 회개하는 모습의 가치를 더 높이 평가하시고 다윗을 버리시지 않고 쓰셨습니다.

사랑하는 성도들이여!

다윗과 같이 믿음과 용기를 가지고 하나님께 충성하시고 성도와의 의리를 지키며 다른 사람의 과실을 용서하고 자신의 죄를 깨달았을 때는 철저하게 회개하여 하나님의 마음에 맞는 성도가 되어 귀하게 쓰임 받으시기를 축원합니다.

24. 다윗 왕의 유언

열왕기상 2:1-7

"다윗이 죽을 날이 임박하매 그의 아들 솔로몬에게 명령하여 이르되 내가 이제 세상 모든 사람이 가는 길로 가게 되었노니 너는 힘써 대장부가 되고 네 하나님 여호와의 명령을 지켜 그 길로 행하여 그 법률과 계명과 율례와 증거를 모세의 율법에 기록된 대로 지키라 그리하면 네가 무엇을 하든지 어디로 가든지 형통할지라 여호와께서 내 일에 대하여 말씀하시기를 만일 네 자손이 그의 길을 삼가 마음을 다하고 성품을 다하여 진실히 내 앞에서 행하면 이스라엘 왕위에 오를 사람이 네게서 끊어지지 아니하리라 하신 말씀을 확실히 이루게 하시리라(2:5-6절 줄임) 마땅히 길르앗 바르실래의 아들들에게 은총을 베풀어 그들이 네 상에서 먹는 자 중에 참여하게 하라 내가 네 형 압살롬의 낯을 피하여 도망할 때에 그들이 내게 나왔느니라"

다윗은 삼십 세에 왕이 되어 사십 년 동안 통치하다가 칠십 세에 세상을 떠났는데 다윗이 죽을 때가 되어 후계자인 아들 솔로몬에게 나라를 다스릴 때에 해야 할 일에 대하여 유언하였으므로 '다윗 왕의 유언'이란 제목으로 말씀을 전하겠습니다.

1. 솔로몬에게 대장부가 되라고 유언했습니다

우리는 솔로몬을 지혜의 왕으로만 생각하는데 솔로몬의 또 다른 면을 살펴보면 그는 유약한 사람이었으므로 그는 스스로 고백하기를 "나도 내 아버지에게 아들이었으며 내 어머니 보기에 유약한 외아들이었노라"(잠4:3)고 하였으며 솔로몬이 왕이 된 후에 이웃 나라와 평화를 유지하기 위하여 이웃 나라들의 공주를 아내로 맞이한 것과 그들의 요구에 따라 예루살렘 산골짜기마다 우상의 전각을 세운 것을 보면 솔로몬은 지혜는 있으나 마음이 강인하지 못하고 유약한 성품의 소유자임이 분명합니다.(왕상11:1-8)

다윗 왕의 성경에 기록된 아내가 일곱 명이며 그들을 통하여 낳은 아들이 수가 열 아홉 명이며 그 외에도 많은 아들이 있다고 기록되었는데(대상3:1-9) 다윗 왕이 후계자를 세울 때 우선순위를 따르지 않고 사랑하는 밧세바가 낳은 아들인 솔로몬을 왕의 후계자로 선택하여 제사장 사독과 선지자 나단에게 부탁하여 솔로몬에게 기름을 부어 후계자로 세웠습니다.(왕상1:32-39)

다윗 왕이 왕위 계승의 우선순위를 따르지 않고 솔로몬을 후계자로 세우면서 다른 왕자들의 성격이 거칠고 또는 교활한 왕자들이 있으므로 유약한 솔로몬에 대하여 반발이 있을 것을 염려하여 솔로몬에게 형제들에게 흔들리지 않고 나라를 잘 다스리는 왕이 되라고 "너는 힘써 대장부가 되라"고 유언을 했습니다.

대장부가 되라는 말은 사욕을 갖지 말고 또 사사로운 감정에 치우치지 말고 주변 환경에 동요되지 않으며 어떤 일을 만나도 두려워하지 않고 정의롭고 과감하게 대처하며 자신의 말을 듣지 않고 반대하는 사람이라도 먼 앞날을 내다보고 사랑으로 포용하는 대범한 사람이 되라는 말입니다.

사랑하는 성도들이여!

우리 모두 대장부가 되어 환경에 치우치지 않고 사명을 감당하시며 또한 자녀들에게도 대장부가 되도록 가르치시고 또 유언을 하시기를 바랍니다.

2. 여호와의 명을 지켜 행하라고 유언했습니다

우리가 사는 인생길에는 언제나 두 길이 있는데 불신(不信)의 길과 신앙(信仰)의 길이 있습니다. 대장부도 세상적인 면의 대장부가 있고 또 신앙적인 면의 대장부가 있는데 다윗이 아들인 솔로몬에게 대장부가 되라고 한 말은 세상적인 면에서의 대장부는 물론이요 특히 신앙적인 대장부가 되라는 것으로 세상적인 대장부는 사람들에게 존경을 받고 또 높은 지위에는 오를 수 있지만 하나님 앞에서는 인정을 받지 못하며 오히려 하나님의 뜻을 거스르며 하나님을 대적하게 되므로 하나님과 원수가 되어 하나님의 진노를 받게 되어 그의 일생은 성공 같으나 실패가 됩니다.

그러므로 솔로몬에게 대장부가 되라고 유언을 한 것은 세상적인 대장부가 되라는 것만 아니라 신앙의 대장부가 되라고 "하나님 여호와의 명령을 지켜 그 길로 행하여 그 법률과 계명과 율례와 증거를 모세의 율법에 기록된 대로 지키라"(왕상2:3)고 유언하였는데 신앙의 대장부가 되려면 세상에서는 손해를 볼 때도 있으나 본문 말씀에 "그리하면 네가 무엇을 하든지 어디로 가든지 형통할지라"(왕상2:3)하고 때로 손해를 보더라도 하나님의 말씀을 지켜 행하면 결국 하나님께서 도와주심으로 형통하게 하실 것이니 세상 이익을 위하여 주저하지 말고 하나님께서 모세를 통하여 주신 율법의 기록된 대로 지켜 행하라고 유언하였습니다.

　사람이 살아가는데 원칙이 있으며 그 원칙을 법이라고 하는데 그 법은 인종에 따라 다르며 시대에 따라 변하기도 하는데 어느 민족이나 어느 시대를 불문하고 변하지 않는 법이 있으며 이 법은 누구나 다 지켜야 할 법으로 하나님께서 모세를 통하여 주신 율법책에 기록한 법률과 계명과 율례인데 이 법은 하나님께서 제정하신 법으로 지구상에 온 인류가 다 지켜야 할 법이며 특히 하나님을 믿는 성도는 반드시 지켜야 할 법으로 이 법에는 하나님께서 형통하게 해주신다는 약속이 있습니다.

　세상 법은 지키지 못하면 벌을 받지만 지켰다고 상을 주지 않으나 하나님께서 제정하신 법은 지키는 사람에게 복을 주시겠다고 모세를 통하여 신명기 28장 1절에서 14절에 약속을 하셨으므로 다윗은 이 약속하신 복을 받게 하기 위하여 왕이 된 솔로몬에게 이 법을 지켜 행하라고 유언했습니다.

　사랑하는 성도들이여!

　자손들에게 다윗과 같이 하나님의 법을 지켜 행하라고 유언을 하셔서 후손들이 하나님의 법을 지켜 행하여 하나님께서 약속하신 은혜와 복을 받게 하시기를 기원합니다.

3. 은혜를 잊지 말고 갚으라고 유언을 했습니다

　다윗이 아들 압살롬의 반란으로 예루살렘을 떠나 마하나임에 피신하였을 때 길르앗 사람 바르실래라는 노인이 많은 음식을 가지고 와서 다윗과 그와 함께 한 모든 사람으로 먹게 하였으므로(삼하817:27-29)

후에 다윗이 예루살렘으로 돌아갈 때 함께 갈 것을 권했지만 바르실래는 자신의 나이가 80이라고 말하며 왕에게 누를 끼칠 것을 염려하며 "고향에 돌아가서 부모의 묘 곁에서 죽으려 하나이다"(삼하19:33-37)라고 하면서 사양하였습니다.

예루살렘으로 돌아온 다윗은 약 15년 동안 바르실래의 은혜를 잊지 않고 있다가 죽을 날이 임박하여 아들 솔로몬에게 "바르실래의 아들들에게 은총을 베풀어 저희로 네 먹는 자 중에 참예하게 하라 내가 네 형 압살롬의 낯을 피하여 도망할 때에 그들이 내게 나왔느니라"(왕상2:7)고 유언을 하였는데 이는 다윗 자신이 은혜를 갚으려고 했으나 바르실래 노인이 사양하므로 갚지 못한 것을 아들 솔로몬에게 갚으라고 유언한 것으로 이로 보아 다윗 왕의 은혜를 잊지 않는 따뜻한 성품을 보게 됩니다.

사람들의 아름다움은 외모보다 마음의 아름다움인데 마음의 아름다움은 다른 사람에게 베푸는 것도 중요하지만 다른 사람에게 입은 은혜를 잊지 않는 것이 더 중요하며 또 갚을 줄 아는 것입니다. 옛말에 "원수는 물에 새기고 은혜는 돌에 새기라"고 했는데 다윗은 "원수는 물에 새기고 은혜는 돌에 새긴" 사람이므로 많은 사람에게 존경과 칭송을 받았으며 하나님께서도 인류를 구원하시는 구원 섭리에 동참하게 하셨습니다.

사랑하는 성도들이여!

여러분은 자녀들에게 어떤 유언을 하시렵니까? 하나님의 말씀을 지켜 행하며 하나님은 물론 사람들에게 받은 은혜도 잊지 말라고 유언하셔서 자녀들로 하여금 하나님께서 약속하신 은혜와 복을 받게 하시기를 축원합니다.

25. 솔로몬이 드린 제사

열왕기상 3:4-15
"이에 왕이 제사하러 기브온으로 가니 거기는 산당이 큼이라 솔로몬이 그 제단에 일천 번제를 드렸더니 기브온에서 밤에 여호와께서 솔로몬의 꿈에 나타나시니라 하나님이 이르시되 내가 너에게 무엇을 줄꼬 너는 구하라 솔로몬이 이르되 주의 종 내 아버지 다윗이 성실과 공의와 정직한 마음으로 주와 함께 주 앞에서 행하므로 주께서 그에게 큰 은혜를 베푸셨고 주께서 또 그를 위하여 이 큰 은혜를 항상 주사 오늘과 같이 그의 자리에 앉을 아들을 그에게 주셨나이다(7-8 줄임) 누가 주의 이 많은 백성을 재판할 수 있사오리이까 듣는 마음을 종에게 주사 주의 백성을 재판하여 선악을 분별하게 하옵소서(10-15 줄임)"

다윗의 뒤를 이어 이스라엘의 왕이 된 솔로몬은 하나님께 일천 번제를 드리고 잠을 자는데 꿈에 하나님께서 나타나셔서 "내가 네게 무엇을 줄꼬 너는 내게 구하라"고 하시매 솔로몬은 백성들을 잘 다스릴 수 있는 지혜를 구하였으며 하나님께서는 약속하신 대로 지혜를 주셔서 솔로몬은 지혜를 받았는데 이는 하나님께서 솔로몬이 드린 번제를 기쁘게 받으시고 또 솔로몬이 하나님께 구한 것을 기쁘게 여기시고 구하지 않은 것까지 주신다고 하셨으므로 '솔로몬이 드린 제사'라는 제목으로 말씀을 전하겠습니다.

1. 솔로몬은 일천 번제를 드렸습니다

하나님께서 모세에게 가나안에 들어가면 우상과 그 제단을 다 헐어버리고 성막에서 제사를 드리라고 말씀하셨는데 이스라엘 백성들이 가나안에 들어가서 그곳에 살던 원주민들이 산당(山堂)에서 제사 드리는 것을 보고 이스라엘 백성들도 산당에서 하나님께 제사를 드렸습니다.

솔로몬은 아버지인 다윗 왕이 자신에게 여호와의 명령을 지켜 행하라고 유언한 것을 마음에 간직하고 있다가 왕이 된 후에 기브온에 있는 산당에서 하나님께 일천 번제를 드렸습니다. 성막에서는 일천 번제를 드릴 수 없기 때문에 산당에서 인류 역사상 전무후무(前無後無)한 성대하고 거룩한 번제를 드리고 기쁨이 충만하여 잠을 자고 있을 때 하나님께서 꿈에 나타나셔서 "내가 네게 무엇을 줄꼬 너는 구하라"고 하셨는데 하나님께서 산당이라는 장소보다 일천 번제를 드리는 솔로몬의 하나님께 대한 정성을 귀하게 여기시고 번제를 기쁘게 받으셨다는 증거이기도 하며 하나님께서 사무엘 선지자에게 "사람은 외모를 보거니와 나 여호와는 중심을 보느니라"(삼상16:7)고 말씀하신 대로 솔로몬의 마음을 더 귀하게 여기셨기 때문입니다.

사랑하는 성도들이여!

우리가 외모로는 부족함이 많아도 정성을 다하여 예배를 드림으로 하나님을 기쁘시게 하여 하나님께서 함께 하시는 삶으로 승리하시기를 기원합니다.

2 솔로몬은 지혜를 구하였습니다

하나님께서 솔로몬에게 "너는 내게 구하라"고 하신 것은 무엇이든

구하면 주신다는 말씀인데 솔로몬은 "누가 주의 이 많은 백성을 재판할 수 있사오리이까 듣는(지혜) 마음을 종에게 주사 주의 백성을 재판하여 선악을 분별하게 하옵소서"라고 지혜를 구하였는데 이것도 자신을 위하여 구한 것이 아니라 백성들을 위하여 구한 것으로 이는 자신이 백성을 잘 다스려야 백성들이 행복하게 살 수 있기 때문이며 또한 재판을 할 때도 선악을 바르게 판단하므로 억울한 일을 당하는 사람이 없도록 하기 위한 것입니다.

이것은 나라를 다스리는 통치자로서 당연한 것인데 대부분의 정치인들은 백성과 나라를 위하여 충성하겠다고 백성들 앞에서 다짐하지만 그들 마음속에는 자신의 부귀영화를 생각하며 이를 이루기 위하여 수단과 방법을 가리지 않음으로 하나님의 뜻을 거스르고 민족을 배반하는 범죄자가 되는 이들이 많습니다. 그러나 솔로몬은 왕이 되었을 때 백성을 잘 다스리기 위하여 하나님의 도우심을 바라며 일천 번제를 드렸으므로 하나님께서 그 마음을 아시고 "내가 네게 무엇을 줄꼬 너는 내게 구하라"고 말씀하셨으며 솔로몬은 즉시 지혜를 구했습니다.

사랑하는 성도들이여!

자신의 부귀영화를 위하여 구하지 말고 솔로몬과 같이 다른 사람들의 신앙과 행복을 위하고 또 하나님의 영광을 위하여 구하심으로 하나님께 응답받으시기 기원합니다.

3. 구하지 않은 것까지 주신다고 하셨습니다

솔로몬이 자신의 부귀영화를 구하지 않고 백성의 행복을 위하여 구한 것을 하나님께서 매우 흡족하게 생각하시고 말씀하시기를 "자기를 위하여 장수하기를 구하지 아니하며 부(富)도 구하지 아니하며 자기 원수의 생명을 멸하기도 구하지 아니하고 오직 송사를 듣고 분별하는 지혜를 구하였으니 내가 네 말대로 하여 네게 지혜롭고 총명한 마음을 주노니 네 앞에도 너와 같은 자가 없었거니와 네 뒤에도 너와 같은 자가 일어남이 없으리라 내가 또 네가 구하지 아니한 부귀와 영광도 네게 주노니 네 평생에 왕들 중에 너와 같은 자가 없을 것이라"고 하시며 지혜와 부(富)와 영광도 주셨으므로 솔로몬 왕은 인류 역사상 가장 지혜로운 왕이며 부귀와 영화를 많이 누린 왕으로 기록되었습니다.

예수님께서 "구하라 그리하면 너희에게 주실 것이요 찾으라 그리하면 찾아낼 것이요 문을 두드리라 그리하면 너희에게 열릴 것이니 구하는 이마다 받을 것이요 찾는 이는 찾아낼 것이요 두드리는 이에게는 열릴 것이니라"(마7:7-8)고 말씀하셨으며 "너희가 얻지 못함은 구하지 아니하기 때문이며 구하여도 받지 못함은 정욕으로 쓰려고 잘못 구하기 때문이라"(약4:2하-3)고 하셨습니다.

사랑하는 성도들이여!

무엇을 구하십니까 자신만을 위하여 세상 것을 욕심으로 구하지 마시고 솔로몬과 같이 하나님 마음에 맞는 것을 구하셔서 구하지 않은 것까지 받으시기를 기원합니다.

4. 하나님께서 조건을 제시하셨습니다

이 세상에는 원인 없는 결과가 없는 것같이 조건이 없이 주어지는 것도 없습니다. 우리가 구원받는 것을 흔히 무조건 구원하신다고 말하는 이들이 있으나 귀한 것일수록 조건이 까다로운데 하나님께서 우리의 죄를 용서하시고 하나님의 자녀로 받아주시는 것이 얼마나 중요한 것인데 아무 조건도 없이 구원하시겠습니까?

하나님께서 우리의 구원을 위하여 믿음이란 조건을 제시하셨습니다. 사람들은 조건이라면 행위를 생각하기 때문에 죄인을 무조건 구원하시는 하나님이라고 잘못 생각하기도 하는데 우리가 믿어야 된다는 조건을 무시하고 믿지 않으면 결코 구원을 받을 수 없습니다.

솔로몬이 지혜를 구하였을 때 지혜는 물론 주실 것이며 구하지 아니한 부귀영화도 주신다고 하시면서 그 주신다는 약속에 한 가지 조건을 제시하셨는데 "네가 만일 네 아버지 다윗이 행함 같이 내 길로 행하며 내 법도와 명령을 지키면 또 네 날을 길게 하리라"(왕상3:14)고 조건을 말씀하시고 약속하셨습니다.

구원을 받기 위해서는 믿어야 한다는 조건이 있으며(요3:16) 재물의 복은 부지런하고 정직해야 주신다는 조건이 있으며(욥8:5-7, 잠12:27) 기도의 응답에 대하여는 "믿음으로 구하고 의심하지 말아야 하며"(약1:6) "무엇이든지 기도하고 구하는 것은 받은 줄로 믿어야 하며"(막11:24) "정욕으로 쓰려고 잘못 구하지 말고"(약4:3) 하나님의 기뻐하시는 뜻을 위하여 기도하셔야 합니다.

사랑하는 성도들이여!

지금 어떤 형편에 있든지 환경을 탓하지 말고 하나님의 말씀에 순종하시며 하나님의 뜻에 맞는 것을 간절히 기도하심으로 솔로몬과 같이 구하지 않은 것까지 받으시고 하나님과 동행하시며 행복하게 사시기를 축원합니다.

26. 솔로몬 왕의 타락

열왕기상11:1-13

"솔로몬 왕이 바로의 딸 외에 이방의 많은 여인을 사랑하였으니 곧 모압과 암몬과 에돔과 시돈과 헷 여인이라 여호와께서 일찍이 이 여러 백성에 대하여 이스라엘 자손에게 말씀하시기를 너희는 그들과 서로 통혼하지 말며 그들도 너희와 서로 통혼하게 하지 말라 그들이 반드시 너희의 마음을 돌려 그들의 신들을 따르게 하리라 하셨으나 솔로몬이 그들을 사랑하였더라 왕은 후궁이 칠백 명이요 첩이 삼백 명이라 그의 여인들이 왕의 마음을 돌아서게 하였더라 솔로몬의 나이가 많을 때에 그의 여인들이 그의 마음을 돌려 다른 신들을 따르게 하였으므로 왕의 마음이 그의 아버지 다윗의 마음과 같지 아니하여 그의 하나님 여호와 앞에 온전하지 못하였으니 이는 시돈 사람의 여신 아스다롯을 따르고 암몬 사람의 가증한 밀곰을 따름이라 솔로몬이 여호와의 눈앞에서 악을 행하여 그의 아버지 다윗이 여호와를 온전히 따름 같이 따르지 아니하고 모압의 가증한 그모스를 위하여 예루살렘 앞 산에 산당을 지었고 또 암몬 자손의 가증한 몰록을 위하여 그와 같이 하였으며 그가 또 그의 이방 여인들을 위하여 다 그와 같이 한지라 그들이 자기의 신들에게 분향하며 제사하였더라(9-13줄임)"

솔로몬은 인류 역사상의 가장 성대한 제사인 일천 번제를 드림으로 하나님을 기쁘시게 하고 하나님께 지혜를 받아 온 세상에 명성을 떨쳤으나 많은 왕비들의 유혹을 받아 타락하였으므로 아들 르호보암이

왕이 되었을 때 나라가 둘로 나뉘게 되었으므로 '솔로몬 왕의 타락' 이 라는 제목으로 말씀을 전하겠습니다

1. 이방 여인들을 아내로 맞이한 것이 화근이었습니다

속담에 "말 타면 견마(牽馬=마부)잡히고 싶어한다"는 말이 있는데 이는 사람의 욕심이 끝이 없다는 말입니다.

솔로몬 왕은 하나님께 지혜를 받아 나라를 잘 다스려 많은 백성들에게 칭송을 받으면서 7년 동안 성전을 건축하고 또 13년 동안 왕궁을 건축하였는데 그 규모와 화려함이 세상에 소문이 났으므로 스바 여왕이 찾아와서 왕궁을 보고 크게 현황(정신이 어지럽고 황홀함)하였다고 기록되었습니다.(왕상10:4)

솔로몬은 화려한 왕궁을 건축하고 이웃 나라와 화평하게 지내기 위한 정책으로 애굽 바로의 딸을 비롯하여 이방의 많은 여인들을 아내로 맞아들였는데 사람의 생각으로는 지혜로운 것 같으나 하나님께서 "그들과 혼인하지 말지니 네 딸을 그들의 아들에게 주지 말 것이요 그들의 딸도 네 며느리로 삼지 말라"(신7:3)고 하신 하나님의 말씀을 무시한 것이며 솔로몬은 왕궁을 크고 화려하게 지어 놓고 하나님이 금하신 이방 여인들을 아내로 맞아 육체의 쾌락을 누리며 하나님을 멀리하게 되었습니다.

사람은 대부분 재물이 많아지면 육체의 향락을 생각하게 되므로 예수님께서 기도를 가르치실 때 "많이 구하라"고 하지 않으시고 "일용할 양식을 구하라"고 하신 것은 죄에 빠지지 않도록 하기 위한 것인데 많은 것을 가지고 죄에 빠지는 것보다 적은 것을 가지고 하나님의 뜻대로 사는 것이 행복이기 때문입니다.

사랑하는 성도들이여!

"우리가 먹을 것과 입을 것이 있은 즉 족한 줄로 알 것이니라"(딤전6:8)는 말씀에 따라 욕심을 품지 않고 범사에 감사하며 만족하며 행복하게 사시기를 기원합니다.

2. 솔로몬은 왕비들의 우상숭배를 허락했습니다

솔로몬의 왕비가 된 이방 여인들은 자기 나라에서 섬기던 우상숭배에 젖어 있었기 때문에 하나님을 섬기는 것을 받아들이지 못하고 자기들이 섬기던 신을 섬기게 해 달라고 왕에게 매일 간청하였으며 분별력을 잃은 솔로몬 왕은 우상 숭배를 허락하므로 왕비들은 시돈 사람이 섬기는 여신 아스다롯과 암몬 사람들이 나라를 부강케 해주는 신으로 섬기는 밀곰과 모압 사람들이 승리의 신으로 섬기는 그모스 신과 특히 암몬 사람들이 맏아들을 불에 태워 드리는 몰록을 섬기기 위하여 예루살렘 앞 산에 산당을 지어 놓고 자기들이 섬기는 신에게 분향하며 제사하였습니다.

이와 같은 우상 숭배는 왕비들만의 숭배로 끝나지 않고 하나님의 기름부음을 받고 왕이 되어 일천 번제를 드리며 하나님만을 평생 섬길 것을 다짐했던 솔로몬 왕이 하나님을 떠나게 만들었으니 죄는 전염성이 매우 강하며 그 중에 우상 숭배의 죄는 그 어느 것보다 전염성이 매우 강하며 치료(회개)가 어려워 사망(멸망)에 이르는 난치의 병이므로 우상 숭배는 흉내도 내지 말아야 하며 특별히 경계해야 하는데 솔로몬은 우상 숭배의 죄에 빠진 것입니다.

사랑하는 성도들이여!

우상 숭배에 오염되지 않도록 항상 주의하여 "악은 모양이라도 버리라"(살전5:22)는 말씀을 기억하시고 우상 숭배는 상상도 하지 마시고 온전한 믿음으로 하나님을 섬기심으로 하나님의 약속하신 은혜와 복을 받으시기를 기원합니다.

3. 솔로몬은 하나님의 경고를 무시했습니다

많은 이방 여인들을 아내로 맞은 솔로몬은 우상을 숭배하는 아내들로 인하여 하나님을 떠나게 되므로 하나님께서 노하셔서 경고하시기를 "다른 신을 좇지 말라"고 하셨지만 하나님의 경고의 말씀을 끝까지 듣지 않고 무시하므로 하나님께서 또 다시 경고하시기를 "네가 나의 언약과 내가 네게 명한 법도를 지키지 아니하였으니 내가 반드시 이 나라를 네게서 빼앗아 네 신하에게 주리라"(왕상11:11)고 하셨는데 이는 이제라도 회개하고 하나님께로 돌아오면 용서해 주시겠다는 사랑의 말씀이었으나 분별력을 잃은 솔로몬은 하나님의 말씀을 무시하고 회개하지 않았습니다.

하나님을 섬기던 성도가 우상 숭배에 빠지면 다시 돌아오기가 어려우므로 "한번 빛을 받고 하늘의 은사를 맛보고 성령에 참여한 바 되고 하나님의 선한 말씀과 내세의 능력을 맛보고 타락한 자들은 다시 새롭게 하여 회개할 수 없다"(히6:4-6)고 하셨습니다.

사랑하는 성도들이여 죄를 멀리하시고 혹 죄에 빠졌을 때는 즉시 회개하여 하나님께 용서받으시기를 기원합니다.

4. 솔로몬의 죄의 대가를 아들이 상속받았습니다

사람들이 죄를 범하게 되는 이유 중의 하나는 죄를 지어도 하나님의 진노가 즉시 임하지 않으므로 하나님의 진노가 없는 것으로 착각하고 두려움 없이 죄를 계속 범하므로 "악한 일에 관한 징벌이 속히 실행되지 아니하므로 인생들이 악을 행하는 데에 마음이 담대하도다"(전8:11)라고 하셨습니다.

사람이 죄를 지었을 때 하나님의 진노가 바로 임하지 않는 것은 지은 죄를 하나님께서 모르셔서 그대로 지나가는 것이 아니라 여러 가지 모양으로 경고하시고 깨닫게 하셔서 자신의 죄를 회개하기를 기다리시는 것인데 사람들은 이를 알지 못하여 회개하지 않고 계속 죄를 저지르므로 하나님의 진노를 쌓는 것입니다. 그리고 솔로몬이 저지른 죄의 열매를 솔로몬 자신이 거두지 않은 이유는 "네 아버지 다윗을 위하여 네 세대에는 이 일을 행하지 아니하고 네 아들의 손에서 빼앗으리라"(왕상11:12)고 하셨는데 이는 다윗이 심은 믿음과 순종의 열매는 아들인 솔로몬이 거두고 솔로몬이 심은 우상 숭배와 불순종하며 회개하지 않은 죄의 열매는 솔로몬의 아들 르호보암이 거두게 된다는 말씀입니다.

우리가 선을 행하든 악을 행하든 그 열매는 반드시 거두는 것이 하나님의 섭리이므로 "자기의 육체를 위하여 심는 자는 육체로부터 썩어질 것을 거두고 성령을 위하여 심는 자는 성령으로부터 영생을 거두리라"(갈6:8)고 하신 말씀을 기억하고 성도는 육체를 위하여 악을 심지 말고 성령을 위하여 선을 심어야 합니다.

사랑하는 성도들이여!

사랑하는 자녀들에게 무엇을 상속하시렵니까? 솔로몬과 같이 자신의 죄의 열매를 상속하지 마시고 다윗과 같이 하나님의 은혜와 복을 상속하시기를 축원합니다.

27. 맥추의 초실절을 지키라

출애굽기 34:21-24 (※신16:9-12)
"너는 엿새 동안 일하고 제 칠일에는 쉴지니 밭 갈 때에나 거둘 때에도 쉬며 칠칠절 곧 맥추의 초실절을 지키고 세말에는 수장절을 지키라 너희의 모든 남자는 매년 세 번씩 주 여호와 이스라엘의 하나님 앞에 보일지라 내가 이방 나라들을 네 앞에서 쫓아내고 네 지경을 넓히리니 네가 매년 세 번씩 여호와 네 하나님을 뵈려고 올 때에 아무도 네 땅을 탐내지 못하리라"

성경의 기록된 3대(三大) 절기는 유월절과 초실절 그리고 수장절이며 이 세 절기를 하나님께서 지키라고 명령하셨는데 오늘은 초실절인 맥추절 예배를 드리며 '맥추의 초실절을 지키라' 는 제목으로 말씀을 전하겠습니다.

1. 우리나라의 맥추절

성경에 기록된 초실절(맥추절)은 유월절 지나고 50일째 되는 날이므로 오순절(五旬節)이라고 하며 유월절을 지나고 안식일을 일곱 번 지나고 지키므로 칠칠절(七七節)이라고 하는데 예수님께서 승천하신 후 이날(오순절) 성령께서 강림하셨기 때문에 이후로는 성령강림절이라고 합니다. 우리나라에서는 성경에 기록된 초실절(맥추절)인 오순절에는 밀이나 보리를 아직 수확하기 이전이므로 우리나라 실정에 맞추어 밀이나 보리를 수확한 후인 7월 첫 주일을 맥추절로 성령강림절과 분리하여 지키게 되었습니다.

성탄절이나 부활절은 전 세계 모든 교회가 똑같이 정해진 같은 날 지키지만 추수감사절과 맥추절은 각 나라마다 그 나라 추수의 형편에 따라 각기 다른 날 지키게 되는데 우리나라 교회 연합회에서 7월 첫째 주일을 맥추절로 정하여 지키고 있으나 개 교회에 따라서 그 교회 형편에 따라 날짜를 변경하여 맥추절이나 수장절(추수감사절)을 지키고 있습니다.

근래에는 보리나 밀을 농사하지 않는다고 맥추절을 지키지 않는 교회가 늘고 있으나 자신이 직접 보리나 밀 농사를 하지 않아도 농부들이 농사를 하여 모든 사람이 양식을 먹음으로 모든 교회 모든 사람이 다같이 감사의 절기로 지켜야 합니다.

특히, 맥추절과 수장절(추수감사절)은 사람들의 생각에 의하여 결정한 기념일이 아니라 하나님께서 직접 맥추절과 수장절을 지키라고 명령하셨으므로 모든 교회 모든 성도는 하나님의 은혜를 생각하며 감사하는 절기로 지켜야 합니다.

2. 복을 주신대로 예물을 드려야 합니다

신명기 16장 10절 말씀에 "네 하나님 여호와 앞에 칠칠절(맥추절)을 지키되 네 하나님 여호와께서 네게 복을 주신 대로 네 힘을 헤아려 자원하는 예물을 드리라"고 하셨습니다.

절기를 지킬 때 하나님께서 복 주신 것과 은혜를 생각하며 예물을 드려야 하는데 예물을 드리는 것이 부담이 되거나 체면 때문에 억지로 드림으로 시험에 빠지는 성도가 있으므로 하나님께서 복 주신 것과 은혜를 생각하며 감사하는 마음으로 예물을 드리라고 말씀하신 것입니다.

절기를 지키는 것은 하나님의 복 주신 은혜를 생각하여 지킴으로 하나님을 기쁘시게 하기 위한 것인데 세월이 흐름에 따라 많은 사람들이 하나님의 은혜를 생각하지 않고 먹고 마시고 즐기는 쾌락의 날로 지키기 때문에 하나님께서 아모스 선지자를 통하여 "내가 너희 절기들을 미워하여 멸시하며 너희 성회들을 기뻐하지 아니하나니 너희가 내게 번제나 소제를 드릴지라도 내가 받지 아니할 것이요 너희의 살진 희생의 화목제도 내가 돌아보지 아니하리라"(아모스 5:21-22)고 말씀하셨음으로 절기를 지킬 때에는 사람을 즐겁게 하는 절기로 지키지 말고 하나님을 기쁘시게 하는 절기로 지켜야 하므로 신령과 진정으로 지켜야 합니다.

사랑하는 성도들이여!

지금까지 하나님께서 주신 복을 생각하시며 감사하는 마음으로 예물을 드리며 맥추절을 지키심으로 하나님을 기쁘시게 하는 성도가 되시기를 기원합니다.

3. 모든 사람이 즐거움으로 지켜야 합니다

우리나라의 최대 명절인 음력 1월 1일 '설'은 가난한 사람들에게는 즐거움의 날이 아니라 '서러움의 날'이라 하여 '설날'이라는 이름을 붙였다고 하는데 맥추절도 교회 내에서 성도들의 빈부의 차이로 인한 부작용이 생기지 않도록 항상 주변을 살펴보아 어려운 성도들이 예물을 드리는 일로 인하여 상처가 되지 않도록 주의해야 합니다.

사람이 사는 곳에는 언제 어디나 부자와 가난한 사람이 있는데 부자는 명절이 되면 좋은 의복을 입고 많은 음식을 장만하여 즐겁게 지킬 수 있으나 가난한 사람들은 명절이 되어도 즐겁게 지킬 수 없으므로 하나님께서 "너와 네 자녀와 노비와 네 성중에 있는 레위인과 및 너희 중에 있는 객과 고아와 과부가 함께 네 하나님 여호와께서 자기의 이름을 두시려고 택하신 곳에서 네 하나님 여호와 앞에서 즐거워할지니라"(신16:11)고 하셨습니다.

이는 절기를 지킬 수 없는 사람들을 초청하여 함께 즐거워하며 절기를 지키라는 말씀인데 사람들이 행복하게 사는 것은 언제나 좋은 일만 있기 때문이 아니라 슬픔과 기쁨을 함께 나누는 사람들이 있을 때 행복하게 됨으로 "슬픔은 나누면 반(半)이 되고 즐거움은 나누면 배(倍)가 된다"고 하는데 즐거움을 다른 사람들과 함께 나누는 것은 하나님께서 사람들이 고락(苦樂)을 함께 하도록 창조하셨기 때문입니다.

사랑하는 성도들이여!

오늘 맥추절에도 이웃을 돌아보아 어려운 사람들과 함께 즐거운 절기로 지키심으로 이웃과의 화목을 도모하며 하나님을 기쁘시게 하여 하나님의 은혜와 복을 계속 받으며 이웃과 더불어 행복하게 사시기를 기원합니다.

4. 하나님께서 지켜주시기로 약속하셨습니다

사람은 끊임없는 경쟁을 하면서 살고 있는데 경쟁이 지나쳐서 싸움이 되기도 합니다. 많은 것을 가지고자 하는 것은 사람의 본능으로 사람들이 정당한 방법으로 많은 것을 소유하는 것은 하나님께서 주신 복이므로 죄가 되지 않으나 사람들의 지나친 욕심으로 인하여 정당하지 못한 방법이나 자기의 힘이나 모략으로 다른 사람의 것을 강탈하기도 하며 때로는 나라와 나라 사이에도 이와 같은 일이 있으므로 전쟁을 하여 많은 생명이 희생되기도 하는데 지금도 세계 곳곳에서 전쟁이 계속되고 있습니다.

이스라엘 백성들이 절기가 되면 예루살렘으로 모여서 절기를 지키는데 이때를 이용하여 적들이 침략하여 약탈을 하기 때문에 백성들은 항상 절기 때가 되면 즐거움으로 절기를 지킬 수가 없었는데 이를 아시는 하나님께서 이스라엘 백성들에게 "…… 네가 매년 세 번씩 여호와 네 하나님을 뵈려고 올 때에 아무도 네 땅을 탐내지 못하리라"(출34:24)고 지켜주실 것을 약속하셨습니다.

우리 예수님도 승천하시기 전에 "내가 세상 끝 날까지 너희와 항상 함께 있으리라"(마28:20)고 말씀하셨는데 이는 예수님께서 우리를 보호하시고 모든 문제를 해결해주신다는 약속의 말씀이므로 사도 베드로를 통하여 "네 모든 염려를 다 주께 맡기라 이는 주께서 너희를 돌보심이라"(벧전5:7)고 말씀하셨습니다.

사랑하는 성도들이여!

하나님께서 주신 복을 생각하시고 자원하여 즐거운 마음으로 예물을 드리심으로 하나님을 기쁘시게 하는 맥추절로 지키셔서 하나님의 은혜와 복을 받으시기를 축원합니다.

28. 어리석은 르호보암 왕

열왕기상 12:1-15
"르호보암이 세겜으로 갔으니 이는 온 이스라엘이 그를 왕으로 삼고자 하여 세겜에 이르렀음이러라 느밧의 아들 여로보암이 전에 솔로몬 왕의 얼굴을 피하여 애굽으로 도망하여 있었더니 이제 그 소문을 듣고 여전히 애굽에 있는 중에 무리가 사람을 보내 그를 불렀더라 여로보암과 이스라엘의 온 회중이 와서 르호보암에게 말하여 이르되 왕의 아버지가 우리의 멍에를 무겁게 하였으나 왕은 이제 왕의 아버지가 우리에게 시킨 고역과 메운 무거운 멍에를 가볍게 하소서 그리하시면 우리가 왕을 섬기겠나이다 르호보암이 대답하되 갔다가 삼일 후에 다시 내게로 오라 하매 백성이 가니라(:6-15 줄임)"

지혜의 왕이라고 불리는 솔로몬의 뒤를 이어 그의 아들 르호보암이 왕이 되었을 때 여로보암과 백성의 회중이 르호보암을 찾아와서 솔로몬 왕이 너무 많은 공사를 하여 백성들이 많은 고생을 했으니 왕은 노역을 많이 시키지 말 것을 요구하였는데 르호보암이 어리석은 말로 인하여 나라가 남북으로 나뉘게 되었으므로 '어리석은 르호보암 왕'이라는 제목으로 말씀을 전하겠습니다.

1. 르호보암은 좋은 기회를 상실했습니다

솔로몬 왕이 성전과 왕궁을 20년간 건축함으로 백성들이 노역으로 인하여 지쳐있었으며 또 경제적으로도 많은 어려움을 겪고 있었는데 솔로몬 왕이 죽고 그의 아들 르호보암이 왕위에 오름으로 선왕 때 애굽에서 망명생활을 하던 여로보암을 백성들이 앞세우고 이스라엘 왕 르호보암을 찾아와서 "왕의 부친이 우리의 멍에를 무겁게 하였으나 왕은 왕의 부친이 우리에게 시킨 고역과 메운 무거운 멍에를 가볍게 하소서 그리하시면 우리가 왕을 섬기겠나이다"라고 하므로 르호보암 왕은 백성들에게 삼일 후에 오라고 한 후에 선왕(先王)인 아버지 솔로몬 왕을 모시던 늙은 신하들에게 이 일에 대하여 의견을 물으니 경험이 많고 지혜 있는 늙은 신하들은 르호보암 왕에게 "왕이 만일 오늘 이 백성을 섬기는 자가 되어 그들을 섬기고 좋은 말로 대답하여 이르시면 그들이 영원히 왕의 종이 되리이다"(왕상12:7)라고 왕을 위하고 백성을 위하는 충언을 하였는데 이는 "백성을 덕으로 다스리라"는 말로 이는 왕이 지켜야 할 가장 좋은 다스림에 대한 충언이었으나 르호보암은 왕인 자신이 백성들을 섬긴다는 것은 상상조차 할 수 없는 일이므로 르호보암 왕은 노인들의 충언을 매우 못마땅하게 생각하고 노인들의 충언을 무시하고 말았습니다.

이는 르호보암 왕이 백성들의 마음을 살 수 있는 좋은 기회였으며 또 선정을 베풀어 백성들로 하여금 다윗 왕과 같이 존경받는 성군(聖君)으로 자신의 이름을 길이 남길 수 있는 좋은 기회였으나 어리석게 기회를 상실하였습니다.

사랑하는 성도들이여!

듣기 좋은 말만 들으려 하지 마시고 듣기 싫은 말이라도 하나님의 뜻에 합당한 말을 듣고 실천하심으로 하나님의 은혜와 도우심으로 성공의 기회로 삼으시기를 기원합니다.

2. 르호보암은 선택을 잘못하였습니다

"왕이 만일 오늘 이 백성을 섬기는 자가 되어 그들을 섬기고 좋은 말로 대답하여 이르시면 그들이 영원히 왕의 종이 될 것"이라는 노인들의 진심 어린 충언을 못마땅하게 생각한 르호보암 왕은 자신과 함께 자라난 젊은 사람들을 불러 그들과 의논하였는데 젊은 친구들은 "왕은 대답하기를 나의 새끼손가락이 내 아버지의 허리보다 굵으니 내 아버지께서 너희에게 무거운 멍에를 메게 하였으나 이제 나는 너희의 멍에를 더욱 무겁게 할지라 내 아버지는 채찍으로 너희를 징계하였으나 나는 전갈 채찍으로 너희를 징계하리라"(왕상12:10-11)고 하였는데 이는 "무력으로 다스리라"는 말인데 르호보암 왕은 덕으로 다스리라는 노인들의 충언을 무시하여버리고 무력으로 다스리라는 젊은 사람들의 잘못된 말을 어리석게 선택하여 백성들에게 말하기로 작정하였습니다.

그리고 약속한 대로 삼일 만에 찾아온 여로보암과 회중들에게 젊은 이들이 가르쳐준 대로 "내 아버지는 너희의 멍에를 무겁게 하였으나 나는 너희의 멍에를 더욱 무겁게 할지라 내 아버지는 채찍으로 너희를 징계하였으나 나는 전갈채찍으로 너희를 징치하리라"(왕상12:14)고 대답하므로 백성들은 실망하여 "우리가 다윗과 무슨 관계가 있느냐 이새의 아들에게서 받을 유산이 없도다"(왕상12:16)라고 하면서 르호보암을 떠나 여로보암을 왕으로 추대하여 북쪽에 이스라엘이라는 나라를 세움으로 통일 국가였던 유다 나라가 북쪽의 이스라엘과 남쪽의 유다 나라로 둘로 나뉘었습니다.

이는 솔로몬이 하나님을 떠나 타락하였을 때 하나님께서 "이 나라를 네게서 빼앗아 네 신하에게 주리라"(왕상11:11)고 경고를 하셨으나 솔로몬이 회개하지 않은 결과입니다. 누구나 미래를 생각하지 않고 눈앞의 이익이나 쾌락만을 생각하므로 선택을 잘못하여 후회하는 사람이 많은데 지금 내가 무엇을 선택하느냐에 따라 미래의 성공과 실패가 결정되므로 순간의 선택이 일생을 좌우하게 되며 후손들에게 미치는 영향이 매우 크다는 것을 명심하고 우리는 매 순간마다 하나님의 말씀에 비추어 옳은 길을 선택해야 후회 없는 보람된 삶을 살아가게 됩니다.

이삭의 아들 에서는 장자의 명분보다 눈앞에 있는 팥죽 한 그릇을 선택하므로 자신과 후손이 받을 복을 잃어버리고 통곡하였으며 야곱은 형이 버린 장자의 명분을 사서 후손들에게 하나님의 선민이 되는 큰 복을 물려준 믿음의 조상이 되었습니다.

사랑하는 성도들이여!

세상 삶에서 선택을 잘 하시고 특별히 신앙생활에서 선택을 잘하시고 하나님께 충성하심으로 후손이 잘 되며 하나님 앞에 서실 때 영광의 면류관을 받으시기를 기원합니다.

3. 동족상잔의 비극을 가져왔습니다

르호보암의 어리석은 판단에 의한 선택으로 인하여 북쪽 이스라엘과 남쪽 유다의 두 나라로 분단되는 비극을 초래하여 같은 민족이 전쟁을 계속하여 동족상잔(同族相殘)의 비극이 약 350년 동안 계속되어 국력이 쇠약해짐으로 북쪽 이스라엘은 앗수르의 살만에셀에 의하여 멸망을 당하고 남쪽 유다는 바벨론의 느브갓네살에 의하여 멸망을 당하여 북쪽 이스라엘과 남쪽 유다의 두 나라 모두 사라지고 많은 백성들은 적국으로 포로가 되어 끌려가서 70여 년 간 노예생활을 하였습니다.

다윗과 솔로몬이 다스리던 때는 이웃 나라들이 이스라엘을 두려워하여 예물을 가지고 와서 화친을 청하였던 부강한 나라였으나 솔로몬의 아들 르호보암의 어리석을 판단으로 인한 말 한 마디로 나라가 남과 북으로 갈라진 후에 계속되는 남북 전쟁으로 인하여 국력이 쇠약해짐으로 북 왕국 이스라엘과 남쪽 유다 나라는 모두 멸망을 당하였으며 예루살렘성은 무너지고 웅장하고 화려했던 왕궁과 성전은 불에 타 없어졌으니 그 원인을 거슬러 올라가 찾아보면 솔로몬이 하나님의 경고를 무시하고 우상을 숭배한 결과가 아들에게서 열매를 거두게 된 것입니다

  그 후에 바사 왕 고레스의 허락을 받고 에스라와 느헤미야가 성전은 재건하였으나 수많은 백성들이 포로가 되어 이방인의 압제를 받으며 고국을 그리면서 살다가 망국의 한을 남기고 세상을 떠나게 되었으니 르호보암 왕의 어리석은 판단에 의한 말 한 마디가 돌이킬 수 없는 큰 불행을 후손들에게까지 물려준 것입니다.

  사랑하는 성도들이여!
  여러분의 판단이 자신은 물론이요 후손들에게까지 큰 영향을 미치게 된다는 것을 기억하시고 모든 일을 믿음으로 하나님의 뜻에 합당하도록 판단하셔서 자신과 후손들이 하나님의 큰 은혜와 복을 받게 하시기를 축원합니다.

29. 어리석은 여로보암 왕

열왕기상 12:25-33

"여로보암이 에브라임 산지에 세겜을 건축하고 거기서 살며 또 거기서 나가서 부느엘을 건축하고 그의 마음에 스스로 이르기를 나라가 이제 다윗의 집으로 돌아가리로다 만일 이 백성이 예루살렘에 있는 여호와의 성전에 제사를 드리고자 하여 올라가면 이 백성의 마음이 유다 왕 된 그들의 주 르호보암에게로 돌아가서 나를 죽이고 유다의 왕 르호보암에게로 돌아가리로다 하고 이에 계획하고 두 금송아지를 만들고 무리에게 말하기를 너희가 다시는 예루살렘으로 올라갈 것이 없도다 이스라엘아 이는 너희를 애굽 땅에서 인도하여 올린 너희 신들이라 하고 하나는 벧엘에 두고 하나는 단에 둔지라 이 일이 죄가 되었으니 이는 백성들이 단까지 가서 그 하나에게 경배함이더라 그가 또 산당들을 짓고 레위 자손 아닌 보통 백성으로 제사장을 삼고 여덟째 달 곧 그 달 열다섯째 날로 절기를 정하여 유다의 절기와 비슷하게 하고 제단에 올라가되 벧엘에서 그와 같이 행하여 그가 만든 송아지에게 제사를 드렸으며 그가 지은 산당의 제사장을 벧엘에서 세웠더라 그가 자기 마음대로 정한 달 곧 여덟째 달 열다섯째 날로 이스라엘 자손을 위하여 절기를 정하고 벧엘에 쌓은 제단에 올라가서 분향하였더라"

솔로몬의 아들 르호보암이 백성을 전갈채찍으로 다스리겠다는 어리석은 말로 인하여 이스라엘 12지파 중에서 10지파가 여로보암을 왕으로 추대하고 북쪽에 이스라엘이라는 나라를 세웠는데 여로보암 역시

어리석은 짓을 하여 하나님의 진노를 샀으므로 '어리석은 여로보암 왕'이라는 제목으로 말씀을 전하겠습니다.

1. 여로보암은 백성을 믿지 못했습니다

솔로몬의 아들 르호보암이 덕(德)으로 나라를 다스리지 않고 무력으로 다스리겠다고 하여 백성들이 르호보암을 버리고 여로보암의 인격을 믿고 왕으로 추대하고 북쪽에 이스라엘 나라를 세우고 선정(善政)을 베풀어 줄 것을 기대하였으나 북쪽 이스라엘의 왕이 된 여로보암은 백성들을 믿지 않고 의심하였습니다.

이유는 백성들이 여호와의 절기를 지키기 위하여 여호와의 전이 있는 예루살렘으로 가면 마음이 변하여 자신을 배반하고 유다 왕 르호보암을 섬기게 될 것이라고 생각했기 때문입니다.

사람의 행복은 서로 믿고 사는데서 시작되며 불행은 다른 사람을 믿지 못하는데서 시작되는데 사람에게 의심을 받으며 사는 사람도 불행하지만 다른 사람을 의심하며 사는 사람은 더욱 불행한 사람으로 여로보암은 믿어야 할 백성을 믿지 못했습니다.

사람을 신뢰하지 못하고 의심하는 사람은 다른 사람이 자신을 해칠 것이라는 피해망상증에 사로잡혀 있으므로 불안과 공포가 마음을 사로잡음으로 마음에서 기쁨이 사라지고 불안과 공포가 지배하는 불행한 삶을 살게 되므로 사람을 믿지 못하여 불안함과 초조하므로 사는 것보다 서로 신뢰하며 기쁨으로 사는 것이 행복한 삶이 되는 것입니다.

사랑하는 성도들이여!

아무리 믿을 수 없는 악한 세상이라고 이웃을 믿지 못하여 불행하게 살지 마시고 선한 사람이 많다는 것을 기억하시고 이웃을 신뢰하며 또 하나님께서 지켜주신다는 약속을 믿으시고 기쁨으로 행복하게 사시기를 기원합니다.

2. 여로보암은 금송아지를 만들었습니다

 백성들이 자신을 배신할 것이라는 생각으로 고민하던 여로보암은 배신의 원인은 백성들이 하나님을 섬기기 위해 예루살렘으로 가는 데서 비롯될 것이라고 생각하고 백성들을 예루살렘으로 가지 못하게 하는 방법을 고안하여 벧엘과 단에 산당을 짓고 그 안에 금송아지를 만들어 놓고 백성들에게 "너희가 다시는 예루살렘으로 올라갈 것이 없도다 이는 너희를 애굽 땅에서 인도하여 올린 너희의 신들이라"고 하며 금송아지를 섬기라고 하였습니다.(왕상12:28)

 여로보암이 산당을 짓고 금송아지를 만들어 안치한 '벧엘'은 본래 '루스' 라는 곳으로 야곱이 형 에서를 피하여 외삼촌의 집으로 도망가다가 해가 져서 잠을 자다가 꿈에 하나님께서 "네가 어디로 가든지 너를 지키며 너를 이끌어 이 땅으로 돌아오게 하겠다"(창28:15)는 약속을 받고 야곱은 두려워하며 "이곳은 다름 아닌 하나님의 집이요 하늘의 문이로다"(창28:17)라고 하며 베고 자던 돌을 세우고 그 돌에 기름을 붓고 "내가 기둥으로 세운 이 돌이 하나님의 전이 될 것이요 하나님께서 내게 주신 모든 것에서 십분 일을 내가 반드시 하나님께 드리겠나이다"(창28:22)라고 서원한 거룩한 곳인데 이곳에 우상의 전각을 짓고 금으로 송아지 우상을 만들고 전각 안에 안치하고 백성들에게 금송아지 우상을 숭배를 하게 한 것은 하나님의 진노를 살 크나큰 범죄입니다.

또한 하나님께서 모세를 통하여 이스라엘 백성들을 애굽에서 이끌어내시고 시내산에 이르렀을 때 하나님께서 모세를 산으로 부르시고 "너는 나 외에는 다른 신들을 네게 두지 말라 너를 위하여 새긴 우상을 만들지 말고 또 위로 하늘에 있는 것이나 아래로 땅에 있는 것이나 땅 아래 물 속에 있는 것에 어떤 형상이든지 만들지 말며 그것들에게 절하지 말며 그것들을 섬기지 말라 나 네 하나님 여호와는 질투하는 하나님인즉 나를 미워하는 자의 죄를 갚되 아버지로부터 아들에게로 삼사 대까지 이르게 하거니와 나를 사랑하고 내 계명을 지키는 자에게는 천대까지 은혜를 베푸느니라"(출20:4-6)고 우상을 숭배하지 말 것을 엄하게 경고하시고 하나님을 잘 섬기면 천대까지 은혜를 베푸신다고 말씀하셨는데 여로보암이 금으로 송아지 우상을 만들어 놓고 섬기게 함으로 자신은 물론 백성들까지 하나님의 진노를 받게 하였습니다.

사랑하는 성도들이여!

여로보암과 같이 자기 신변의 안전과 물질과 명예와 출세에 대한 욕심에 미혹되어 우상에 빠지는 일이 없도록 조심하시고 하나님을 바르게 섬김으로 하나님께서 성도들에게 약속하신 은혜와 복을 받으시며 행복하게 살기를 기원합니다.

3. 제사장과 절기를 마음대로 정했습니다

벧엘과 단에 금으로 송아지를 만들어 놓은 여로보암은 금송아지를 숭배할 때에 제사를 집례할 제사장을 누구든지 원하는 사람은 자기의 마음대로 임명하였습니다.

제사장 직분은 레위 지파 사람만 하도록 하나님께서 명하신 성직

(聖職)임으로 "너는 아론과 그 아들들을 세워 제사장 직분을 행하게 하라 외인이 가까이 하면 죽임을 당할 것이니라"(민3:10)고 말씀하셨는데 여로보암은 레위 자손이 아닌 보통 사람을 제사장으로 임명하였으며 금으로 만든 송아지를 섬기게 하였으니 이스라엘 백성을 애굽에서 가나안으로 인도하신 하나님의 은혜를 배반한 것이므로 용서받지 못할 죄를 지은 것입니다.

또한 절기는 하나님께서 선민 이스라엘 백성들에게 지키도록 날을 정하여 명하셨으므로 사람이 날짜를 변경할 수 없는 것인데 여로보암은 백성들이 자신을 배반하지 못하게 할 목적으로 8월 15일을 절기로 정하여 지키게 하였는데 이는 하나님께서 명하신 장막절과 비슷한 시기에 맞추어 정한 것으로 남쪽 유다에서는 하나님께서 정해주신 장막절을 지키고 북쪽 이스라엘에서는 금송아지를 섬김으로 백성들이 장막절에 예루살렘으로 가려는 마음을 우상 숭배로 바꾼 것으로 하나님의 진노를 받게 되었습니다.

그러므로 하나님께서 하나님의 사람을 여로보암에게 보내셔서 경고하셨으나 여로보암이 하나님의 경고를 무시하고 계속하여 일반 사람으로 제사장을 삼아 우상을 섬기는 죄를 범하므로 하나님께서 이스라엘을 버린다고 말씀하셨습니다.(14:16)

사랑하는 성도들이여!

우리는 서로 믿고 존경하며 사랑으로 교제하며 우상의 요소가 되는 것은 모두 버리고 혹 죄를 지어 하나님의 경고를 받을 때는 지체하지 말고 즉시 회개하고 하나님만을 섬김으로 하나님의 사랑과 은혜와 복을 받으시기를 축원합니다.

30. 아사 왕의 개혁

열왕기상 15:9-15
"이스라엘의 여로보암 왕 제이십 년에 아사가 유다 왕이 되어 예루살렘에서 사십일 년 동안 다스리니라 그의 어머니의 이름은 마아가라 아비살롬의 딸이더라 아사가 그의 조상 다윗과 같이 여호와 보시기에 정직하게 행하여 남색하는 자를 그 땅에서 쫓아내고 그의 조상들이 지은 모든 우상을 없애고 또 그의 어머니 마아가가 혐오스러운 아세라 상을 만들었으므로 태후의 위를 폐하고 그 우상을 찍어 기드론 시냇가에서 불살랐으나 다만 산당은 없애지 아니하니라 그러나 아사의 마음이 일평생 여호와 앞에 온전하였으며 그가 그의 아버지가 성별한 것과 자기가 성별한 것을 여호와의 성전에 받들어 드렸으니 곧 은과 금과 그릇들이더라"

이스라엘 나라를 남과 북으로 갈라지게 한 르호보암의 뒤를 이어 아비얌이 왕이 되었으나 3년을 통치하다가 죽었으며 나라는 우상 숭배의 죄가 극에 달하고 특히 풍기가 극도로 문란해졌는데 아사가 왕이 되어 이 모든 것을 개혁하고 나라를 바르게 세웠으므로 '아사 왕의 개혁'이라는 제목으로 말씀을 전하겠습니다.

1. 아사는 여호와 보시기에 정직하였습니다
믿음의 조상을 말할 때 첫째는 아브라함이며 다음에는 다윗을 꼽는데 아사는 다윗 왕의 사대(四代) 손(孫)으로 좋은 믿음의 영향을 받으면서 성장했을 것으로 생각할 수 있지만 증조 할아버지인 솔로몬이 말년(末年)에 우상 숭배가 성행하기 시작하여 아사가 성장할 때는 극에 달하였으며 선왕인 아비얌의 왕후이며 아사 왕의 어머니인 마아가는 철저한 우상 숭배자였으므로 어머니의 영향으로 우상 숭배자가 되기 쉬웠을 것입니다.

그러나 아사는 어려서 배운 하나님의 말씀을 기억하고 우상 숭배를 하지 않고 하나님의 말씀을 철저하게 지켰으므로 하나님께서 다윗과 같이 정직하다고 아사의 믿음을 인정하셨습니다.

대부분의 사람들은 환경에 따라 사는 것을 당연하게 생각하여 예로부터 "성인(聖人)도 종(從) 세속(世俗)"이라 하여 환경을 거스르지 않고 따라가는 것을 지혜로 여겼고 그 길이 편안하기도 하여 잘못된 길인 것을 알면서도 따라가는 사람이 있는데 하나님을 믿는 사람들은 하나님의 뜻을 따르기 위하여 종세속(從世俗)하지 않고 하나님을 섬김으로 역행(逆行)하여 많은 핍박을 받았으며 또 순교를 당했습니다.

사랑하는 성도들이여!

세상에서 미움과 핍박을 당하며 손해를 보더라도 아사 왕과 같이 하나님께로부터 정직하다는 인정을 받으셔서 하나님의 은혜와 복을 받으시기를 기원합니다.

2. 아사 왕은 가정 윤리를 개혁하였습니다

사람이 짐승과 다른 점은 하나님께서 하나님의 형상대로 지으시고 지켜야 할 윤리를 주셨으므로 만약 사람이 윤리를 지키지 않으면 짐승과 다를 것이 없습니다.

인류 역사에 대재앙이 내려진 때를 살펴보면 사람들의 윤리가 극도로 문란해졌을 때 하나님께서 심판을 내리셨는데 노아 시대에는 신앙 윤리가 부패하여 하나님께서 홍수로 심판을 하셨으며 아브라함 시대에 소돔과 고모라도 윤리가 무너졌는데 특히 성 윤리(性倫理)가 극도로 문란하였기 때문에 소돔성과 고모라에 살던 모든 사람은 하나님께서 유황불로 심판을 하신 것입니다.

소돔성에 살던 롯과 두 딸은 아브라함의 간절한 기도로 인하여 구원을 받았으나 성 윤리에 대하여 무감각해진 그들이 아버지와의 불륜을 행하므로 모압과 암몬의 족속이 발생하여 선민 이스라엘과 적이 되었습니다. 아사가 왕이 되었을 때도 성 윤리가 극히 부패하였는데 성 윤리의 부패는 가정의 행복과 하나님께 대한 신앙 윤리도 무너뜨flam로 아사는 왕이 된 후 남색하는 자들을 국외로 추방하고 윤리를 개혁하였는데 가정 윤리가 무너지면 신앙 윤리도 함께 무너지게 되고 신앙 윤리가 무너지면 소돔과 고모라와 같이 하나님의 심판을 받게 되므로 개혁을 단행하였습니다.

가정 윤리가 바로 설 때 행복한 가정이 되며 정치 윤리가 바로 설 때 살기 좋은 나라가 되고 신앙 윤리가 바로 설 때 하나님의 은혜와 복을 받게 됩니다.

사랑하는 성도들이여!

가정 윤리를 잘 지키셔서 행복한 가정을 이루시고 신앙 윤리를 잘 지키셔서 하나님과의 관계를 바르게 유지하심으로 은혜와 복을 받으며 행복하게 사시기를 기원합니다.

3. 아사 왕은 종교 개혁을 단행하였습니다

극도로 부패한 윤리를 개혁한 아사 왕은 종교 개혁을 단행하였는데 예루살렘 성 앞산에 세워놓은 우상을 비롯하여 전국에 세워 놓은 모든 우상을 불살라버렸습니다.

이는 우상을 숭배하지 못하게 하기 위한 것이며 또한 우상은 신이 아니라 사람들이 만든 수공물(手工物)이며 하나님께서 모세를 통하여 십계명을 주실 때 두 번째 계명으로 우상을 만들거나 섬기지 말라고 하셨으며 이를 범하는 사람은 그 죄를 갚되 삼 사대에 이르게 하신다고 엄히 말씀하셨기 때문에 우상을 모두 기드론 시냇가로 가져다가 불살라 없앤 것인데 만약 우상을 없애지 않으면 사람들의 눈을 피해 은밀하게 섬기는 사람들이 있으므로 불살라 완전하게 없애버린 것입니다.

현재 우리나라에서는 조상들이 만들어 놓은 우상을 기념물이나 국보로 지정하여 보호하는데 관람하는 사람들 중에는 그 앞에서 합장 배례(合掌 拜禮)하는 이들이 있는데 이 세상에 존재하는 자연물은 모두 하나님께서 창조하신 피조물로 사람이 지배할 대상이며 우상은 사람이 만들어 놓은 것으로 섬길 가치가 전혀 없는 것이며 창조주이시며 인류의 생사화복을 주관하시는 하나님을 섬기지 않고 자연이나 우상을 섬기는 것은 하나님의 창조와 사랑에 대한 배신으로 하나님의 징계를 받게 됩니다.

사랑하는 성도들이여!

여러분 가정에 있는 모든 우상의 요소들을 없애 버리고 오직 하나님만을 온전하게 섬기심으로 하나님을 기쁘시게 하여 하나님의 은혜와 복을 받으시기를 기원합니다.

4. 마아가의 태후의 지위를 폐하였습니다

아사 왕은 어머니인 마아가의 태후(太后)의 지위를 박탈하였는데 어머니의 태후의 위를 폐한 것은 어머니께 불효한 것으로 생각할 수 있으나 이것이 진정한 효도입니다.

어머니가 우상을 만들어 놓고 섬기는 것을 그대로 두었다가 하나님의 진노를 사서 멸망을 받게 하는 것이 불효이며 태후의 위를 폐해서라도 우상을 숭배하지 못하게 하여 하나님의 진노를 면하게 하며 하나님을 섬기게 하여 하나님의 은혜와 복을 받으시게 하는 것이 올바른 효도입니다.

특별히 백성을 다스리는 왕의 입장에서 우상을 숭배하는 어머니의 태후 지위를 그대로 두고는 우상 숭배하는 것을 막을 수가 없으며 어머니가 우상을 숭배하는 것을 막지 않고는 백성들에게 우상 숭배를 하지 말라고 할 수도 없으며 하더라도 백성들이 왕의 말을 듣지 않을 것입니다. 만약 어머니에게 효도한다고 어머니가 우상 숭배하는 것을 그대로 두면 백성들에게 비난을 받을 뿐이요 백성들은 우상 숭배를 계속할 것이므로 아사 왕은 자신이 가정에서 우상 숭배 퇴치에 모범을 보인 것입니다.

사랑하는 성도들이여!

아사 왕의 신앙을 본받아 우상의 요소들을 모두 없애고 내 가정에서부터 개혁을 이루어 하나님 보시기에 정직하게 행하심으로 하나님의 은혜와 복을 받으시기를 축원합니다.

31. 사르밧 여인의 순종

열왕기상 17:8-16

"여호와의 말씀이 엘리야에게 임하여 이르시되 너는 일어나 시돈에 속한 사르밧으로 가서 거기 머물라 내가 그곳 과부에게 명령하여 네게 음식을 주게 하였느니라 그가 일어나 사르밧으로 가서 성문에 이를 때에 한 과부가 그곳에서 나뭇가지를 줍는지라 이에 불러 이르되 청하건대 그릇에 물을 조금 가져다가 내가 마시게 하라 그가 가지러 갈 때에 엘리야가 그를 불러 이르되 청하건대 네 손에 떡 한 조각을 내게로 가져 오라 그가 이르되 당신의 하나님 여호와의 살아 계심을 두고 맹세하노니 나는 떡이 없고 다만 통에 가루 한 움큼과 병에 기름 조금 뿐이라 내가 나뭇가지 둘을 주워다가 나와 내 아들을 위하여 음식을 만들어 먹고 그 후에는 죽으리라 엘리야가 그에게 이르되 두려워하지 말고 가서 네 말대로 하려니와 먼저 그것으로 나를 위하여 작은 떡 한 개를 만들어 내게로 가져오고 그 후에 너와 네 아들을 위하여 만들라 이스라엘의 하나님 여호와의 말씀이 나 여호와가 비를 지면에 내리는 날까지 그 통의 가루가 떨어지지 아니하고 그 병의 기름이 없어지지 아니하리라 하셨느니라 그가 가서 엘리야의 말대로 하였더니 그와 엘리야와 그의 식구가 여러 날 먹었으나 여호와께서 엘리야를 통하여 하신 말씀 같이 통의 가루가 떨어지지 아니하고 병의 기름이 없어지지 아니하니라"

북쪽 이스라엘의 아합 왕이 이방인 시돈 왕 엣바알의 딸 이세벨을 아내로 맞이하고 아내의 말에 따라 바알과 아세라상을 섬기며 하나님의 선지자를 죽임으로 하나님께서 삼 년 육 개월 동안 비를 주지 않으심으로 온 땅에 대기근이 임하였는데 사르밧에 사는 여인은 엘리야의 말에 순종하여 기근을 무사히 넘겼으므로 '사르밧 여인의 순종' 이라는 제목으로 말씀을 전하겠습니다.

1. 이 여인은 하나님께 인정받는 사람입니다

여로보암이 북왕국 이스라엘을 건국한 후에 '벧엘' 과 '단' 에 금송아지를 만들어 섬기게 하였는데(왕상12:28-31) 사르밧은 '단' 에서 가까운 곳이어서 다른 지역보다 금송아지를 섬기는 것이 더 성행했습니다. 이 여인은 남편을 잃고 어린 아들 하나를 데리고 어렵게 살면서 하나님을 믿었으므로 하나님께서 엘리야 선지자를 시돈으로 가라고 명하시고 그 여인으로 하여금 엘리야 선지자에게 음식을 주게 하신다고 말씀하신 것을 보면 이 여인은 하나님께 인정받는 특별한 믿음의 사람이었음을 알 수 있습니다.

엘리야 선지자가 "떡 한 조각을 내게로 가져 오라"고 했을 때 이 여인은 즉시 "당신의 하나님 여호와의 살아 계심을 가리켜 맹세하노니"라고 대답한 것을 보면 아합과 이세벨이 하나님을 섬기는 것을 금하고 바알과 아세라 우상을 섬기게 하던 때였으므로 하나님의 이름으로 맹세할 수 없는데도 거침없이 여호와의 이름으로 맹세한 것을 보면 핍박과 죽음을 두려워하지 않는 용기 있는 믿음을 가지고 있었으며 엘리야 선지자를 하나님의 사람으로 알아보는 영안(靈眼)이 열려 있는 사람이었음으로 하나님께서 그의 믿음을 어여쁘게 보시고 엘리야 선지자를 보내셔서 그 여인과 아들을 기근에서 보호해주신 것입니다.

그리고 물 한 방울과 떡 한 조각이 사랑하는 어린 아들의 생명과 연결된 상태에서 낯도 모르는 사람의 말을 듣고 제공할 수 있었던 것과 하나님께서 "내가 그 곳 과부에게 명령하여 네게 음식 을 주게 하였느니라"(왕상17:9)고 말씀하신 것을 보면 이 여인은 하나님께 기도하는 사람이었음이 분명합니다.

사랑하는 성도들이여!

어떤 핍박과 어려움을 당하더라도 하나님을 멀리하거나 낙심하지 말고 담대하게 하나님을 섬기며 기도하심으로 하나님께 인정받는 신앙으로 보호받으시기를 기원합니다.

2. 이 여인은 말씀에 순종하는 사람입니다

이 여인 남편은 죽었고 아들은 어리고 생활이 극히 어려워서 아들을 넉넉히 먹이지 못하므로 아들이 여위어 가는 모습을 볼 때 어머니의 마음은 찢어질 듯 아팠을 것이며 배불리 먹이는 것이 이 여인의 평생 소원이었을 것인데 이제는 한 번밖에 먹을 것이 없는 절박한 상황에서 나뭇가지를 주우면서 한 끼만 먹으면 죽을 날만 기다려야 된다는 것을 생각하면 눈물이 앞을 가려 보이는 것이 없었을 것이며 귀에 들리는 것도 없었을 것입니다.

망의 빛은 전혀 보이지 않고 절망의 먹구름이 가득 찬 마음으로 나뭇가지를 줍고 있는 여인 앞에 낯선 남자가 나타나서 "그릇에 물을 조금 가져다가 나로 마시게 하라"고 하는 소리를 들은 여인은 못들은 척하거나 아무 불평의 말도 하지 않고 묵묵히 물을 가지러 가는데 엘리야 선지자가 그 여인에게 "청하건대 네 손에 떡 한 조각을 내게로 가져

오라"고 염치도 없는 말을 하였을 때 여인은 "나는 떡이 없고 다만 통에 가루 한 움큼과 병에 기름 조금 뿐이라 내가 나뭇가지를 주워다가 나와 내 아들을 위하여 음식을 만들어 먹고 그 후에 죽으리라"고 힘없이 말하였습니다.

그런데 엘리야는 "그것으로 나를 위하여 작은 떡 한 개를 만들어 내게로 가져오고 그 후에 너와 네 아들을 위하여 만들라 이스라엘의 여호와의 말씀이 나 여호와가 비를 지면에 내리는 날까지 그 통에 가루가 떨어지지 아니하고 그 병의 기름이 없어지지 아니하리라"는 도무지 믿을 수 없는 말을 하였으나 이 여인은 조금도 의심하거나 망설이지 않고 엘리야의 말씀에 순종하였습니다.

이런 극한 상황에서 대부분의 사람들은 두 가지 모습으로 나타나게 되는데 대다수의 사람들은 싸우려고 덤벼들었을 것이며 좋은 면으로 생각한다면 한 끼 더 먹고 죽으나 덜 먹고 죽으나 마찬가지니 기왕 죽을 바에야 좋은 일이나 한 번 해보고 죽자는 생각일 것인데 이 여인은 후자를 선택하여 하나님의 종 엘리야 선지자의 말씀에 순종하므로 기근을 극복했습니다.

사랑하는 성도들이여!

어려움을 당할 때 낙심하지 말고 모든 일을 긍정적으로 생각하시고 하나님의 말씀에 귀를 기울여 말씀에 순종하여 하나님의 도우심으로 위기를 극복하시기를 기원합니다.

3. 더 큰 문제를 해결 받았습니다

사르밧 여인은 엘리야의 말씀, 즉 하나님의 말씀에 순종하므로 삼년 육 개월 동안의 오랜 기간에 독에 가루가 다하지 않고 병에 기름이 없어지지 않음으로 기근은 극복했는데 이 여인의 삶의 낙이요 소망인 아들이 갑자기 죽음으로 하늘이 무너지는 것 같은 고통과 슬픔에 잠기게 되었습니다.

여인은 미어지는 가슴을 안고 즉시 엘리야 선지자에게로 달려가서 "하나님의 사람이여 당신이 나와 더불어 무슨 상관이 있기에 내 죄를 생각나게 하고 또 내 아들을 죽게 하려고 내게 오셨나이까" 라고 부르짖어 호소하였습니다.

이 여인의 심정으로는 먹을 걱정을 하지 않고 몇 년을 더 살고 자식을 먼저 보내고 혼자 살아 남은 것보다 기근 때에 자식과 함께 굶어 죽은 것이 나았을 것이라는 절규입니다

이러한 여인의 차마 볼 수 없는 절규를 들은 엘리야 선지자는 죽은 아이를 다락으로 안고 올라가서 아이 위에 몸을 세 번 펴서 엎드리고 여호와께 "내 하나님 여호와여 원하건대 이 아이의 혼으로 그의 몸에 돌아오게 하옵소서"(왕상17:21)라고 부르짖어 기도하였을 때 하나님께서 그 아이를 다시 살아나게 하심으로 엘리야는 살아난 아이를 안고 다락에서 내려와 어머니에게 주며 "보라 네 아들이 살아났느니라"고 하였을 때 이 여인은 지금까지 누려보지 못한 더 큰 기쁨을 맛보며 하나님께 대한 신앙이 확고해졌습니다.

사랑하는 성도들이여!

극한 환난을 당해도 하나님의 말씀에 순종하심으로 하나님께 인정받는 믿음으로 여러분이 당하는 모든 문제를 해결 받으시고 더 큰 기쁨으로 하나님께 영광을 돌리시며 행복하게 사시기를 축원합니다.

32. 나는 어떤 사람인가?

열왕기상 18:1-6

"많은 날이 지나고 제삼년에 여호와의 말씀이 엘리야에게 임하여 이르시되 너는 가서 아합에게 보이라 내가 비를 지면에 내리리라 엘리야가 아합에게 보이려고 가니 그 때에 사마리아에 기근이 심하였더라 아합이 왕궁 맡은 자 오바댜를 불렀으니 이 오바댜는 여호와를 지극히 경외하는 자라 이세벨이 여호와의 선지자들을 멸할 때에 오바댜가 선지자 백 명을 가지고 오십 명씩 굴에 숨기고 떡과 물을 먹였더라 아합이 오바댜에게 이르되 이 땅의 모든 물 근원과 모든 내로 가자 혹시 꼴을 얻으리라 그리하면 말과 노새를 살리리니 짐승을 다 잃지 않게 되리라 하고 두 사람이 두루 다닐 땅을 나누어 아합은 홀로 이 길로 가고 오바댜는 홀로 저 길로 가니라"

어떤 사람들은 사람들의 특성을 동물에 비유하여 세 가지로 나누어 말하기를 자기의 유익을 위하여 남을 해롭게 하는 사람을 거미와 같은 사람으로, 남을 해하지 않으나 아무 유익도 주지 않는 사람을 개미와 같은 사람으로, 자기 일을 열심히 하면서 다른 사람을 유익하게 하는 사람을 꿀벌로 비유하여 말하는데 본문 말씀에는 네 종류의 사람이 등장하므로 이 사람들의 특성을 살펴보면서 '나는 어떤 사람인가' 라는 제목으로 말씀을 전하겠습니다.

1. 하나님을 대적하는 거미와 같은 이세벨

이세벨은 시돈 왕 엣바알의 딸로 이스라엘의 아합 왕과 결혼하여 왕비가 되어 아합 왕을 충동하여 북왕국 이스라엘의 수도인 사마리아를 비롯한 전국 각지에 시돈 사람이 섬기는 우상 바알과 아세라의 산당을 지어놓고 백성들에게 섬기게 하였으므로 엘리야 선지자가 아합에게 "내 말이 없으면 수년 동안 비도 이슬도 있지 아니하리라"(왕상17:1하)고 경고한 후에 이스라엘 땅에는 비가 내리지 아니하여 큰 기근이 시작되었습니다. 이세벨은 기근의 책임이 엘리야와 선지자들에게 있다고 생각하고 선지자들을 멸하려고 혈안이 되었는데 하나님의 사람인 선지자들을 멸하려고 하는 것은 하나님을 대적하는 것으로 이는 스스로 멸망의 길로 달려가는 매우 어리석고 용서받지 못할 죄를 저지르는 짓입니다.

엘리야 선지자를 통한 하나님의 경고를 받아들이고 우상의 전각을 헐어버리고 회개하고 하나님을 섬기면 하나님께 용서를 받고 모든 문제가 해결될 것을 오히려 선지자들을 죽이려고 하는 것은 거미와 같은 사람으로 하나님을 대적하는 악을 행하다가 이세벨은 비참하게 최후를 마쳤습니다.(왕하9:30-37)

사랑하는 성도들이여!

하나님께서 목회자를 통하여 경고하실 때 아멘으로 받아들이고 회개하심으로 용서를 받고 하나님이 약속하신 큰 은혜와 복을 받으시며 행복하게 사시기를 기원합니다.

2 사람보다 짐승을 먼저 생각한 아합

가뭄이 계속되므로 사람이나 짐승이나 먹을 것이 없어 큰 어려움을 겪게 되었는데 아합 왕은 궁내 대신 오바댜에게 "이 땅의 모든 물 근원과 모든 내(川)로 가자 혹시 풀을 얻으리라 그리하면 말(馬)과 노새를 살리리니 짐승을 다 잃지 않게 되리라"(왕상18:5)고 하면서 짐승을 위하여 물과 풀밭을 찾아 다녔습니다.

한 나라를 다스리는 왕이라면 자신을 위한 삶이 아니라 백성을 위하여 살아야 하는데 아합 왕은 기근을 당하여 백성들이 어떻게 살고 있는지에 대하여는 한 마디 말도 하지 않고 자신이 가지고 있는 말과 노새를 위하여 해결책을 찾아 동분서주(東奔西走)한 어리석은 왕이므로 신앙과 정치에 모두 실패하고 말았습니다.

현재도 다른 사람보다 자신의 재물을 더 소중하게 생각하여 재물을 모으려고 다른 사람의 인권이나 생명을 무시하는 사람들이 있으므로 사회를 어지럽히고 불안하게 만들기도 합니다.

사랑하는 성도들이여!

하나님께서 한 생명을 천하보다 귀히 여기신다는 것을 믿고 나의 재물보다 다른 사람의 인격과 생명을 존중히 여기며 하나님의 뜻을 따르는 성도가 되시기를 기원합니다.

3. 은밀하게 선을 행하는 오바댜

오바댜라는 이름은 '주의 종'이라는 뜻인 것으로 보아 믿음이 좋은 가문에서 태어났음을 알 수 있으며 오바댜의 직책이 궁내대신이므로 세속적으로 볼 때 부귀영화를 누릴 수 있는 좋은 위치에 있는 출세한 사람입니다.

그러나 그는 자신의 부귀영화보다 선지자들의 생명을 귀하게 여겨 이세벨이 선지자들을 죽일 때 오십 명씩 백 명을 굴에 숨기고 떡과 물을 공급해 주었는데(왕상18:13) 만약 그의 행한 일이 발각되면 오바댜는 물론 그의 가족은 물론 일가 친척까지 모두 죽임을 당할 수 있는 매우 위험한 일이었으나 이를 두려워하지 않고 실행한 것을 볼 때 그의 믿음이 얼마나 좋은가를 알 수 있습니다.

이와 같이 많은 선지자들을 숨겨두고 오래도록 보호하고 음식을 제공한 것은 자신에게 귀한 직분을 준 왕의 명령보다 하나님의 뜻을 따르는 것이 하나님께서 주신 귀한 사명임을 믿고 또 하나님께서 지켜주실 것을 믿었기 때문에 누가 알아주지 않고 또 극히 위험한 일인 줄 알면서도 은밀하게 선을 행한 것입니다.

세상에는 자신이 부귀영화를 누리기 위하여 하나님의 뜻을 저버리는 사람이 있는데 예를 들면 아간은 여리고 성을 점령하고 시날 산의 외투 한 벌과 은과 금을 탐내어 감추어 두어 아골 골짜기에서 죽임을 당하였고(수7) 엘리사의 제자 게하시는 하나님의 말씀을 무시하고 아람의 나아만 장군에게 예물을 받고 스승인 엘리사 선지자를 속임으로 문둥병자가 되었습니다.(왕하5)

사랑하는 성도들이여!

누가 알아주지 않아도 하나님의 뜻을 위하여 선을 행하심으로 하나님의 은혜와 사랑 안에서 보람된 삶을 사시고 주님께 의의 면류관을 받으시기를 기원합니다.

4. 오직 하나님의 일을 한 엘리야

엘리야는 성경에 기록된 선지자들 중에 모세와 더불어 가장 위대한 선지자로 꼽힙니다. 엘리야가 가장 위대한 선지자가 된 것은 하나님께로부터 큰 능력을 받았기 때문인데 하나님께서 엘리야에게 어느 선지자보다 큰 능력을 주신 것은 온전한 믿음으로 하나님의 뜻을 전하며 하나님께 영광을 돌렸기 때문입니다.

많은 사람들이 어떤 큰 일을 할 때는 자기 이름을 나타내기 위하여 많은 수단을 동원하는데 엘리야 선지자는 모든 일에 자신의 이름을 나타내지 않고 하나님께서 하시는 것으로 말하여 하나님께 영광을 돌렸으며 모든 기적을 베풀 때 자신이 한다고 말하지 않았는데 사르밧 과부에게 기적을 베풀 때에도 내가 해주겠다고 말하지 않고 "이스라엘의 하나님 여호와의 말씀이 나 여호와가 비를 지면에 내리는 날까지 그 통의 가루가 떨어지지 아니하고 그 병의 기름이 없어지지 아니하리라"(왕상17:14)고 하여 자신을 나타내지 않고 하나님께서 해주신다는 말씀으로 하였으며 말한 그대로 이루어졌는데 이는 엘리야의 전한 말씀이 하나님의 일을 한 것임을 증명한 것입니다. 그러므로 예수님께서 높은 산에 올라 가셔서 변형되셔서 모세와 말씀하실 때 엘리야 선지자도 함께 하는 영광을 받았습니다.(마17:1-8)

사랑하는 성도 여러분!

위에 말씀드린 네 사람들 중에 어떤 사람과 같이 살기를 원하십니까? 하나님을 대적한 이세벨이나 재물이나 부귀영화만을 위하여 산 어리석은 아합과 같은 사람이 되지 않도록 조심하시고 은밀하게 선을 행한 오바댜와 오직 하나님의 뜻을 따라 헌신한 엘리야 선지자를 본받으시기를 축원합니다.

33. 엘리사의 결단

열왕기상 19:19-21
"엘리야가 거기서 떠나 사밧의 아들 엘리사를 만나니 그가 열두 겨릿소를 앞세우고 밭을 가는데 자기는 열두째 겨릿소와 함께 있더라 엘리야가 그리로 건너가서 겉옷을 그의 위에 던졌더니 그가 소를 버리고 엘리야에게로 달려가서 이르되 청하건대 나를 내 부모와 입맞추게 하소서 그리한 후에 내가 당신을 따르리이다 엘리야가 그에게 이르되 돌아가라 내가 네게 어떻게 행하였느냐 하니라 엘리사가 그를 떠나 돌아가서 한 겨릿소를 가져다가 잡고 소의 기구를 불살라 그 고기를 삶아 백성에게 주어 먹게 하고 일어나 엘리야를 따르며 수종 들었더라"

사람의 성공 실패와 삶의 가치는 어떤 목표를 가지고 사는가에 따라 결정됩니다. 목표를 세우지 않고 되는 대로 살거나 목표를 정하고 계획을 세웠으나 실천하지 않으면 그 목표는 공상이 되므로 목표에는 반드시 결단을 하고 실천을 해야 결과가 나타나는데 엘리사가 어떻게 선지자가 된 과정과 그 결과에 대하여 '엘리사의 결단' 이라는 제목으로 말씀을 전하겠습니다.

1. 엘리사는 농부였습니다

엘리야 선지자는 갈멜산에서 바알 선지자 450명과 대결하여 승리하고 그들을 죽임으로 이세벨이 엘리야 선지자를 죽이려 하므로 (왕상18) 굴에 숨어 있다가 하나님께서 "다메섹으로 가서 하사엘에게 기름을 부어 아람의 왕이 되게 하고 또 님시의 아들 예후에게 기름을 부어 이스라엘 왕이 되게 하고 또 아벨므홀라 사밧의 아들 엘리사에게 기름을 부어 너를 대신하여 선지자가 되게 하라"(왕상19:15-16)고 말씀하심으로 하나님의 명령을 받은 엘리야 선지자는 즉시 아벨므홀라로 가서 열두 겨리 소로 밭을 갈고 있는 엘리사를 찾아가서 자기의 겉옷을 엘리사에게 던짐으로 후계자로 지명한다는 것을 표현하였습니다.

하나님께서 주신 모든 사명을 완수한 엘리야 선지자의 후계자를 하나님께서 세우실 때 많은 학식을 가지고 또 높은 지위에 있으므로 많은 사람들에게 존경받고 부러움을 사는 사람을 택하지 않으시고 천대 받는 농부인 엘리사를 택하신 것은 엘리사는 맡은 일에 최선을 다하는 부지런한 사람이었기 때문입니다.

예수님께서 제자들을 택하실 때도 세상 사람들에게 존경을 받지 못하는 직업을 가진 사람이라도 자신의 하는 일에 최선을 다하는 열심 있는 사람들을 택하셔서 사도로 세우셨고 이들이 예수님이 구세주 되심을 온 세계에 전파하였습니다.

사랑하는 성도들이여!

어떤 직업이든 죄가 되는 일이 아니라면 맡은 일에 최선을 다하심으로 하나님과 사람들에게도 인정받음으로 하나님의 택함을 받아 하나님께 쓰임 받으시기를 기원합니다.

2. 엘리사는 분별력과 결단력이 있었습니다

　엘리야 선지자는 갈멜산 대결에서 승리하였으나 아합 왕의 왕비인 이세벨이 자신을 죽이려고 찾자 광야로 피신하여 로뎀 나무 아래서 "여호와여 넉넉하오니 지금 내 생명을 거두시옵소서"(왕상19:4)라고 하나님께 생명을 거두어 가시기를 기도하고 잠을 자다가 천사가 주는 떡과 물을 먹고 사십 주야를 걸어서 호렙산으로 가서 굴에 머물러 있다가 하나님께서 "엘리사에게 기름을 부어 너를 대신하여 선지자가 되게 하라"고 하시는 말씀에 따라 엘리사를 찾아갔으니 엘리야 선지자의 모습은 엘리사를 비롯한 모든 사람이 볼 때 걸인(乞人)과 같았을 것입니다.

　열심히 밭을 갈고 있는 엘리사에게 걸인과 같은 사람이 나타나서 아무 말도 하지 않고 자기의 겉옷을 벗어 엘리사에게 던졌는데 엘리야 선지자의 이와 같은 행동을 엘리사는 "너는 내 제자가 되어 나의 직무를 이어 받으라"는 뜻임을 알고 자신에게 겉옷을 벗어 던진 이 초라한 옷차림을 한 사람이 갈멜산에서 바알 선지자들과 대결하여 승리한 엘리야 선지자임을 직감하고 소를 버려 두고 엘리야 선지자에게로 달려가서 "내 부모와 입 맞추고 당신을 따르겠다"는 말씀을 드리고 엘리야 선지자의 허락을 받고 즉시 집으로 달려가서 모든 일을 정리하고 엘리야 선지자를 따라가서 엘리야 선지자의 후계자가 되었습니다.

　외모만 보았다면 엘리야 선지자를 따를 수 없었으나 엘리사는 엘리야의 외모보다 그의 내면을 보고 선지자임을 알았기 때문에 지체하지 않고 엘리야 선지자를 따라나서기로 결단을 하였습니다.

　사랑하는 성도들이여!

　엘리사와 같이 하나님의 뜻을 분별하는 지혜를 받으셔서 하나님의 뜻을 깨닫고 지체하지 않고 순종하는 결단력을 가지심으로 하나님께 귀하게 쓰임 받으시기를 기원합니다.

3. 엘리사는 세상 것을 끊는 결단을 했습니다

밭을 갈던 엘리사는 엘리야 선지자를 따를 것을 약속하고 집으로 가서 소 한 겨리를 취하여 잡고 소의 기구를 불살라 소고기를 삶아서 동네 사람들에게 나누어주고 엘리야 선지자에게로 와서 수종을 들었습니다.

소를 잡고 소 기구를 불살라 고기를 삶아 동네 사람들에게 나누어주었는데 이는 옛 생활로 돌아가지 않기 위한 것으로 엘리야 선지자를 따르다가 혹 어려움이 생길 때 그 길을 포기하고 옛 농부의 생활로 돌아갈 수 있는 근거를 완전히 끊어버린 것이며 소를 잡아 고기를 동네 사람들에게 나누어 준 것은 자신이 농부의 생활을 청산하고 엘리야 선지자의 생도가 되어 하나님의 일꾼이 될 것을 많은 사람들에게 공포한 것으로 이 역시 어려움이 있을 때 자신의 마음이 변하는 것을 막기 위한 지혜로운 행동입니다.

금주나 금연을 하거나 단도박(도박을 끊는 것)을 하는 사람이 자신의 마음으로만 생각하고서는 성공하기가 어렵고 자신의 금주나 금연과 단도박을 하겠다고 많은 사람들에게 공포하고 주변 사람들에게 도움을 요청해야 성공할 수 있는 것과 같습니다.

예수님을 믿는 성도들도 세상의 유혹을 이기려면 자신이 하나님을 믿는 성도임을 밝혀야 하는데 처음에는 시험이 더 심하게 되기도 하지만 시험을 이기게 되면 시험하는 사람이 멀어집니다.

사랑하는 성도들이여!

과거의 잘못된 삶의 근원을 완전하게 단절할 것을 많은 사람 앞에서 공포하시고 시험을 극복하시며 예수님과 동행하시며 예수님께서 주신 사명을 감당하시기를 기원합니다.

4. 엘리사는 구한 대로 받았습니다

엘리야 선지자가 승천하기 전에 엘리사에게 "나를 네게서 데려감을 당하기 전에 내가 네게 어떻게 할지를 구하라"고 했을 때 엘리사는 "당신의 성령이 하시는 역사가 갑절이나 내게 있게 하소서"(왕하2:9)라고 하였는데 엘리야 선지자는 "나를 네게서 데려가시는 것을 네가 보면 그 일이 이루어지려니와 그렇지 아니하면 이루어지지 아니하리라"(왕하2:10)고 하여 엘리사는 엘리야를 끝까지 따랐으며 엘리야가 승천할 때 엘리사는 자기의 겉옷을 찢고 엘리야의 몸에서 떨어진 옷을 취한 후 많은 능력을 행하였습니다.

성경 말씀을 살펴보면 엘리야 선지자는 일곱 번의 기적을 행하였으며 엘리사는 열 네 번의 기적을 행하였으니 엘리사가 엘리야 선지자에게 구한 것이 그대로 이루어졌는데 이는 엘리사가 자신을 위하여 욕심으로 구한 것이 아니라 하나님의 뜻을 위하여 구하였기 때문에 엘리사가 구한 대로 하나님께서 주셨습니다.

사랑하는 성도들이여!

엘리사의 결단을 본받아 세상 욕망을 단절하고 하나님의 영광을 위하여 구하셔서 엘리사와 같이 하나님의 능력을 받아 주님께서 주신 사명을 감당하시기를 축원합니다.

34. 율법을 지키는 사람과 이용하는 사람

열왕기상 21:1-16
"그 후에 이 일이 있으니라 이스르엘 사람 나봇에게 이스르엘에 포도원이 있어 사마리아의 왕 아합의 왕궁에서 가깝더니 아합이 나봇에게 말하여 이르되 네 포도원이 내 왕궁 가까이 있으니 내게 주어 채소 밭을 삼게 하라 내가 그 대신에 그보다 더 아름다운 포도원을 네게 줄 것이요 만일 네가 좋게 여기면 그 값을 돈으로 네게 주리라 나봇이 아합에게 말하되 내 조상의 유산을 왕에게 주기를 여호와께서 금하실지로다 하니 이스르엘 사람 나봇이 아합에게 대답하여 이르기를 내 조상의 유산을 왕께 줄 수 없다 하므로 아합이 근심하고 답답하여 왕궁으로 돌아와 침상에 누워 얼굴을 돌리고 식사를 아니 하니 그의 아내 이세벨이 이르되 왕의 마음에 무엇을 근심하시나이까 왕이 그에게 이르되 내가 이스르엘 사람 나봇에게 말하여 이르기를 네 포도원을 내게 주되 돈으로 바꾸거나 만일 네가 좋아하면 내가 그 대신에 포도원을 네게 주리라 한즉 그가 대답하기를 내가 내 포도원을 네게 주지 아니하겠노라 하기 때문이로다(7-16 줄임)"

하나님께서 사람을 지으시고 법 없이 살도록 하셨으나 사람들이 욕심과 악한 마음으로 죄를 범하므로 하나님께서 법을 주셨는데 법을 순수하게 지키는 사람이 있는가 하면 법을 자신의 이익을 위하여 악용하는 사람이 있어 문제가 발생하기도 하므로 '법을 지키는 사람과 이용하는 사람' 이라는 제목으로 말씀을 전하겠습니다.

1. 율법을 온전히 지키는 사람이 있습니다

　북왕국 이스라엘의 수도인 사마리아의 왕궁 근처에 나봇이라는 사람의 포도원이 있었는데 아합 왕은 포도원이 탐이 나서 나봇에게 포도원을 팔든지 자신의 포도원과 바꾸자고 하였습니다.

　나봇은 왕의 명령이므로 거절하기가 어려운 일이었으며 또 자신의 토지를 넓히거나 출세할 수 있는 기회로 활용할 수도 있었으며 또한 아합 왕이나 왕비인 이세벨은 성품이 포악하기 때문에 왕의 요청을 거절하면 어떤 형벌이 임한다는 것을 모든 백성이 다 알고 있었으며 나봇도 왕의 무서운 형벌이 있을 것을 알고 있었지만 "토지를 영구히 팔지 말 것은 토지는 다 내 것임이니라"(레25:23)고 하신 하나님께서 주신 율법을 지키기 위하여 "내 조상의 유산을 왕에게 주기를 여호와께서 금하실지로다"(왕상21:3)라고 하며 왕의 요구를 나봇은 단호하게 거절하였습니다.

　나봇은 왕의 말보다 하나님의 말씀을 더 귀하게 여겼으며 사람이 주는 이익보다 하나님의 말씀을 지킴으로 하나님께로부터 받는 은혜를 더 귀하게 생각하는 믿음을 가지고 있었기 때문입니다.

　사랑하는 성도들이여!

　많은 손해와 어려움이 따를지라도 하나님의 말씀을 지키심으로 하나님께서 약속하신 은혜와 복을 받아 행복하게 사시기를 기원합니다.

2. 율법을 악용하는 사람이 있습니다

　나봇에게 포도원 매매나 교환을 요구했다가 거절당한 아합 왕은 식음을 전폐하고 침상에 누웠으니 이는 왕으로서 가지고 싶은 포도원을 갖지 못하게 된 것과 나봇이라는 미천한 농부에게 거절당한 것이 분하였기 때문입니다.

왕이 식음을 전폐하고 눕게 된 이유를 아합 왕에게서 들은 그의 아내 이세벨은 나봇이 하나님의 말씀을 내세우면서 포도원을 팔거나 교환할 수 없다고 한 것을 역으로 이용하기로 작정하고 아합의 이름으로 편지를 써서 나봇이 사는 성읍의 장로와 귀족들에게 보냈는데 그 편지 내용은 "금식을 선포하고 나봇을 재판자리에 앉히고 거짓 증인을 세워 나봇이 하나님과 왕을 저주하였다고 증언을 하게 하고 돌로 쳐 죽이라"는 것인데 이세벨은 "여호와의 이름을 모독하면 그를 반드시 죽일지니 온 회중이 그를 돌로 칠 것이니라"(레24:15-16)는 하나님의 율법을 자기의 목적을 위하여 이용(악용)하였습니다.

이세벨은 이와 같이 거짓 증인을 세워 죄 없는 나봇을 백성들로 하여금 돌로 쳐죽이게 하고 나봇의 포도원을 빼앗아 아합 왕에게 주었는데 이는 이세벨 자신은 물론 남편인 아합 왕까지 벗어날 수 없는 죄의 올무를 씌워 멸망의 늪으로 몰아넣는 가장 어리석고도 악랄한 죄를 저지른 것입니다.

하나님의 말씀인 율법은 하나님을 바르게 섬김으로써 하나님께서 약속하신 복을 받고 사람들 사이에 질서를 유지하여 약한 사람들을 보호하며 평안하고 행복하게 살 수 있도록 하기 위하여 하나님께서 모세를 시내산에서 부르셔서 40주야를 금식하게 하시고 주신 지극히 거룩한 법인데 이세벨은 이 성스러운 율법을 자기의 이익을 위하여 악용하여 하나님의 진노를 받았습니다.

지금도 하나님의 말씀과 하나님께서 주신 은사를 악용하여 선량한 성도들을 속이고 재물을 수탈하여 자신의 재산을 증식하는데 혈안이 된 현대판 이세벨이 난무하고 있으므로 성도들은 이런 거짓 목자들과 자칭 은사자들에게 속지 않도록 정신을 차려야 하며 사명을 받은 종들은 주님께서 맡겨 주신 양 무리를 이단에 빠지지 않도록 잘 지켜야 하며 또 양 무리가 잘못된 곳을 찾아가지 않도록 신령한 꼴을 항상 풍성하게 준비하여 배부르게 먹이며 목마르지 않도록 때를 따라 쉴 만한 물가로 인도하며 마음의 평안을 누리게 해야 합니다.

사랑하는 성도들이여!

하나님께서 주신 은사를 이익의 도구로 삼지 말고 바르게 이해하고 행하여 하나님의 뜻을 이루셔서 하나님께서 약속하신 은혜와 복을 계속 받으시기를 기원합니다

3. 악한 일에 이용당하는 사람이 있습니다

악한 이세벨의 편지를 받은 장로들과 귀인들은 즉시 재판 자리를 마련하고 백성들을 불러모으고 나봇을 죄인의 자리에 앉혀 놓고 "나봇이 하나님과 왕을 저주하였다"고 불량배 두 사람을 증인으로 세운 것은 하나님께서 사형에 대한 말씀을 하실 때 "죽일 자를 두 사람이나 세 사람의 증언으로 죽일 것이요 한 사람의 증언으로는 죽이지 말라"(신17:7)고 하신 말씀에 따라서 두 사람의 증인을 세워 이세벨이 하나님의 말씀을 철저하게 지키는 것같이 사람들을 속인 것인데 재판 자리에 모여든 백성들은 불량배들의 거짓 증언을 듣고 나봇이 하나님과 왕을 저주하였다는 것이 사실인 줄로 알고 죄 없는 나봇을 성 밖으로 끌고가서 돌로 쳐 죽인 것입니다.

이세벨은 이방인 시돈의 엣바알의 딸로 하나님을 믿지 않는 사람이므로 자기에게 있는 권세를 자기의 이익을 위하여 이용하여 악을 행하였으며 증인으로 나선 불량배들은 자기들의 이익을 위하여는 선악을 불문하고 어떤 짓이든 행하는 사람들이므로 간악한 이세벨이 의로운 나봇을 죽이는 악한 일을 하는데 조금도 마음에 거리낌 없이 이용을 당하였으며 나봇의 이웃에 사는 장로와 귀족들은 아합과 이세벨의 악한 청탁을 거절하지 못하고 이웃에서 정을 나누며 함께 살던 나봇은 의로운 사람인 줄 알면서도 이용을 당하였습니다.

이들은 자기들의 욕심을 채우기 위하여 율법을 악용하는 이세벨에게 이용을 당하여 율법을 지킨다고 율법을 범하는 살인죄를 저질렀으니 이들은 하나님 앞에 설 때에 왕후인 이세벨의 명령이라 거역할 수 없었노라고 변명을 할지라도 결코 용서받지 못하고 지옥의 영원한 형벌을 받게 됩니다.

사랑하는 성도들이여!

눈앞에 있는 이익 때문에 하나님의 말씀을 이용하거나 세상에서의 이익을 위하여 악한 일에 이용당하지 않도록 항상 조심하시고 어려움을 당해도 하나님의 말씀에 순종하셔서 하나님께서 약속하신 은혜와 복을 받으시기를 축원합니다.

35. 엘리야의 승천과 엘리사의 소명

열왕기하 2:8-14

"엘리야가 겉옷을 가지고 말아 물을 치매 물이 이리 저리 갈라지고 두 사람이 마른 땅 위로 건너더라 건너매 엘리야가 엘리사에게 이르되 나를 네게서 데려감을 당하기 전에 내가 네게 어떻게 할지를 구하라 엘리사가 이르되 당신의 성령의 하시는 역사가 갑절이나 내게 있게 하소서 하는지라 이르되 네가 어려운 일을 구하는도다 그러나 나를 네게서 데려가시는 것을 네가 보면 그 일이 네게 이루어지려니와 그렇지 아니하면 이루어지지 아니하리라 하고 두 사람이 길을 가며 말하더니 불수레와 불말들이 두 사람을 갈라놓고 엘리야가 회오리 바람으로 하늘로 올라가더라 엘리사가 보고 소리지르되 내 아버지여 내 아버지여 이스라엘의 병거와 그 마병이여 하더니 다시 보이지 아니하는지라 이에 엘리사가 자기의 겉옷을 잡아 둘로 찢고 엘리야의 몸에서 떨어진 겉옷을 주워 가지고 돌아와 요단 언덕에 서서 엘리야의 몸에서 떨어진 그의 겉옷을 가지고 물을 치며 이르되 엘리야의 하나님 여호와는 어디계시니이까 하고 그도 물을 치매 물이 이리 저리 갈라지고 엘리사가 건너니라"

성경에 기록된 사람 중에 죽음을 통하지 않고 살아서 하늘나라로 간 사람은 에녹과 엘리야 두 사람 뿐인데 에녹은 그의 생애나 승천에 관한 기록이 너무 간단하여 그가 어떻게 살았으며 승천할 때에 어떤 현상이 있었는지 알 수 없으나 엘리야의 승천과 더불어 엘리사의 소명의 장면이 자세하게 기록되었으므로 '엘리야의 승천과 엘리사의 소명'이라는 제목으로 말씀을 전하겠습니다.

1. 엘리야의 승천

1) 죽음보다 더한 고통을 이미 겪은 엘리야

엘리야 선지자는 모세 이후로 가장 어려운 시대에 태어나서 하나님의 부르심을 받아 가장 큰 일을 한 선지자인데 당시의 상황을 살펴보면 어리석은 아합 왕과 바알 숭배자이며 가장 악한 이세벨이 나라를 다스리던 때이므로 하나님의 선지자들을 박해하는 시대에 엘리야는 하나님의 소명(召命)을 받고 사명을 온전하게 이룬 특별한 선지자입니다.

특히, 갈멜산에서 바알 선지자 450명과 생명을 걸고 대결하여 그 누구도 예견하지 못한 대승리를 거둔 엘리야 선지자는 자신을 죽이려고 혈안이 되어 있는 이세벨을 피하여 광야로 들어갔습니다. 로뎀 나무 아래서 죽기를 원하여 "여호와여 넉넉하오니 지금 내 생명을 거두시옵소서 나는 내 조상들보다 낫지 못하니이다"(왕상19: 4)라고 하나님께 기도하고 잠을 자다가 천사가 주는 떡과 물을 마시고 천사의 말씀을 듣고 사십 주야를 걸어서 호렙산으로 가서 하나님께서 부르실 때까지 굴에 머물러 있었으므로 엘리야 선지자가 낙심한 것같이 보이나 낙심한 것이 아니라 자신에게 주어진 사명을 모두 완수하였으므로 이제 세상을 떠나도 아쉬움이나 부끄러울 것 없이 만족하다는 겸손함을 보인 것입니다.

엘리야 선지자가 하나님의 뜻을 위하여 죽음보다 더한 고난을 이미 겪었기 때문에 죽음을 보지 않고 승천하는 영광을 하나님께서 엘리야 선지자에게 주셨습니다.

사랑하는 성도들이여!

하나님의 뜻을 위한 고통을 믿음과 인내로 극복하시고 하나님의 영광에 참여하시기를 기원합니다.

2) 엘리야의 승천은 영원한 세계를 증명한 것

사람들은 하나님의 전지전능하심과 영원한 세계를 믿는다고 하면서도 온전히 믿지 못하므로 엘리야 선지자가 갈멜산에서 바알의 선지자 450명과 대결할 때도 백성들이 엘리야 선지자 편에 서지 못하고 중간에 머뭇거리고 있었으므로 엘리야 선지자는 "너희가 어느 때까지 둘 사이에서 머뭇머뭇 하려느냐 여호와가 만일 하나님이면 그를 따르고 바알이 만일 하나님이면 그를 따를지니라"(왕상18:21)고 책망하였습니다.

엘리야 선지자가 죽음을 보지 않고 승천하므로 하나님의 전지전능하심과 하늘나라에 대하여 반신반의(半信半疑)하는 사람들에게 하나님의 전지전능하심과 하늘나라의 실존(實存)을 분명하게 보여주tu서 하나님을 섬길 때 환난을 두려워하지 않고 담대하게 충성하라는 것입니다.

사랑하는 성도들이여!

우리는 엘리야와 같이 하나님의 살아계심과 하늘나라를 보여줄 수는 없어도 하나님의 말씀으로 변화된 모습을 사람들에게 보여줌으로써 많은 사람들을 주님께로 돌아오게 하는 전도인이 되시기를 기원합니다.

2. 엘리사의 소명

1) 엘리야 선지자를 끝까지 따른 결과

농부인 엘리사는 밭을 갈다가 엘리야 선지자의 부름을 받고 따라다

녔으나 엘리사를 비롯한 생도들에게는 하나님의 능력이 임할 증거가 나타나지 않았으나 엘리야 선지자를 따라나선 것을 후회하거나 불평하지 않고 끝까지 따랐습니다.

특히, 길갈에서 벧엘로 가면서 엘리야 선지자가 "너는 여기 머물라 여호와께서 나를 벧엘로 보내시느니라"고 하셨으나 엘리사는 "여호와께서 살아 계심과 당신의 영혼이 살아 있음을 두고 맹세하노니 내가 당신을 떠나지 아니하겠나이다"라고 하며 계속 따라갔으며 벧엘에서 여리고로 여리고에서 요단으로 갈 때도 역시 "너는 여기 머물라"고 하셨으며 다른 생도들도 엘리사에게 "여호와께서 오늘 당신의 선생을 당신의 머리 위로 데려가실 줄을 아시나이까?"라고 하며 따라가 봐야 헛된 일이 될 것이라는 뜻으로 말했으나 엘리사는 "너희는 잠잠하라"고 하면서 끝까지 따를 것을 말하고 포기하지 않았습니다.

하나님은 절대 변함이 없으시므로 성도가 신앙을 절대 포기하지 않으면 하나님께서 은혜와 은사와 사명을 주시며 받은 사명을 귀하게 여기고 충성하는 사람에게 더 귀한 사명을 주십니다.

사랑하는 성도들이여!

여러분의 믿음을 방해하거나 조롱하는 사람이 있을지라도 엘리사와 같이 믿음과 사명을 포기하지 않고 주님께 능력을 받아 귀하게 쓰임 받으시기를 기원합니다.

2) 능력 받은 엘리사

엘리야 선지자는 요단강을 건넌 후 엘리사에게 "나를 네게서 데려감을 당하기 전에 내가 네게 어떻게 할지를 구하라"고 하셨을 때 엘리사는 즉시 "당신의 성령의 하시는 역사가 갑절이나 내게 있게 하소서"라고 말씀을 드렸습니다.

　이 말을 들은 엘리야는 "네가 어려운 일을 구하는도다 그러나 나를 네게서 데려가시는 것을 네가 보면 그 일이 네게 이루어질 것"이라고 하며 길을 갈 때 갑자기 불수레와 불말들이 두 사람을 갈라놓고 엘리야 선지자는 회오리바람으로 하늘로 올라갔습니다.

　엘리사는 고대하던 성령이 자신에게 임한 증거가 없이 엘리야 선지자가 하늘로 올라가므로 엘리사는 하늘로 올라가는 엘리야 선지자를 향하여 안타까운 마음으로 "내 아버지여 내 아버지여 이스라엘의 병거와 그 마병이여"라고 소리를 지르며 자기 옷을 찢을 때 엘리야 선지자가 입고 있던 겉옷이 하늘에서 떨어졌습니다. 구하였던 능력은 받지 못하고 엘리야 선지자의 몸에서 떨어진 겉옷을 주워 가지고 힘없이 집으로 돌아가다가 요단강에 이르러 요단강을 건널 때 엘리야 선지자가 겉옷을 말아 요단강 물을 쳐서 가른 것을 생각하며 "엘리야의 하나님 여호와는 어디 계시나이까"라고 외치면서 엘리야 선지자의 겉옷으로 물을 쳤을 때 요단강 물이 갈라지므로 엘리사는 비로소 자기에게 성령이 임한 줄 알게 되었습니다.

　사랑하는 성도들이여!

　엘리사가 자신의 옷을 찢고 엘리야 선지자가 내려준 옷을 가지고 사명을 완수한 것같이 우리가 지금까지 입고 있던 구습에 찌든 옛사람의 옷을 벗어 버리고 주님이 주시는 새 사람을 입으시고 성령을 받아 충성하시기를 축원합니다.

36. 개천을 많이 파라

열왕기하 3:15-20

(3:4-14 참고) "이제 내게로 거문고 탈 자를 불러오소서 하니라 거문고 타는 자가 거문고를 탈 때에 여호와의 손이 엘리사 위에 있더니 그가 이르되 여호와의 말씀이 이 골짜기에 개천을 많이 파라 하셨나이다 여호와께서 이르시기를 너희가 바람도 보지 못하고 비도 보지 못하되 이 골짜기에 물이 가득하여 너희와 너희 가축과 짐승이 마시리라 하셨나이다 이것은 여호와께서 보시기에 작은 일이라 여호와께서 모압 사람도 당신의 손에 넘기시리니 당신들이 모든 견고한 성읍과 모든 아름다운 성읍을 치고 모든 좋은 나무를 베고 모든 샘을 메우고 돌로 모든 좋은 밭을 헐리이다 하더니 아침이 되어 소제 드릴 때에 물이 에돔 쪽에서부터 흘러와 그 땅에 가득하였더라"

이스라엘의 아합 왕이 죽은 후에 모압 왕 메사가 이스라엘을 배반하므로 이스라엘과 유다와 에돔이 연합하여 모압을 치기 위하여 진군하였으나 군사와 말을 먹일 물이 없으므로 위기를 당하여 엘리사 선지자에게 호소하므로 엘리사 선지자가 이곳에 개천을 많이 파라고 하여 말씀에 따라 개천을 많이 파서 문제를 해결하였으므로 '개천을 많이 파라' 는 제목으로 말씀을 전하겠습니다.

1. 개천을 많이 파야 할 이유

이 세상에 존재하는 모든 생명체는 물이 없으면 생명을 유지하지 못하므로 그 중요함을 강조하여 "물은 생명이다"라는 표현을 하기도 하는데 만물의 영장이라고 큰소리치는 사람도 열흘 동안 물을 마시지 않으면 탈수증으로 생명을 잃게 됩니다.

모압을 정벌하기 위하여 출정한 이스라엘과 유다와 에돔의 연합군이 진군한 지 칠일이 되었을 때 군사와 말에게 먹일 물이 없으므로 전쟁도 하기 전에 패망의 위기를 맞게 되었는데 이스라엘왕 여호람은 "여호와께서 이 세 왕을 불러모아 모압의 손에 넘기려 하시는도다"라고 어려움을 당할 때 자기는 책임을 회피하고 하나님께 책임을 돌리며 하나님을 원망하였는데 유다 왕 여호사밧은 "우리가 여호와께 물을 만한 여호와의 선지자가 여기 없느냐"고 하며 여호람과 에돔 왕과 함께 엘리사를 찾아가서 해결책을 호소하였으므로 엘리사 선지자가 여호람에게 "내가 당신과 무슨 상관이 있나이까 당신의 부친의 선지자들과 당신의 모친의 선지자들에게 가소서"(왕하3:13)라고 거절하였으나 세 왕은 상황의 위급함을 호소하며 해결책을 간청하므로 엘리사 선지자는 "여호와의 말씀이 이 골짜기에 개천을 많이 파라 하셨나이다"(왕하3:16)라고 하나님께서 해결책을 말씀하셨음을 전해주므로 연합군은 밤이 새도록 개천을 팠으며 새벽이 될 때 물이 흘러넘쳐 모든 군사와 말이 물을 마시고 기운을 얻어 전쟁에 승리하였습니다.

사랑하는 성도들이여!

하나님께서 성도들에게 어려움을 당하게 하심은 하나님의 전능하심을 믿고 기도의 개천을 파게 하심이니 믿음의 기도로 개천을 파셔서 해결받으시기를 기원합니다.

2. 우리가 파야할 개천은 무엇인가?

1) 믿음의 개천을 많이 파야

믿음은 하나님께서 선민에게 은혜로 주신 선물이며(엡2:8) 은사인데(고전12:9) 이 귀한 선물인 은사를 성도가 어떻게 사용하느냐에 따라 그 가치와 결과가 엄청난 차이가 납니다.

옛 속담에 "구슬이 서 말이라도 꿰어야 보배"라는 말과 같이 하나님께서 선물로 주신 믿음의 은사도 성도가 생활에 활용하지 않으면 믿음이 잠들고 또 소멸되고 또 잘못 사용하면 하나님의 영광을 가리게 되므로 바르게 사용해야 합니다.

믿음의 특징은 역사하는 것으로(살전1:3상) 죄를 깨닫게 하고 또 회개하게 하며 게으른 사람을 부지런하게 하며 미워하는 마음은 사랑하는 마음으로 바뀌게 하며 교만한 사람이 겸손한 사람으로 변하게 하는데 이는 믿는다는 말로 되는 것이 아니라 내가 하나님의 자녀이며 성도임을 생각하고 하나님의 말씀에 순종하며 모든 삶을 하나님께 맡겨야 합니다.

믿음의 개천을 파는 것은 곧 하나님의 약속하신 말씀을 믿고 묵상하며 순종하는 것입니다. 성도가 말씀을 읽지 않으면 믿음의 샘물은 솟아나지 않고 마르게 되므로 히브리서에는 "믿음은 바라는 것들의 실상이요 보지 못하는 것들의 증거니 선진들이 이로써 증거를 얻었느니라"(히11:1-2)고 말씀하셨습니다.

사랑하는 성도들이여!

믿음의 개천을 많이 파셔서 믿음의 샘물이 넘치게 하심으로 믿음의 역사를 체험하시기를 기원합니다.

2) 소망의 개천을 많이 파야

　요즘 젊은 사람들이 삶을 포기하고 스스로 세상을 떠나는 이들이 많으므로 안타까운 마음을 금할 수 없는데 세상을 떠나는 이유는 삶이 힘들어서 떠난다고 하지만 생각해보면 삶이 힘든 것보다 소망이 없다고 생각하기 때문입니다.

　소망을 가지고 일하는 사람은 어떤 일이라도 힘들다고 생각하지 않고 즐거움으로 하지만 소망이 없는 사람은 아무리 쉬운 일이라도 자신이 감당할 수 없는 무거운 짐으로 느끼기 때문입니다.

　그런데 중요한 것은 소망을 어디 두느냐입니다. 많은 사람들이 세상에 소망을 두기 때문에 실망을 하게 되는데 이는 소망을 잘못된 곳에 두었기 때문입니다. 우리가 파야 할 소망의 개천은 하나님께 두어야 하므로 하나님께서 "여호와 자기 하나님에게 자기의 소망을 두는 자는 복이 있도다"(시146:5)라고 말씀하셨는데 소망은 하나님께서 반드시 이루어 주신다는 약속입니다.

　사랑하는 성도들이여!

　여러분이 파고자 하는 소망의 개천은 어디입니까? 하나님께 소망을 두시고 믿고 실천하므로 소망의 개천을 많이 파셔서 소망의 샘물을 넘치도록 받으시기를 기원합니다.

3) 사랑의 개천을 많이 파야

　이 세상에서 가장 아름다운 것이 사랑이며 또한 영원한 것이 사랑이며 모든 사람을 하나로 묶을 수 있는 강한 줄도 사랑인데 물질 문명이 발달함에 따라 사람들의 마음에는 사랑이 식어지고 물질과 향락에 대한 열정이 뜨겁게 타오르고 있습니다.

하나님의 사랑으로 인하여 오신 예수님은 사랑의 십자가로 우리를 구원하셨으며 사도 바울을 통하여 사랑의 가치에 대하여 "내가 사람의 방언과 천사의 말을 할지라도 사랑이 없으면 소리나는 구리와 울리는 꽹과리가 되고 내가 예언하는 능력이 있어 모든 비밀과 모든 지식을 알고 또 산을 옮길 만한 믿음이 있을지라도 사랑이 없으면 내가 아무것도 아니요 내가 내게 있는 모든 것으로 구제하고 또 내 몸을 불사르게 내줄지라도 사랑이 없으면 내게 아무 유익이 없느니라"(고전13:1-3)고 말씀하셨는데 사랑은 나눌수록 불어나며 실천할 때 능력과 가치가 나타납니다.

사랑은 하나님께서 주신 제일 큰 은사이며(고전12:31) 사람의 삶을 가장 아름답게 하며 보람 있게 하며 모든 사람을 하나로 묶는 띠인데 가뭄이 심하면 얕은 우물이 마르듯 사랑을 마르게 하는 것이 있으니 욕심이라는 가뭄이 사랑의 샘을 마르게 하며 의심이 사랑의 샘을 마르게 하며 불만이 사랑의 샘을 마르게 하며 또한 게으름이 사랑의 샘을 마르게 하므로 믿음과 기도와 감사와 열심과 봉사와 인내라는 도구로 사랑의 개천을 깊이 파야 합니다.

깊은 우물은 극심한 가뭄에도 마르지 않는 것같이 어떤 상황에도 사랑의 샘물이 마르지 않도록 사랑의 개천을 많이 또 깊이 파서 주님 앞에 서실 때까지 사랑의 교제가 계속돼야 합니다.

사랑하는 성도들이여!

신앙생활은 믿음과 소망과 사랑의 개천을 파는 것이니 힘들더라도 개천을 많이 파서서 어떤 환난이라는 가뭄에도 마르지 않는 샘이 항상 솟는 삶이 되시기를 축원합니다.

37. 불행을 행복으로 바꾼 사람

열왕기하 4:1-7

"선지자의 제자들의 아내 중의 한 여인이 엘리사에게 부르짖어 이르되 당신의 종 나의 남편이 이미 죽었는데 당신의 종이 여호와를 경외한 줄을 당신이 아시는 바니이다 이제 빚준 사람이 와서 나의 두 아들을 데려가 종을 삼고자 하나이다 하니 엘리사가 그에게 이르되 내가 너를 위하여 어떻게 하랴 네 집에 무엇이 있는지 내게 말하라 그가 이르되 계집종의 집에 기름 한 그릇 외에는 아무것도 없나이다 하니 이르되 너는 밖에 나가서 모든 이웃에게 그릇을 빌리라 빈 그릇을 빌리되 조금 빌리지 말고 네 두 아들과 함께 들어가서 문을 닫고 그 모든 그릇에 기름을 부어서 차는 대로 옮겨 놓으라 하니라 여인이 물러가서 그의 두 아들과 함께 문을 닫은 후에 그들은 그릇을 그에게로 가져오고 그는 부었더니 그릇에 다 찬지라 여인이 아들에게 이르되 또 그릇을 내게로 가져 오라 하니 아들이 이르되 다른 그릇이 없나이다 하니 기름이 곧 그쳤더라 그 여인이 하나님의 사람에게 나아가서 말하니 그가 이르되 너는 가서 기름을 팔아 빚을 갚고 남은 것으로 너와 네 두 아들이 생활하라 하였더라"

사람은 누구나 행복하게 살기를 원하는데 세상 삶이란 사람이 마음먹은 대로 되지 않고 예상하지도 못한 극심한 어려움을 당하게 될 때 이를 극복하지 못하고 삶을 포기하는 사람이 있고 어떤 사람은 불행을 팔자라고 하면서 불행에 묻혀 되는 대로 살아가는 사람이 있는가 하면 어떤 사람은 불행을 극복하고 행복하게 사는 사람이 있는데 오늘 말씀에 불행을 극복한 여인에 대한 말씀이 기록되었으므로 '불행을 행복으로 바꾼 사람' 이라는 제목으로 말씀을 전하겠습니다.

1. 여호와를 경외하는 집에 불행이 왔습니다

사람들은 하나님을 잘 믿으면 만사가 형통하여 행복하게 살 수 있을 것이라고 생각하고 기대하지만 기대하는 대로 되지 않는 것이 인생의 삶입니다. 그러므로 많은 고난을 당한 욥을 통하여 "사람은 고생을 위하여 났으니 불꽃이 위로 날아가는 것 같으니라"(욥5:7)고 하셨으며 오늘 말씀에도 하나님의 은혜를 받은 엘리사 선지자의 제자의 집에도 견디기 어려운 불행한 일이 찾아왔습니다.

1) 선지자의 제자인 남편이 죽는 불행입니다

죽음이란 어느 누구도 피할 수 없는 일이지만 백세를 살아도 슬퍼하지 않는 사람은 없는데 본문에 기록된 엘리사 선지자의 제자는 하나님의 일을 하겠다고 엘리사 선지자를 따라 나선 젊은 사람인데 그는 꿈을 펴보지도 못하고 젊은 나이에 아내와 어린 두 아들을 두고 세상을 떠났으니 그의 아내는 가슴을 도려내는 것같이 마음이 아팠을 것이며 하늘이 무너지고 땅이 꺼지는 것 같이 앞이 캄캄했을 것은 너무도 당연한 일입니다.

이 여인은 험한 세상을 살아갈 용기와 소망을 잃어버리고 때로는 삶을 포기하려는 생각도 했을 것입니다 그러나 이 여인은 어린 두 아들에게 삶의 마지막 희망을 걸고 꿋꿋하게 살아가리라는 다짐을 하며 살았습니다.

2) 두 아들을 빼앗길 위기에 놓인 불행입니다

　남편의 죽음으로 인한 슬픔을 두 어린 아들들에게 희망을 가짐으로 슬픔을 극복하려는 순간 빚을 준 채주가 와서 두 아들을 데려다가 종으로 삼겠다는 청천벽력과 같은 말을 한 것입니다.

　빚을 지게 된 이유는 밝혀지지 않았으나 아마도 남편의 치료비와 장례비용이나 생활고로 인하여 빚을 졌을 것으로 추측되는데 채주가 두 아들을 빼앗아가겠다는 말은 남편이 죽었을 때 슬픔보다 이 여인의 마음이 더 아팠을 것입니다.

　이 여인은 채주에게 조금만 더 참아 달라고 애원도 했을 것이며 또 친지들을 찾아다니며 도움을 요청도 해 보았지만 그를 도와주는 사람은 아무도 없었으므로 자식을 빼앗길 위기에 처하게 되어 이 여인은 위기를 극복할 길을 찾아 나섰습니다

　사랑하는 성도들이여!

　하나님을 믿어도 불행은 찾아오는데 불행을 피하지 마시고 믿음으로 극복하시기를 기원합니다.

2. 불행은 끝나고 행복의 문이 열렸습니다

1) 기쁜 소식을 들었습니다

　절망적인 상황에서 몸부림치던 이 여인은 긴 장마에 햇빛을 보는 것 같은 기쁜 소식을 듣게 되었는데 죽은 남편의 스승인 엘리사 선지자가 가까이에 있다는 소식을 듣게 되었습니다. 이는 엘리야 선지자 때에 삼 년 반 동안 가뭄 후에 비가 온다는 소식보다도 더 기쁜 소식으로 이 여인에게는 복음이었으니 지금까지의 슬픔의 눈물을 거두고 엘리사

선지자가 있는 곳을 찾아갔습니다. 엘리사 선지자를 만나면 모든 문제가 해결될 것을 믿었기 때문입니다.

2) 엘리사 선지자에게 부르짖었습니다

여인은 엘리사 선지자가 있는 곳으로 한 걸음에 달려가서 엘리사 선지자의 제자였던 자기의 남편이 죽었다는 슬픈 소식과 남편이 살았을 때 하나님을 경외한 것과 채주가 두 아들을 빼앗아다가 종을 삼으려 한다는 이야기를 했습니다.

엘리사 선지자는 여인의 눈물의 호소를 듣고 "내가 너를 위하여 어떻게 하랴 네 집에 무엇이 있는지 내게 말하라"고 하였으며 여인은 지체하지 않고 "계집종의 집에 기름 한 그릇 외에는 아무것도 없나이다"라고 솔직하게 말하니 엘리사 선지자는 "모든 이웃에게 그릇을 빌리라 조금 빌리지 말고 너는 네 두 아들과 함께 들어가서 문을 닫고 그 모든 그릇에 기름을 부어서 차는 대로 옮겨 놓으라"는 어이없는 말을 했는데도 이 여인은 엘리사 선지자의 말을 의심하지 않고 믿고 집으로 돌아갔습니다.

사랑하는 성도들이여!

하나님의 말씀과 능력에는 제한이 없음을 믿는 이 여인의 믿음을 본 받으셔서 여러분이 삶 속에서 당하는 든 어려운 일을 목회자와 상의하시고 함께 하나님께 부르짖으셔서 모든 문제를 해결 받는 역사를 체험하시기를 기원합니다.

3) 여인은 엘리사 선지자의 말씀대로 순종하였습니다

인간의 경험과 세상 이치로는 말도 안 되는 것이지만 여인은 즉시 집으로 가서 이웃을 찾아다니며 그릇을 많이 빌려다가 선지자의 말대로 문을 닫고 집에 있던 기름을 빌려온 그릇에 부었는데 빌려온 모든 그릇에 가득 차는 기적이 일어났습니다.

여인은 엘리사 선지자에게로 달려가서 이 기적의 사실을 말하니 엘리사 선지자는 "너는 가서 기름을 팔아 빚을 갚고 남은 것으로 너와 네 두 아들이 생활하라"고 하므로 이 여인은 엘리사 선지자의 말대로 기름을 팔아 빚을 갚고 다시는 빚쟁이한테 시달리지 않고 행복하게 살았을 것이니 이는 믿고 순종한 결과입니다 그런데 이 여인의 행복은 빚을 갚은 것이나 물질이 풍성함으로 인한 행복보다는 하나님의 능력으로 모든 문제가 해결된 것 즉 하나님의 능력을 체험한 것이 평생 잊을 수 없는 큰 기쁨을 가지고 사는 행복한 삶으로 변화되었습니다.

불행을 면하려고 죽음이라는 극단의 방법을 택하는 사람들이 있는데 하나님께서는 모든 사람이 행복하게 사는 길과 불행을 행복으로 바꾸는 지혜와 방법을 성경에 기록해 주셨으니 "사람이 감당할 시험 밖에는 너희가 당한 것이 없나니 오직 하나님은 미쁘사 너희가 감당하지 못할 시험 당함을 허락하지 아니하시고 시험 당할 즈음에 또한 피할 길을 내사 너희로 능히 감당하게 하시느니라"(고전10:13)고 하시고 또한 "너희 염려를 다 주께 맡기라 이는 그가 너희를 돌보심이라"(벧전5:7)고 말씀하셨습니다.

사랑하는 성도들이여!

어려움을 당할 때 좌절하지 말고 하나님께 고백하고 맡기시며 하나님의 말씀에 인내로 순종하며 최선을 다하셔서 하나님께서 역사하심으로 불행을 행복으로 바꾸어 과거보다 더 행복하게 사시기를 축원합니다.

38. 하나님의 영광을 위하여 하라

고린도전서 10:23-33

"모든 것이 가하나 모든 것이 유익한 것이 아니요 모든 것이 가하나 모든 것이 덕을 세우는 것은 아니니 누구든지 자기의 유익을 구하지 말고 남의 유익을 구하라 무릇 시장에서 파는 것은 양심을 위하여 묻지 말고 먹으라 이는 땅과 거기 충만한 것이 주의 것임이라 불신자 중 누가 너희를 청할 때에 너희가 가고자 하거든 너희 앞에 차려 놓은 것은 무엇이든지 양심을 위하여 묻지 말고 먹으라 누가 너희에게 이것이 제물이라 말하거든 알게 한 자와 그 양심을 위하여 먹지 말라 내가 말한 양심은 너희의 것이 아니요 남의 것이니 어찌하여 내 자유가 남의 양심으로 말미암아 판단을 받으리요 만일 내가 감사함으로 참여하면 어찌하여 내가 감사하는 것에 대하여 비방을 받으리요 그런즉 너희가 먹든지 마시든지 무엇을 하든지 다 하나님의 영광을 위하여 하라 유대인에게나 헬라인에게나 하나님의 교회에나 거치는 자가 되지 말고 나와 같이 모든 일에 모든 사람을 기쁘게 하여 자신의 유익을 구하지 아니하고 많은 사람의 유익을 구하여 그들로 구원을 받게 하라"

오늘은 우리 민족이 조상 대대로 지켜온 우리 민족 최대의 명절인 한가위입니다. 우리 조상들은 명절이 되면 돌아가신 조상들께 차례를 드렸는데 우리 기독교인들은 명절을 맞이하면 어떻게 지내야하는가를 본문 말씀을 통하여 '하나님의 영광을 위하여 하라' 는 제목으로 말씀을 전하겠습니다.

1. 자기 유익보다 남의 유익을 구해야

　명절이 되면 모든 사람이 즐겁게 보내는데 우리 기독교인들은 "누구든지 자기의 유익을 구하지 말고 남의 유익을 구하라"고 하신 말씀에 따라 자신들의 즐거움보다 다른 사람들의 고통을 돌아보며 위로하고 도와주며 함께 즐기는 명절이 되도록 해야 합니다.

　자기의 유익을 구하는 사람들은 미워하는 마음이 힘을 얻어 시기와 질투를 하는 반면 다른 사람의 유익을 구하며 사는 사람들은 사랑의 마음이 힘을 얻어 서로 신뢰하며 살게 되어 이 땅에서 하나님의 뜻을 따라 살게 되어 하나님의 나라를 이루게 되므로 하나님의 영광을 위하는 행복하고 보람된 삶이 됩니다.

　자기의 유익을 구하는 것은 재물을 많이 소유하고 자신의 즐거움만 누리기 위한 것인데 하나님께서 솔로몬을 통하여 "흩어 구제하여도 더욱 부하게 되는 일이 있나니 과도하게 아껴도 가난하게 될 뿐이니라 구제를 좋아하는 자는 풍족하여질 것이요 남을 윤택하게 하는 자는 윤택하여 지리라"(잠11:24-25)고 하셨으며 "주라 그리하면 너희에게 줄 것이니 곧 후히 되어 누르고 흔들어 넘치도록 하여 너희에게 안겨 주리라"(눅6:38상)고 예수님께서 다른 사람에게 베풀 것을 말씀하셨는데 이는 곧 다른 사람의 유익을 구하라는 말씀입니다.

　사랑하는 성도들이여!

　자기의 유익을 구하는 것은 사람을 멀어지게 하는 것이며 하나님의 영광을 가리는 것이니 다른 사람의 유익을 구하심으로 사람을 가까이 오게 하여 사랑으로 교제하여 하나님께 영광을 돌리시기를 기원합니다.

2. 남에게 판단을 받지 않도록 해야

하나님께서 사람을 지으시고 다른 동물들과 달리 언어(言語)를 선물로 주셔서 하나님을 찬양할 수 있게 하셨고 사랑으로 교제하며 서로 협력하여 문명사회도 이루게 하셨습니다.

이러한 귀중한 말을 잘못 사용하면 친구가 원수가 되기도 하며 또 말을 잘 사용하면 원수라도 친구가 되기도 하므로 옛날부터 "말 한마디로 천냥 빚을 갚는다"고 하였는데 바꾸어 말하면 "말 한마디로 천냥 빚을 지게 된다"는 말이 됨을 명심해야 합니다.

특히, 하나님을 믿지 않는 사람들은 예수님을 믿는 성도들이 선(善)을 행할 때 이를 당연한 것으로 생각하여 칭찬을 하지 않으면서도 자기들 보기에 조금이라도 잘못된 것이나 부족하다고 생각되면 있는 그대로가 아니라 침소봉대(針小棒大)하여 비방하므로 성도는 불신자들에게 잘못 보이는 것이 없는지 시시 때때로 자신을 살펴보아야 합니다.

그리고 다른 사람이 나를 판단할 때 시시비비(是是非非)를 가리려고 다투지 말고 나 자신을 돌아볼 기회를 준 것으로 생각하여 고맙게 여기며 선으로 대하여야 합니다. 그러므로 사도 바울을 통하여 "네 원수가 주리거든 먹이고 목마르거든 마시게 하라 그리함으로 네가 숯불을 그 머리에 쌓아 놓으리라"(롬12:20)고 하시며 이것이 선으로 악을 이기는 것이라고 하셨습니다.(롬12:21)

사랑하는 성도들이여!

성도가 판단을 받으면 하나님의 영광을 가리게 되므로 항상 자신을 돌아보아 판단을 받지 않음으로 하나님께 영광을 돌리며 사시기를 기원합니다.

3. 아멘하여 하나님께 영광을 돌려야

성도가 하나님께 영광을 돌리는 것이 여러 가지가 있는데 성도 누구나 할 수 있는 것은 할렐루야와 아멘으로 할렐루야는 하나님을 찬양하라는 뜻이며 아멘은 "진실입니다 또는 그대로 되기를 원합니다" 라는 뜻으로 하나님의 말씀을 들을 때 아멘하는 것은 "그 말씀이 진실입니다 그 말씀대로 되기를 원합니다" 라는 것으로 설교 말씀을 들을 때 듣기만 하는 것이 아니라 설교를 들으면서 응답을 하라는 말씀으로 설교는 설교하는 사람의 말이 아니라 설교하는 사람을 통하여 주시는 하나님의 말씀이기 때문입니다.

그러므로 바울을 통하여 "그런즉 우리가 쉬지 않고 감사함은 너희가 우리에게 들은 바 하나님의 말씀을 받을 때 사람의 말로 받지 아니하고 하나님의 말씀으로 받음이니 진실로 그러하다 이 말씀이 또한 너희 믿는 자 속에서 역사하느니라"(살전2:13)고 하셨으며 또한 "하나님의 약속은 얼마든지 그리스도 예수 안에서 예가 되니 그런즉 우리가 아멘하여 하나님께 영광을 돌리게 되느니라"(고후1:20)고 하셨습니다

사랑하는 성도들이여!

성도의 본분은 하나님께 영광을 돌리는 것임을 명심하시고 아멘하여 하나님께 영광을 돌리심으로 하나님을 기쁘시게 하고 하나님의 은혜와 복을 받으시기를 기원합니다.

4. 모든 사람에게 구원의 선물을 전해야

명절이 되면 사람들은 웃어른이나 자녀들에게 선물을 하는데 그 선물이 부담이 될 때도 있으며 또 그 사람에게 맞지 않으므로 쓸모없는

것이 될 때도 있으나 구원은 누구나 필요한 것으로 반드시 받아야 할 가장 귀한 선물입니다.

우리 예수님께서 이 구원의 선물이 모든 사람에게 전달되기를 원하셔서 승천하시기 전에 "너희는 온 천하에 다니며 만민에게 복음을 전파하라"(막16:15)고 말씀하셨으며 사도 바울을 통하여 "너는 말씀을 전파하라 때를 얻든지 못 얻든지 항상 힘쓰라"(딤후4:2)고 하셨으며 또 "사랑하는 자들아 주께는 하루가 천년 같고 천년이 하루 같다는 이 한 가지를 잊지 말라 주의 약속은 어떤 이들이 더디다고 생각하는 것 같이 더딘 것이 아니라 오직 주께서는 너희를 대하여 오래 참으사 아무도 멸망하지 아니하고 다 회개하기에 이르기를 원하시느니라"(벧후3:8-9)라고 사도 베드로를 통하여 말씀하셨습니다.

사랑하는 성도들이여!

명절을 맞이하여 가족과 친지들에게 어떤 선물을 준비하셨습니까? 값을 많이 주고 마련한 선물보다 구원이라는 가장 값있고 누구에게나 필요한 선물을 준비하셔서 가족과 친척과 이웃들에게 나누어주어 가정과 지역을 복음화하심으로 하나님께 영광을 돌리는 가장 보람 있는 명절로 지키시기를 축원합니다.

39. 나병을 고침 받은 사람

열왕기하 5:8-14

"하나님의 사람 엘리사가 이스라엘 왕이 자기의 옷을 찢었다 함을 듣고 왕에게 보내 이르되 왕이 어찌하여 옷을 찢었나이까 그 사람을 내게로 오게 하소서 그가 이스라엘 중에 선지자가 있는 줄을 알리이다 하니라 나아만이 이에 말들과 병거들을 거느리고 이르러 엘리사의 집 문에 서니 엘리사가 사자를 그에게 보내 이르되 너는 가서 요단 강에 몸을 일곱 번 씻으라 네 살이 회복되어 깨끗하리라 하는지라 나아만이 노하여 물러가며 이르되 내 생각에는 그가 내게로 나아와서 그의 하나님 여호와의 이름을 부르고 그의 손을 그 부위 위에 흔들어 나병을 고칠까 하였도다 다메섹 강 아바나와 바르발은 이스라엘 모든 강들보다 낫지 아니하냐 내가 거기서 몸을 씻으면 깨끗하게 되지 아니하랴 하고 몸을 돌려 분노하여 떠나니 그의 종들이 나아와서 말하여 이르되 내 아버지여 선지자가 당신에게 큰 일을 행하라 말하였더면 행하지 아니하였으리이까 하물며 당신에게 이르기를 씻어 깨끗하게 하라 함이리이까 하니 나아만이 이에 내려가서 하나님의 사람의 말대로 요단 강에 일곱 번 몸을 잠그니 그의 살이 어린 아이의 살 같이 회복되어 깨끗하게 되었더라"

이스라엘의 적국인 아람의 나아만 장관이 나병(문둥병)이 들었는데 이스라엘에서 잡아온 아내의 여종이 이스라엘에 있는 선지자에게 가면 나병을 고칠 수 있을 것이라고 하여 엘리사 선지자를 찾아가서 병을 고쳤으므로 '나병을 고침 받은 사람' 이라는 제목으로 말씀을 전하겠습니다.

1. 나아만 장관은 어린 여종의 말을 믿었습니다

 이스라엘에서 포로로 잡아온 어린 소녀는 나아만 장관의 집에서 나아만의 아내에게 수종을 드는 종이 되었는데 나아만 장관이 나병환자라는 것을 알고 "우리 주인이 사마리아에 계신 선지자 앞에 계셨으면 좋겠나이다 그가 그 나병을 고치리이다"(왕하5:3)라고 여주인에게 전하였는데 이는 나아만 장관에게는 복음이었으므로 나아만은 아내를 통하여 이 말을 들은 즉시 왕에게 고하고 허락을 받아 사마리아로 엘리사 선지자를 찾아갔습니다.

 옛날부터 나병은 불치의 병으로 나병에 걸린 사람은 저주를 받은 것으로 생각했기 때문에 나병에 걸리면 될 수 있는 대로 사람들에게 알려지지 않도록 숨겼으므로 나아만 장관도 나병을 숨기고 장관직을 수행하였는데 병을 고칠 수 있다는 어린 여종의 말을 믿고 자신의 병을 왕에게 고하고 사마리아로 가게 되었는데 만약 나병을 고치지 못하면 군대장관직에서 물러나야 함에도 왕에게 고한 것은 물에 빠진 사람이 지푸라기라도 잡는다는 말과 같이 나병을 고칠 수 있다는 어린 여종의 말을 조금도 의심하지 않고 확신했기 때문입니다.

 사랑하는 성도들이여!

 말씀을 전하는 사람의 모습을 보고 믿지 마시고 복음의 능력을 의심 없이 믿으시기를 기원합니다.

2 나아만은 엘리사의 말을 믿지 못했습니다

 나아만은 아람 왕의 편지와 많은 예물을 가지고 사마리아로 가서 이스라엘 왕 여호람에게 아람 왕의 편지를 전하였는데 그 편지의 내용은

"내가 내 신하 나아만을 당신에게 보내오니 이 글이 당신에게 이르거든 당신은 그의 나병을 고쳐주소서"(왕하5:6)라는 것이므로 이 편지를 받은 이스라엘 왕은 아람 왕이 이스라엘을 침략하기 위한 구실을 삼기 위한 것으로 오해하고 자기 옷을 찢으며 "내가 사람을 죽이고 살리는 하나님이냐 그가 어찌 사람을 내게로 보내 그의 나병을 고치라 하느냐 너희는 깊이 생각하고 저 왕이 틈을 타서 나와 더불어 시비하려 함인 줄 알라"(왕하5:7)고 탄식하였습니다.

엘리사 선지자는 이 소식을 듣고 "왕이 어찌하여 옷을 찢었나이까 그 사람을 내게로 오게 하소서 그가 이스라엘 중에 선지자가 있는 줄을 알리이다"(왕하5:8)라고 하여 이스라엘 왕 여호람은 아람에서 온 나아만 장관을 엘리사 선지자에게로 보냈습니다.

나아만 장관은 말들과 병거들을 거느리고 엘리사 선지자의 집에 이르렀는데 엘리사 선지자는 나오지도 않고 사환을 내보내어 나아만에게 "너는 가서 요단 강에 몸을 일곱 번 씻으라 네 살이 회복되어 깨끗하리라"(왕하5:10)고 전하였으며 이 말을 들은 나아만은 화가 나서 "다메섹 강 아바나와 바르발은 이스라엘 모든 강물보다 낫지 아니하냐 내가 거기서 몸을 씻으면 깨끗하게 되지 아니하랴"(왕하5:12)고 하며 아람으로 돌아가려 하였습니다.

엘리사 선지자가 요단 강에서 몸을 일곱 번 씻으라고 한 것은 요단 강은 이스라엘의 거룩한 강이며 몸을 씻는 것은 나병환자의 정결 예법이며(레14:8-9) 일곱은 거룩한 수로 하나님의 완전성을 뜻하며 나병의 치료는 사람의 의술이나 방법이 아니라 오직 하나님의 능력을 믿고 순종하여 고칠 수 있는 것인데 나아만은 사람의 방법으로 고치는 줄로 생각했기 때문입니다.

사랑하는 성도들이여!

신앙생활은 사람의 방법으로 하는 것이 아니라 하나님의 말씀과 약속을 믿고 순종하는 것임을 기억하시고 하나님의 말씀과 방법을 무조건 믿고 순종하시기를 기원합니다.

3. 나아만은 종들의 충언을 받아들였습니다

나아만은 엘리사 선지자가 요단 강에서 몸을 일곱 번 씻으면 네 살이 회복되어 깨끗하게 되리라는 말은 지금까지 들어본 적이 없는 말로 전혀 믿을 수 없었고 또 이스라엘의 선지자가 아람 장관인 자신을 조롱하는 것이라 생각하고 화가 나서 돌아가려는데 나아만의 종이 "내 아버지여 선지자가 당신에게 큰 일을 행하라 말하였더면 행하지 아니하였으리이까 하물며 당신에게 이르기를 씻어 깨끗하게 하라 함이리이까"(왕하5:13)라고 충언을 하매 나아만은 종의 말을 받아들여 요단 강으로 내려가서 몸을 일곱 번 잠그니 그의 살이 어린 아이의 살 같이 회복되어 깨끗하게 되었습니다.

만약 나아만 장관에게 충언을 하는 종이 없었거나 또 나아만 장관이 종의 충언을 무시했더라면 나아만 장관은 아람으로 돌아갔을 때 자신이 나병환자라는 것이 세상에 알려져 장관직을 유지하지 못했을 것이며 사람들의 조롱을 받았을 것입니다.

사람이 뜻을 이루려면 자신의 잘못을 지적해 주는 사람이 있어야 하며 또 잘못을 지적받았을 때는 나아만 장관과 같이 겸손하게 지적한 것을 받아들이는 아량이 있어야 합니다.

사랑하는 성도들이여!

자신의 행위가 항상 옳은 것 같아도 실수나 부족함이 있음을 잊지 마시고 비록 나만 못한 사람의 충고라도 받아들임으로 올바른 믿음으로 사시기를 기원합니다.

4. 나아만 장관의 나병은 치료되었습니다

피부병은 치료를 한 후에도 흔적(흉터)이 남는데 특히 나병은 치료가 어렵기도 하지만 혹 치료가 되어도 많은 흔적으로 인하여 남은 삶을 살아가는데 어려움이 많은 병입니다.

나아만 장관은 요단 강에서 엘리사 선지자의 말대로 몸을 씻으면서 흔적이 남더라도 치료되기만을 고대했을 것인데 몸을 일곱 번 물에 담그고 나와보니 흉터는 하나도 없고 피부는 어린 아이의 살과 같이 곱고 깨끗하게 되었습니다.

나아만 장관은 기쁜 마음으로 엘리사 선지자에게로 돌아가서 자신이 가지고 온 예물을 드리려 하였으나 엘리사 선지자가 거절하므로 이스라엘에서 흙을 가지고 가겠다고 청하며 "이제부터는 종이 번제물과 다른 희생제사를 여호와 외에 다른 신에게는 드리지 않고 다만 여호와께 드리겠나이다"(왕하5:17)라고 하였는데 이제부터 여호와를 경외하겠다는 신앙고백이며 회개를 한 것입니다.

사랑하는 성도들이여!

나를 살리는 복음에 귀를 기울이시고 어린아이의 충고라도 받아들이며 하나님의 말씀에 순종하셔서 하나님께서 역사하심으로 모든 문제를 해결받으시기를 축원합니다.

40. 쇠도끼를 물에 빠뜨린 사람

열왕기하 6:1-7
"선지자의 제자들이 엘리사에게 이르되 보소서 우리가 당신과 함께 거주하는 이곳이 우리에게는 좁으니 우리가 요단으로 가서 거기서 각각 한 재목을 가져다가 그 곳에 우리가 거주할 처소를 세우사이다 하니 엘리사가 이르되 가라 하는지라 그 하나가 이르되 청하건대 당신도 종들과 함께 하소서 하니 엘리사가 이르되 내가 가리라 하고 드디어 그들과 함께 가니라 무리가 요단에 이르러 나무를 베더니 한 사람이 나무를 벨 때에 쇠도끼가 물에 떨어진지라 이에 외쳐 이르되 아아, 내 주여 이는 빌려온 것이니이다 하니 하나님의 사람이 이르되 어디 빠졌느냐 하매 그 곳을 보이는 지라 엘리사가 나뭇가지를 베어 물에 던져 쇠도끼를 떠오르게 하고 이르되 너는 그것을 집으라 하니 그 사람이 손을 내밀어 그것을 집으니라"

　엘리야의 뒤를 이어 엘리사가 선지자가 된 후에 제자들이 많아지므로 거처할 집이 작으므로 큰 집을 짓기 위하여 요단으로 가서 나무를 베다가 한 제자가 쇠도끼를 물에 빠뜨리고 엘리사 선지자에게 호소하므로 엘리사 선지자가 나뭇가지를 물에 던져 도끼를 떠오르게 하여 도끼를 찾은 사건이 기록되었으므로 '쇠도끼를 물에 빠뜨린 사람' 이라는 제목으로 말씀을 전하겠습니다.

1. 말씀대로 하다가 쇠도끼를 빠뜨렸습니다

　엘리사 선지자의 제자가 많아지므로 넓은 집을 짓자는 제자의 요청을 받아들여 넓은 거처를 마련하기 위하여 요단으로 가서 나무를 베다가 제자 중 한 사람이 도끼를 물에 빠뜨리는 실수를 하였습니다.

　이 사람은 엘리사 선지자의 말씀에 순종하여 새로운 처소를 마련하기 위하려 열심히 나무를 베다가 도끼가 도끼자루에서 빠지는 것도 모르고 있었기 때문에 어려움을 겪게 되었습니다.

　성도들은 하나님의 말씀대로 하면 어려움을 겪지 않을 것이라고 생각하는데 엘리사 선지자의 제자와 같이 하나님의 말씀대로 열심히 살아도 어려움을 겪는 경우가 많이 있는가 하면 어떤 사람은 하나님의 뜻을 따르지 않아도 어려움을 겪지 않고 편안하게 사는 사람들이 있으므로 성도들이 신앙을 의심하기도 하며 하나님께 불평을 하기도 하는데 실수를 하더라도 하나님의 뜻에 따라 열심히 일하는 것이 실수가 두려워서 일하지 않는 것보다 하나님께서 더 귀하게 여기시며 더 많은 은혜를 내려주십니다.

　사랑하는 성도들이여!

　일하지 않는 사람은 실수가 없으나 하나님의 칭찬도 없으며 일을 열심히 하는 성도는 실수할 때도 있으나 하나님의 능력을 체험하게 되며 하나님의 위로가 있음을 기억하시고 맡겨진 사명을 최선을 다하여 충성하시기를 기원합니다.

2. 물에 빠뜨린 도끼는 빌려온 것입니다

　이 사람이 도끼를 물에 빠뜨리고 황급하게 "아아, 내 주여 이는 빌려

온 것이니이다"라고 외쳤는데 여기에서 몇 가지를 살펴보면 첫째. 가난하였으나 사명에 충실하였습니다.

자기 집에 도끼가 없으므로 빌려 온 것을 보면 가난한 사람임이 분명한데 자기의 생계를 위하여 돈을 벌러 가지 않고 엘리사 선지자의 생도로서 선지자를 모시고 있을 집을 지으려고 나무를 열심히 벤 것을 보아 가난한 사람이지만 사명감이 투철한 사람임을 알 수 있습니다.

둘째. 가난을 부끄럽게 생각하지 않았습니다.

이 사람은 도끼를 물에 빠뜨린 후에 "아아, 내 주여 이는 빌려온 것이니이다" 라고 외쳤는데 도끼를 빌려왔으면 가난하다는 것인데 이 생도는 가난을 부끄럽게 생각하지 않았으므로 이렇게 외쳤습니다. 사람들은 가난을 부끄럽게 생각하여 "냉수를 마시고 이를 쑤신다"는 속담도 자신의 가난을 부끄럽게 생각하여 다른 사람에게 부유하여 고기를 먹은 것같이 한다는 것인데 이 사람은 가난을 부끄럽게 생각하지 않고 현실을 그대로 받아들였습니다.

셋째. 이 사람은 이웃에게 인정받는 사람이었습니다.

당시에는 도끼를 장만하기가 쉬운 일이 아니었으므로 오래도록 빌려 쓰기가 어려웠을 것인데 이 사람은 자기 집에서 잠깐 쓰는 것도 아니고 많은 사람이 거처할 큰 집을 짓는 공사장에서 쓰려고 도끼를 빌린 것을 보면 평상시에 이웃에게 인정받는 사람이었음을 알 수 있습니다.

사랑하는 성도들이여!

가난하더라도 부끄럽게 생각하지 마시고 받은 사명에 충성하시며 다른 사람들에게 인정받는 삶을 사시고 하나님께 더욱 충성하셔서 하나님의 능력을 체험하시기 바랍니다.

3. 도끼를 빠뜨린 후 즉시 선지자에게 호소했습니다

　쇠도끼를 물에 빠뜨린 제자는 물에 빠진 도끼를 자신이 건져보다가 자신이 못 건지겠으므로 선지자에게 호소한 것이 아니라 도끼를 빠뜨린 즉시 선지자에게 외친 것은 물이 깊어서 자기는 건질 수 없다는 것을 알았기 때문입니다.

　이 생도는 엘리사 선지자를 따르면서 선지자가 행한 여러 가지 기적을 보았으므로 선지자에게 호소하면 건질 수 있다고 믿었기 때문에 선지자에게 호소하였으며 제자의 호소를 들은 선지자는 "어디 빠졌느냐"고 물어서 생도는 도끼가 빠진 곳을 말씀드렸는데 이는 도끼가 빠진 곳을 알고 있었기 때문입니다.

　성도들이 신앙생활을 하면서 문제가 발생했을 때 그 문제를 목사님께 말씀을 드리고 함께 그 원인을 찾으며 하나님께 기도해야 하는데 대부분의 성도들이 자신이 문제를 목사님께 말씀드리기를 부끄러워하므로 자신이 해결하려고 수단과 방법을 총동원하여 노력을 하다가 시기를 놓치게 되며 또 자신이 하다가 안 되면 비로소 목사님께 말씀을 드리고 기도를 부탁하는 이들이 많습니다.

　사랑하는 성도들이여!

　문제가 발생했을 때 자신이 해결하려다 기회를 놓치고 후회하지 마시고 목사님께 즉시 말씀드리시고 함께 하나님께 기도하셔서 문제를 속히 해결 받으시기를 기원합니다.

4. 물에 빠뜨렸던 도끼를 찾았습니다

　빌려온 도끼를 물에 빠뜨렸을 때 이 사람은 근심으로 가득 찬 마음으로 선지자에게 호소하였는데 엘리사 선지자가 나뭇가지를 베어 물에 던지는 것을 보고 이상하게 생각하였을 것이며 잠시 후에 도끼가 떠오르는 것을 본 순간 지금까지의 근심은 흔적도 없이 사라지고 감당할 수 없는 큰 기쁨이 마음속에서 용솟음치고 있었으며 당장 물 속으로 뛰어 들어가서 도끼를 건질 마음이 간절했으나 이 사람은 선지자가 말할 때까지 기다리고 있다가 엘리사 선지자가 '너는 그것을 집으라'고 할 때 비로소 도끼를 손으로 집었습니다.

함께 일하고 있던 여러 동료들이 이 광경을 근심어린 눈으로 바라보다가 도끼가 물 위로 떠오르는 순간과 도끼를 손으로 집는 순간 자신들도 모르게 환호성을 질렀을 것이며 지금까지 엘리사 선지자를 보는 시선과 믿음과 존경심이 달라졌을 것입니다.

사람은 누구나 평안하기를 원하며 어려움을 겪는 것은 괴로운 일이지만 믿음으로 고난을 극복하면 과거에 맛보지 못한 더 큰 기쁨을 맛보게 되며 신앙이 성장하여 앞으로 더 큰 어려움을 당해도 두려워하지 않고 이겨낼 믿음과 용기가 생깁니다.

사랑하는 성도들이여!

하나님의 말씀대로 살아도 어려움을 당할 때가 있음을 생각하시고 어려움을 당할 때 낙심하지 마시고 목사님께 말씀드리고 함께 하나님께 기도하심으로 문제를 해결 받으시고 큰 기쁨을 맛보시며 믿음이 더욱 성장하시기를 축원합니다.

41. 복음을 전한 나병환자들

열왕기하 7:9-17

"나병환자들이 그 친구들에게 서로 말하되 우리가 이렇게 해서는 아니되겠도다 오늘은 아름다운 소식이 있는 날이거늘 우리가 침묵하고 있도다 만일 밝은 아침까지 기다리면 벌이 우리에게 미칠지니 이제 떠나 왕궁에 가서 알리자 하고 가서 성읍 문지기를 불러 그들에게 말하여 이르되 우리가 아람 진에 이르러서 보니 거기에 한 사람도 없고 사람의 소리도 없고 오직 말과 나귀만 매어 있고 장막들이 그대로 있더이다 하는지라 그가 문지기를 부르매 그들이 왕궁에 있는 자에게 말하니 왕이 밤에 일어나 그의 신복들에게 이르되 아람 사람이 우리에게 행한 것을 내가 너희에게 알게 하노니 그들이 우리가 주리고 있는 것을 알고 있으므로 그 진영을 떠나서 들에 매복하고 스스로 이르기를 그들이 성읍에서 나오거든 우리가 사로잡고 성읍에 들어가겠다 한 것이니라 하니 (13-17 줄임)"

아람 왕 벤하닷이 이스라엘을 침략하여 사마리아 성을 포위하여 성 내에는 먹을 것이 없어서 자식을 잡아먹는 비극이 빚어지고 있을 때 (왕하6:28-29) 성 밖에 있던 나병환자 네 사람이 성 밖에는 먹을 양식이 많다는 기쁜 소식을 전하였으므로 '복음을 전한 나병환자들' 이라는 제목으로 말씀을 전하겠습니다.

1. 이들은 사마리아성에서 버림받은 사람들입니다

　나병은 그 당시 불치병으로 나병환자들은 건강한 사람들과 함께 살 수 없었습니다. 이들도 전에는 사마리아 성 안에 있는 가정에서 가족들과 함께 살았으나 나병에 걸리게 되어 성 밖으로 나가서 격리된 생활을 하면서 성 안에 있는 식구들이 내다주는 음식으로 연명하며 절망 속에 살아가는 불행한 사람들이었습니다.

　그런데 설상가상으로 아람 군대가 침략하여 사마리아 성을 포위하고 있으므로 가족이 조금씩 가져다주는 음식마저 끊기게 되어 허기진 배를 물로 채우면서도 병이 낫는 기적을 기대하면서 삶을 포기하지 않고 삶의 길을 찾았습니다.

　물질 문명이 극도로 발달한 지금도 많은 사람들이 사업에 실패나 질병에 고통을 이기지 못하고 스스로 삶을 포기하는 사람들이 끊이지 않는데 사마리아 성 밖 네 명의 나병환자들은 죽음보다 더한 고통과 버림받은 고독을 서로 서로 위로하면서 살아가고 있었습니다.

　현재 우리나라의 자살률이 OECD 국가 중에 1위라고 하는데 작년(2004년)에 약 1만여 명이 스스로 삶을 포기하였다고 방송과 신문을 통하여 발표하였는데 이는 매일 30명 가까이 되는 사람들이 스스로 삶을 포기한 것으로 이유는 다양하겠지만 대부분 사업의 실패와 여기에서 밀려오는 경제적인 어려움과 이로 인한 가정불화가 가장 큰 원인이 되며 또 질병으로 인한 고통을 견디지 못하고 스스로 삶을 포기한 것입니다.

　사랑하는 성도들이여!

　본문에 기록된 네 명의 나병 환자들의 경제적인 어려움은 물론 몸에는 고칠 수 없는 저주스러운 병을 가지고 있으므로 사람들에게 가까이 할 수 없는 불행한 상황이지만 삶을 포기하지 않은 이들을 본받아 해결할 수 없는 모든 문제를 하나님께 맡기시고 인내하심으로 좋은 날을 보시기를 기원합니다.

2. 네 사람은 삶에 길을 찾아 나섰습니다

굶주림에 지쳐 생사의 기로에 선 네 명의 나병환자들은 뜻을 같이하여 결단을 하였으니 "우리가 어찌하여 여기 앉아서 죽기를 기다리랴 만일 우리가 성읍으로 가자고 말한다면 성읍에는 굶주림이 있으니 우리가 거기서 죽을 것이요 만일 우리가 여기서 머무르면 역시 우리가 죽을 것이라 그런즉 우리가 가서 아람 군대에게 항복하자 그들이 우리를 살려두면 살 것이요 죽이면 죽을 것이라"(왕하7:3-4)고 하고 아람진을 향하여 갔는데 가족들도 버린 자신들을 아람 군인들이 먹을 것을 준다는 것은 전혀 불가능한 일이었으나 죽음의 문턱에서 좌절하지 않고 실낱같은 기대를 가지고 삶의 길을 찾아 어둠이 내리기 시작하는 황혼에 천근같은 무거운 발걸음을 재촉하며 아람 군대의 진으로 걸어갔습니다.

아람 군대의 진영에 이르고 보니 장막과 말과 나귀를 그대로 두고 아람군인들은 모두 도망가고 한 사람도 없었는데 이는 하나님께서 아람 군대로 병거 소리와 말소리와 큰 군대의 소리를 듣게 하셨으므로 아람군인들이 이 소리를 듣고 이스라엘 왕이 헷 사람의 왕들과 애굽 왕들에게 값을 주고 연합하여 자기들을 치러 온 것으로 생각하고 급히 도망하였기 때문입니다.(왕하7:5-7)

예로부터 "뜻이 있는 곳에 길이 있다"고 하는데 뜻은 결단을 통하여 열매를 맺게 됩니다. 아무리 크고 고귀한 뜻을 가지고 있어도 실천에 옮기는 결단이 없으면 화중지병(畵中之餠)과 같습니다. 네 사람의 나병환자들은 죽음의 문턱에서 일 퍼센트의 삶의 길을 찾아 아람 진영으로 가는 결단을 하여 삶의 길을 찾게 되었으며 갈릴리 바다에서 고기 잡던 요한과 야고보 형제와 베드로와 안드레 형제도 예수님께서 "나를 따라 오라 내가 너희를 사람을 낚는 어부가 되게 하리라"(마4:18-22)고 하셨을 때 그들은 즉시 예수님을 따르는 결단을 하였으므로 그들이 상상도 하지 못했던 사도가 되어 예수님의 구속사역에 동참하게 되었습니다.

사랑하는 성도들이여!

하나님의 뜻을 위한 결단은 지체하지 말아야 합니다. 하나님께 충성할 수 있는 기회가 왔을 때 망설이지 말고 결단하고 실행하여 충성하시기를 기원합니다.

3. 사마리아 성에 복음을 전하였습니다

아람 진에 들어가서 그들이 버리고 간 음식을 마음껏 먹고 마시고 금과 은과 의복을 모아 감추던 그들이 자신들의 잘못을 깨닫고 말하기를 "우리가 이렇게 해서는 아니되겠도다 오늘은 아름다운 소식이 있는 날이거늘 우리가 침묵하고 있도다 만일 밝은 아침까지 기다리면 벌이 우리에게 미칠지니 이제 떠나 왕궁에 가서 알리자"(왕하7:9)고 하면서 자신들을 버린 사마리아 성으로 달려가서 이 좋은 소식을 전하였으니 굶주림에 지쳐있는 사마리아 성 사람들에게는 복음이었습니다.

그러나 이 복음을 들은 이스라엘 왕은 사마리아 성을 함락시키려는 아람 왕의 계략이라 생각하여 나병환자들이 전한 소식을 믿지 않았으나 신하 중 한 사람이 "사마리아 성이 멸망의 위기에 있으니 정탐을 보내어 사실을 확인토록 하자"는 진언을 하자 그의 말을 따라 정탐을 보내어 확인한 결과 나병환자들의 말이 사실이므로 아람 진으로 병사들을 보내어 아람 군인들이 버리고 간 양식을 가져다 사마리아 성의 굶주림을 해결하게 되었습니다.

지금 우리에게는 나병환자들이 사마리아 성에 전한 복음보다 더 귀한 복음이 전해졌으니 곧 "하나님이 세상을 이처럼 사랑하사 독생자를 주셨으니 이는 그를 믿는 자마다 멸망하지 않고 영생을 얻게 하려 하심이니라"(요3:16)는 말씀과 "주 예수를 믿으라 그리하면 너와 네 집이 구원을 받으리라"(행16:31)는 복음이 전파되었으나 많은 사람들이 이를 속임수로 알고 믿지 않으므로 멸망의 날을 기다리고 있으니 얼마나 안타까운 일입니까?

아람 진영에서 양식을 발견한 네 명의 나병환자들이 복음을 전한 것같이 먼저 믿는 우리들에게는 이 구원의 좋은 소식을 전하라고 우리 예수님께서 "너희는 온 천하에 다니며 만민에게 복음을 전파하라"(막16:15)고 명령을 하셨으니 열심히 전해야 합니다.

사랑하는 성도들이여!

소망 없이 살아가는 나병환자들이 자신들을 버린 사마리아 성에 복음을 전한 것같이 우리도 우리를 핍박하고 조롱하는 사람들에게 열심히 복음을 전하여 구원의 전달자가 되어 민족 복음화를 이루는 일꾼이 되시기를 축원합니다.

42. 형통한 히스기야 왕

열왕기하 18:1-8

"이스라엘의 왕 엘라의 아들 호세아 제삼년에 유다 왕 아하스의 아들 히스기야가 왕이 되니 그가 왕이 될 때에 나이가 이십오 세라 예루살렘에서 이십구 년간 다스리니라 그의 어머니의 이름은 아비요 스가랴의 딸이더라 히스기야가 그의 조상 다윗의 모든 행위와 같이 여호와께서 보시기에 정직하게 행하여 그가 여러 산당을 제거하며 주상을 깨뜨리며 아세라 목상을 찍으며 모세가 만들었던 놋뱀을 이스라엘 자손들이 이때까지 향하여 분향하므로 그것을 부수고 느후스단이라 일컬었더라 히스기야가 이스라엘의 하나님 여호와를 의지하였는데 그의 전후 유다 여러 왕 중에 그러한 자가 없었으니 곧 그가 여호와께 연합하여 그에게서 떠나지 아니하고 여호와께서 모세에게 명령하신 계명을 지켰더라 여호와께서 그와 함께 하시매 그가 어디로 가든지 형통하였더라 저가 앗수르 왕을 배반하고 섬기지 아니하였고 그가 블레셋 사람들을 쳐서 가사와 그 사방에 이르고 망대에서부터 견고한 성까지 이르렀더라"

사람은 누구나 자신의 하는 일이 형통하기를 원하지만 뜻대로 되지 않아 많은 사람들이 어려움을 겪으며 때로는 낙심하는데 유다 왕 히스기야는 어디로 가든지 하나님께서 형통하게 하셨으므로 '형통한 히스기야 왕' 이라는 제목으로 말씀을 전하겠습니다.

1. 하나님께서 함께 하셨기 때문입니다

독불장군(獨不將軍)이란 말이 있는데 이는 아무리 학식이 많고 지혜가 있고 용맹스러워도 자신의 힘만으로는 장군이 된 것이 아니라는 뜻으로 다른 사람과 뜻을 같이하고 또 도움을 받아야 장군이 될 수 있다는 말입니다.

그러므로 사람은 누구나 어떤 사람과 함께 하느냐에 따라 성공과 실패가 결정되므로 사람들은 자신의 성공에 도움이 될 수 있는 사람을 찾는데 자신과 뜻이 일치가 되어 협력을 헌신적으로 잘 할 수 있으며 자신이 하려는 일에 전문적인 지식을 가진 사람이나 또는 그 일을 주관하는 사람의 도움을 받으면 그 일을 성공적으로 이룰 수가 있는 것같이 우리 인생의 삶의 온전한 성공은 만물을 창조하시고 인류의 역사를 주관하시는 하나님께서 함께 하시는 사람이 형통하게 되는데 히스기야 왕은 하나님께서 함께해 주심으로 그가 어디로 가든지 형통하였습니다.

사랑하는 성도 여러분!

하나님께서 하께하시고 도우심을 믿음으로 행하여 히스기야와 같이 형통하시기를 기원합니다.

2. 여호와께서 히스기야 왕과 함께 하신 이유

모든 일의 결과에는 원인이 있는 것처럼 하나님께서 히스기야 왕과 함께 하심도 분명히 원인이 있는데 그 원인을 살펴보면

1) 히스기야가 정직하게 행하였기 때문입니다

하나님은 거룩하시며 의로우시며 정직하신 분이시므로 부정한 것과

불의한 것과 거짓된 것과는 함께 하시지 않으시므로 성도들과 함께 하시기 위하여 "내가 거룩하니 너희도 거룩하라"(레11:44. 벧전1:16)고 하셨으며 "여호와께서는 불의함도 없으시니라"(대하19:7. 롬9:14. 히6:10)고 말씀하셨으며 "여호와는 선하시고 정직하시니 그러므로 그의 도(道)로 죄인들을 교훈하시리로다"(시25:8)라고 하셨습니다.

히스기야 왕은 그의 조상 다윗의 모든 행위와 같이 여호와께서 보시기에 정직하게 행하였으므로 하나님께서 함께 하셨는데 특히 그의 신앙을 살펴보면 히스기야의 아버지 아하스가 아람 왕 르신과 이스라엘 왕 베가의 침략을 받았을 때 앗수르 왕 디글랏 빌레셀의 도움을 받아 아람과 이스라엘 연합군을 물리치고 앗수르의 다메섹으로 가서 그곳에 우상의 전각을 보고 이를 본받아 제사장인 우리야에게 명하여 여호와의 전 앞에 단을 만들고 번제와 소제와 전제를 드리게 하였는데(왕하16) 히스기야가 왕이 된 후에 산당을 헐어버리고 주상을 깨뜨리고 아세라 목상을 찍어버리고 모세가 만들었던 놋뱀을 백성들이 섬김으로 이것은 기념물이지 섬김의 대상이 아니고 누후스단(놋조각)이라고 하며 부수어버렸으므로 하나님께서는 이러한 히스기야의 행위를 정직하다고 인정하시고 히스기야와 함께 하시고 형통하게 하셨습니다.

사랑하는 성도들이여!

하나님 뜻에 어긋난 것은 과감하게 버림으로 하나님께 정직하다는 인정을 받으시기를 기원합니다.

2) 오직 하나님만을 의지하였기 때문입니다

사람은 자신이 가지고 있는 것을 의지하려는 마음이 있는데 지혜가 있는 사람은 지혜를, 지식이 있는 사람은 지식을, 재물이 많은 사람은 재물을, 권세가 있는 사람은 권세를 의지하는데 히스기야 왕은 모든 백성이 부러워하는 큰 권세를 가지고 있으면서도 그 권세를 의지하지 않고 여호와 하나님을 의지하였기 때문에 하나님께서 함께 하셨습니다.

그러므로 하나님께서 "많은 군대로 구원 얻은 왕이 없으며 용사가 힘이 세어도 스스로 구원하지 못하는도다"(시33:16)라고 하시고 "귀인들을 의지하지 말고 도울 힘이 없는 인생도 의지하지 말지니 그의 호흡이 끊어지면 흙으로 돌아가서 그 날에 그의 생각이 소멸하리로다 야곱의 하나님을 자기의 도움으로 삼으며 여호와 자기 하나님에게 소망을 두는 자는 복이 있도다"(시146:3-5)라고 하셨습니다.

이스라엘의 성군 다윗은 "여호와는 나의 힘과 방패이시니 내 마음이 그를 의지하여 도움을 얻었도다 그러므로 내 마음이 크게 기뻐하며 내 노래로 그를 찬송하리로다"(시28:7)라고 하며 하나님을 의지하였으므로 하나님께서 함께 하셔서 이스라엘의 성군(聖君)이요 믿음의 조상이 되었습니다.

사랑하는 성도들이여!

물거품과 같은 세상 것을 의지하지 마시고 히스기야 왕과 같이 전능하신 하나님을 의지하고 기도하며 말씀에 순종하여 하나님의 도우심을 받으시기를 기원합니다.

3. 하나님의 명령을 지켜 행하였습니다.

유력한 사람이 나와 함께 하고 또 그 사람의 도움을 받으려면 함께 하고자 하는 사람의 인격을 존중하고 그의 뜻에 따라야 함께할 수가 있고 또 도움을 받을 수가 있으나 만약 함께해 주기를 원하는 사람의 인격을 내가 존중하지 않고 무시하거나 그의 뜻을 존중하지 않고 나의 형편과 생각만 고집하며 나의 목적을 위하여 그 사람을 이용하려고 하면 그 사람이 나와 함께해 주거나 나에게 도움을 주려고 하지 않고 멀리할 것입니다.

마찬가지로 성도가 하나님께서 함께해 주시기를 바라고 또 하나님의 도우심을 받으려면 하나님을 온전히 믿고 또 하나님의 말씀하신 대로 지켜 행하여야 합니다. 그러므로 하나님께서 모세를 통하여 "네가 네 하나님의 말씀을 삼가 듣고 내가 오늘 네게 명령하는 그의 모든 명령을 지켜 행하면 네 하나님 여호와께서 너를 세계 모든 민족 위에 뛰어나게 하실 것이라"(신 28:1-14)고 말씀하셨는데 때로는 하나님을 이용하려는 사람이 있습니다.

또한 솔로몬을 통하여 "너의 행사를 여호와께 맡기라 그리하면 네가 경영하는 것이 이루어지리라"(잠16:2)고 하셨는데 히스기야 왕은 이와 같은 하나님의 명령과 약속을 믿고 "여호와께 연합하여 그에게서 떠나지 아니하고 여호와께서 모세에게 명령하신 계명을 지키므로"(왕하18:6) 하나님께서 함께 하셔서 히스기야는 형통하는 삶을 살게 되었음을 말씀하셨습니다.

사랑하는 성도들이여!

형통하시기를 원하십니까? 하나님을 이용하지 말고 히스기야 왕과 같이 하나님을 의지시며 모세를 통하여 주신 말씀과 또 예수님께서 가르치신 말씀대로 사셔서 하나님께서 함께 하심으로 앞으로의 삶이 형통하시기를 축원합니다.

43. 히스기야 왕의 실수

열왕기하 20:12-19
"그 때에 발라단의 아들 바벨론의 왕 브로닥발라단이 히스기야가 병들었다 함을 듣고 편지와 예물을 그에게 보낸지라 히스기야가 사자들의 말을 듣고 자기 보물고의 금은과 향품과 보배로운 기름과 그의 군기고와 창고의 모든 것을 다 사자들에게 보였는데 왕궁과 그의 나라 안에 있는 모든 것 중에서 히스기야가 그에게 보이지 아니한 것이 없었더라 선지자 이사야가 히스기야 왕에게 나아와 그에게 이르되 이 사람들이 무슨 말을 하였으며 어디서부터 왕에게 왔나이까 히스기야가 이르되 먼 지방 바벨론에서 왔나이다 하니 이사야가 이르되 그들이 왕궁에서 무엇을 보았나이까 하니 히스기야가 대답하되 내 궁에 있는 것을 그들이 다 보았나니 나의 창고에서 하나도 보이지 않은 것이 없나이다 하더라 (16-19줄임)"

사람들은 믿음이 좋으며 지혜로운 사람은 실수를 하지 않을 것이라 생각하며 또 누구나 실수하지 않으며 살기를 원하지만 한 평생 실수하지 않고 사는 사람은 없습니다.

히스기야 왕도 그의 믿음과 정직함을 하나님께 인정을 받아 형통하였으나 노년(老年)에 실수를 하여 사후(死後)에 바벨론의 침략을 받아 왕자가 포로로 잡혀가는 비극을 맞았으므로 '히스기야 왕의 실수'라는 제목으로 말씀을 전하겠습니다.

1. 바벨론 사신에게 모든 것을 보여주는 실수였습니다

히스기야 왕이 병이 들었다는 소식을 들은 바벨론 왕 브로닥발라단이 위로의 편지와 많은 예물을 사신에게 주어 보냈는데 히스기야는 하나님께 기도하고 이사야 선지자의 말씀대로 무화과 반죽을 상처에 놓아 병을 고치고 매우 기쁨에 들떠 있을 때 바벨론 왕 브로닥발라단이 왕의 위문 편지와 많은 예물을 사신에게 주어 보낸 것이 너무 고마워서 나라의 비밀인 보물고의 금은과 향품과 향기로운 기름과 그의 군기고의 창고의 모든 것을 다 보여 주는 실수를 하였습니다.

바벨론에서 온 사신들은 히스기야 왕의 문병을 핑계로 하여 유다 나라의 기밀을 정탐하기 위하여 온 것인데 히스기야 왕은 이를 생각하지 않고 국가의 기밀을 다 보여줌으로 히스기야 자신이 죽은 후에 바벨론의 침략을 받게 되었습니다.

개인이나 가정이나 교회 또는 각 단체들이 다른 사람에게 드러내 자랑해야 될 것과 드러내지 말아야 하는 것들이 있으므로 분별을 잘 해서 말을 해야 하는데 이를 분별하지 않고 말을 하여 덕을 잃고 때로는 어려움을 겪게 되는 경우가 많은데 특히 교회의 문제를 이해하지 못하는 불신자들에게 이야기하므로 하나님의 영광을 가리고 전도의 길을 막는 경우가 자주 나타나므로 성도는 자신이나 가정이나 교회에 관한 문제를 말해야 될 것과 말하지 말아야 할 것을 지혜롭게 분별해서 말하여 덕을 세워야 하며 불필요한 오해를 사지 않도록 해야 합니다.

사랑하는 성도들이여!

신앙생활이나 전도에나 도움이 될 것은 말하되 신앙이나 전도에 도움이 되지 않는 것은 말하지 않으므로 덕을 세워 하나님께 영광을 돌리시기를 기원합니다.

2. 여호와의 경고에도 회개하지 않는 실수였습니다

히스기야 왕의 병 문안을 가장하여 온 바벨론 정탐들이 모든 것을 보고 돌아간 후에 이사야 선지자가 히스기야 왕을 찾아와서 "그들이 왕궁에서 무엇을 보았나이까?" 라고 물었을 때 히스기야 왕은 "내 궁에 있는 것을 그들이 다 보았나니 나의 창고에서 하나도 보이지 아니한 것이 없나이다" 라고 대답하였으며 이 말을 들은 이사야 선지자가 "여호와의 말씀이 날이 이르리니 왕궁의 모든 것과 왕의 조상들이 오늘까지 쌓아 두었던 것이 바벨론으로 옮긴 바 되고 하나도 남지 아니할 것이요 또 왕의 몸에서 날 아들 중에서 사로잡혀 바벨론 왕궁의 환관이 되리라 하셨나이다"(왕하:17-18)라고 경고하였는데 이는 히스기야 왕이 회개할 것을 하나님께서 촉구하신 것인데 히스기야 왕은 회개하지 않았습니다.

만약 히스기야 왕이 이사야 선지자를 통한 하나님의 경고의 말씀을 듣고 즉시 회개하였더라면 하나님께서 히스기야 왕의 죄를 용서하시고 은혜를 베푸셨을 것인데 회개하지 않아 용서와 은혜를 받을 귀한 기회를 상실하였습니다.

지혜로운 사람은 실수를 하지 않는 사람이 아니라 실수를 하였을 때 하나님의 경고하심을 받으면 자신의 실수를 변명하지 않고 즉시 회개하고 실수를 거울로 삼아 실수를 반복하지 않도록 항상 주의하며 하나님의 말씀에 귀를 기울이고 항상 자신을 살피며 새롭게 변화된 삶을 사는 사람입니다.

사랑하는 성도들이여!

듣기에 좋은 달콤한 말에만 귀를 기울이지 말고 하나님께서 목회자를 통하여 경고하실 때 귀를 막지 마말고 즉시 회개하여 용서를 받고 또 은혜를 받으시기를 기원합니다.

3. 후손을 생각지 않고 자신만 생각하였습니다

하나님께서 이사야 선지자를 통하여 왕이 바벨론 사신들에게 궁궐의 모든 것을 보여 주었으므로 바벨론의 침략을 받아 나라가 망하고 백성들이 포로로 끌려가고 자손 중에 바벨론의 환관이 되리라는 무서운 경고를 받은 히스기야 왕은 자신이 사는 날에는 바벨론으로 포로가 된다는 말씀이 없음을 다행으로 생각하고 "당신의 전한 바 여호와의 말씀이 선하니이다 만일 내가 사는 날에 태평과 진실이 있을진대 어찌 선하지 아니하리요"(왕하20:19)라고 하였습니다.

자신이 병이 들어 죽을 것이라는 사형선고를 받고 하나님께 간절히 기도하여 15년의 생명을 연장해 주시겠다는 하나님의 약속을 받은 후이므로 15년을 평안하게 산다는 것이 너무 기뻐서 나라가 바벨론의 침략을 받아 멸망하고 후손들이 포로가 되어 당하게 될 일에는 관심을 두지 않으므로 하나님께 기도하지 않은 것은 지난날에 하나님께 정직하다는 인정을 받았던 왕으로서 돌이킬 수 없는 큰 실수를 저지른 것입니다

이 세상에 사는 모든 부모들은 자신이 고생을 하더라도 후손이 잘 되기를 바라며 희생을 하며 심지어 짐승들마저 자신이 낳은 새끼를 위해서 목숨을 아끼지 않는데 얼마 전까지만 해도 하나님께 정직하다는

인정을 받았던 히스기야 왕이 이처럼 후손을 전혀 생각하지 않고 자신이 살아 있을 동안 평안함을 만족하게 생각하는 사람으로 전락하고 말았으니 예수님께서 가롯 유다에게 "차라리 나지 아니하였더면 제게 좋을 뻔하였느니라"(마26:24)고 하신 말씀과 같이 히스기야 왕도 차라리 생명을 15년 연장 받지 말고 세상을 일찍 떠났더라면 더 좋을 뻔하였습니다.

미련한 사람은 내세를 생각하지 않고 현세에서 자신의 만족을 찾으나 지혜로운 사람은 오늘보다 내일을 위하여 사는 사람이며 자신보다는 모든 사람의 행복을 계획하며 노력하는 사람이며 특히 성도는 현세보다는 내세를 위하여 설계하며 내 뜻을 이루기 보다 하나님의 뜻을 이루기 위하여 살아야 합니다.

그러므로 사도 바울은 "나의 간절한 기대와 소망을 따라 아무 일에든지 부끄러워하지 아니하고 지금도 전과 같이 온전히 담대하여 살든지 죽든지 내 몸에서 그리스도가 존귀하게 되게 하려 하나니 이는 내게 사는 것이 그리스도니 죽는 것도 유익함이라"(빌1:21-22)고 하였습니다.

사랑하는 성도들이여!

히스기야 왕이 병을 고친 기쁨에 들떠서 보여주지 말아야 할 것을 보여준 실수와 하나님의 경고하심을 무시하고 회개하지 않은 실수와 후손을 생각하지 않고 자신만을 생각한 실수를 거울로 삼아 실수 없는 삶을 사시기를 축원합니다.

44. 요시야 왕의 종교 개혁

열왕기하 23:1-7

"왕이 보내 유다와 예루살렘의 모든 장로들을 자기에게로 모으고 이에 왕이 여호와의 성전에 올라가매 유다 모든 사람과 예루살렘 주민들과 제사장들과 선지자들과 모든 백성이 노소를 막론하고 다 왕과 함께 한지라 왕이 여호와의 성전 안에서 발견한 언약책의 모든 말씀을 읽어 무리의 귀에 들리고 왕이 단 위에 서서 여호와 앞에서 언약을 세우되 마음을 다하고 뜻을 다하여 여호와께 순종하고 그의 계명과 법도와 율례를 지켜 이 책에 기록된 이 언약의 말씀을 이루게 하리라 하매 백성이 다 그 언약을 따르기로 하니라 왕이 대제사장 힐기야와 모든 부제사장들과 바알과 아세라와 하늘의 일월성신을 위하여 만든 모든 그릇들을 여호와의 성전에서 내다가 예루살렘 바깥 기드론 밭에서 불사르고 그것들의 재를 벧엘로 가져가게 하고 옛적에 유다 왕들이 세워서 유다 모든 성읍과 예루살렘 주위의 산당들에서 분향하며 우상을 섬기게 한 제사장들을 폐하며 또 바알과 해와 달과 별떼와 하늘의 모든 별에게 분향하는 자들을 폐하고 또 여호와의 성전에서 아세라 상을 내다가 예루살렘 바깥 기드론 시내로 가져다 거기서 불사르고 빻아서 가루를 만들어 그 가루를 평민의 묘지에 뿌리고 또 여호와의 성전 가운데 남창의 집을 헐었으니 그 곳은 여인이 아세라를 위하여 휘장을 짜는 처소였더라"

31일은 1517년 마틴 루터가 타락한 천주교에 대항하여 종교개혁을 시작한 날입니다. 이로 인하여 개혁교회(개신교)가 탄생하였으며 이를 기념하여 10월 마지막 주일을 종교 개혁 주일로 지키므로 종교 개혁 주일인 오늘은 '요시야 왕의 종교 개혁' 이라는 제목으로 말씀을 전하겠습니다.

1. 요시야 왕은 자기 옷을 찢었습니다

요시야는 8세의 어린 나이에 왕이 되어 18년이 되던 해 즉 요시야가 26세 되던 해에 서기관 사반을 대제사장 힐기야에게 보내어 성전을 수리하라고 명령하였습니다. 성전을 수리하던 힐기야가 성전에서 언약책을 발견하여 서기관 사반에게 주었고 사반이 요시야 왕 앞에서 언약책을 읽을 때 왕이 언약책에 기록된 말씀을 듣고 자기의 옷을 찢었는데(22:11) 이는 지금까지 백성들이 하나님을 바르게 섬기지 않고 우상을 섬긴 것은 왕인 자신의 잘못이라고 생각하고 옷을 찢었으니 요시야는 26세의 어린 왕이지만 그 누구도 따를 수 없는 신앙과 책임감 있는 훌륭한 통치자였습니다.

백성들이 우상을 숭배하는 것은 자신이 백성을 잘못 다스린 죄라고 생각하고 옷을 찢으며 자신의 죄를 철저하게 회개하였으니 이와 같이 가정의 가장이나 교회의 지도자들은 자신의 언행이 가정의 행복이나 은혜로운 교회 생활에 미치는 영향이 큰 것을 생각하고 언제나 하나님과 사람들 앞에 부끄러움이 없는 언행으로 행복한 가정과 은혜가 풍성한 교회가 되도록 해야 하며 문제가 있을 때 책임을 다른 사람에게 전가하지 말고 요시야 왕이 옷을 찢은 것같이 자신의 책임을 통감하고 마음을 찢는 회개를 하여 하나님의 용서와 은혜를 받아 더욱 행복하고 은혜가 넘치는 생애가 되시기를 기원합니다.

2. 모든 백성에게 언약책을 읽어 주었습니다

요시야 왕은 언약책에 기록된 하나님의 말씀을 듣고 옷을 찢으며 회개한 후에 모든 백성을 모이게 하고 대(臺)위에 서서 여호와 앞에서 "마음을 다하고 뜻을 다하여 여호와께 순종하고 그의 계명과 법도와 율례를 지켜 이 책에 기록된 이 언약의 말씀을 이루게 하리라"(왕하 23:3)고 언약을 세웠는데 이는 백성들이 지금까지 하나님을 떠나 우상을 섬기던 것을 다시 하나님을 섬기게 하여 하나님께서 내리신 징계를 거두시고 하나님께서 내리시는 은혜와 복을 받아 행복하게 살게 하기 위한 것이므로 백성들은 언약책에 기록된 대로 살기로 다짐하였습니다.

내가 하나님의 은혜와 복을 받은 것으로 만족하지 않고 내 가정을 비롯하여 이웃과 교회와 온 나라 민족이 모두 은혜와 복을 받도록 해야 합니다. 그러므로 모세를 통하여 "오늘 내가 네게 명하는 말씀을 네 마음에 새기고 네 자녀에게 부지런히 가르치며 집에 앉았을 때에든지 길을 갈 때에든지 누워 있을 때에든지 일어날 때에든지 이 말씀을 강론할 것이며 너는 또 그것을 네 손목에 매어 기호를 삼으며 네 미간에 붙여 표를 삼고 네 집 문설주와 바깥 문에 기록할 지니라"(신6:6-9)고 하셨으며 지혜의 왕 솔로몬을 통하여 "마땅히 행할 길을 아이에게 가르치라 그리하면 늙어도 그것을 떠나지 아니하리라"(잠22:6)고 말씀하셨습니다. 사랑하는 성도들이여!

자녀들에게 하나님의 말씀을 들려주며 잘 가르치셔서 자녀들이
말씀 안에서 신앙으로 성장하여 하나님께 충성함으로 가정 천국을 이루며 행복하게 사시기를 기원합니다.

3. 우상 숭배를 완전히 단절하였습니다

백성들이 하나님의 언약의 말씀을 따르기로 작정하는 것을 본 요시야 왕은 대제사장 힐기야와 하나님의 말씀을 지켜 행한 제사장들에게 바알과 아세라와 하늘의 일월성신들을 위해 만든 모든 그릇들을 성전에서 내어다가 예루살렘 바깥 기드론 밭에서 불사르고 그것들의 재를 벧엘로 가져다 버리게 하고 유다 모든 성읍과 예루살렘 주위의 산당에서 분향하며 우상을 섬기게 한 제사장들을 폐하고 아세라를 위하여 휘장을 짜던 집을 헐어버리고 산당에서 우상에게 제사하던 제사장들은 예루살렘의 여호와의 단에 올라가지 못하게 하여 우상 숭배를 완전하게 단절했습니다.

사람들은 새것을 좋아하면서도 옛것을 동경하는 이중성을 가지고 있으므로 하나님을 믿으면서도 과거에 믿던 우상 숭배에 대한 미련을 가지고 있으므로 우상을 기념물이나 또는 민속이라는 이름을 붙이고 기독교의 토착화라는 이름으로 기독교를 우상 숭배와 접목하는 경향이 있으며 성도들이 이를 바르게 알지 못하여 하나님을 섬기되 하나님의 뜻에 맞는 신앙생활을 하지 못하는 이들이 있으므로 "악은 어떤 모양이라도 버리라"(살전5:22)고 하셨습니다.

사랑하는 성도들이여!

과거의 섬기던 모든 우상은 그 흔적조차도 완전하게 지워버리고 온전한 신앙으로 하나님을 기쁘시게 하여 하나님께서 내리시는 은혜와 복을 받으시기를 기원합니다.

4. 유월절을 성대하게 지켰습니다

모든 우상과 그 전각을 모두 불살라버리고 우상을 숭배한 제사장들을 모두 폐하고 그 직무를 수행하지 못하게 한 요시야 왕은 모든 백성들에게 "이 언약책에 기록된 대로 너희의 하나님 여호와를 위하여 유월절을 지키라"(왕하23:21)고 명령을 하였으며 왕의 명령을 받은 대제사장 힐기야와 우상 숭배에 가담하지 않았던 제사장들과 백성들이 정성을 다하여 유월절을 성대하게 지켰으므로 성경 말씀에 "사사가 이스라엘을 다스리던 시대부터 이스라엘 여러 왕의 시대와 유다 여러 왕의 시대에 이렇게 유월절을 지킨 일이 없었더니 요시야 왕 열여덟째 해에 예루살렘에서 여호와 앞에 이 유월절을 지켰더라"(왕하:22-23)고 기록되었습니다.

지금 우리나라에서는 우상 숭배가 민속이라는 이름으로 성대한 행사로 확장되고 있으며 특히 불교에는 과거에 안 하던 연등행렬을 대규모로 하는데 기독교에서는 성탄절과 부활절 행사가 축소되고 또 형식화되고 있으며 신앙생활의 기본인 주일을 지키는 열심도 식어지고 있어 안타까운 일입니다.

사랑하는 성도들이여!

종교 개혁 주일을 맞이하여 나와 또 내 가정에 또는 교회에 개혁해야 할 것이 없는가 살펴서 요시야 왕과 같이 온전하게 개혁을 하여 하나님께 인정받는 신앙으로 하나님께 영광을 돌리심으로 하나님의 은혜와 복을 받으시기를 축원합니다.

45. 다윗 왕의 감사 생활

역대상 16:1-6

"하나님의 궤를 메고 들어가서 다윗이 그것을 위하여 친 장막 가운데에 두고 번제와 화목제를 하나님께 드리니라 다윗이 번제와 화목제 드리기를 마치고 여호와의 이름으로 백성에게 축복하고 이스라엘 무리 중 남녀를 막론하고 각 사람에게 떡 한 덩이와 야자 열매로 만든 과자와 건포도로 만든 과자 하나씩을 나누어 주었더라 또 레위 사람을 세워 여호와의 궤 앞에서 섬기며 이스라엘 하나님 여호와를 칭송하고 감사하며 찬양하게 하였으니 아삽은 우두머리요 그 다음은 스가랴와 여이엘과 스미라못과 여히엘과 맛디디아와 엘리압과 브나야와 오벧에돔과 여이엘이라 비파와 수금을 타고 아삽은 제금을 힘있게 치고 제사장 브나야와 야하시엘은 항상 하나님의 언약궤 앞에서 나팔을 부니라"

기독교에서는 11월을 감사의 달로 정하여 성도들이 하나님의 은혜에 더욱 감사하는 신앙을 갖게 하기 위하여 감사에 대한 말씀을 전하는데 감사의 달 첫째 주일인 오늘은 '다윗 왕의 감사 생활'이라는 제목으로 말씀을 전하겠습니다.

1. 번제와 화목제를 드렸습니다

다윗 왕의 삶의 특징은 감사와 찬양이었습니다. 오벧에돔의 집에 모셔 두었던 하나님의 언약궤를 다윗성에 장막을 짓고 모셔 놓고 기쁜 마음으로 하나님께 번제와 화목제를 드렸습니다.

번제는 하나님의 은혜를 생각하며 소나 양이나 비둘기를 제물로 드리는 제사인데 드리는 사람이 제물의 머리에 안수하고 잡아서 피를 뿌리고 고기는 각을 떠서 번제단에 불태워 드리는 제사로 하나님께 헌신(獻身)할 것을 약속하는 제사인데 다윗 왕은 하나님께서 자기에게 베푸신 은혜를 생각하며 하나님께 남은 삶을 헌신하여 충성할 것을 작정하여 번제를 드린 것입니다.

그리고 화목제를 드렸는데 이는 하나님께서 우리의 죄를 용서하심으로 하나님과 모든 사람과의 관계가 회복되었음을 감사하여 드리는 제사이며 제사를 드린 후에 다윗 왕이 떡과 야자 열매로 만든 과자와 건포도로 만든 과자를 모든 사람들에게 나누어주었으며 백성들은 떡과 과자를 먹으면서 하나님과 화목하게 됨을 감사하며 또 모든 사람들과의 화목을 도모하였습니다.

그런데 구약시대의 모든 제사는 예수 그리스도의 모형으로 예수님께서 이 땅에 오셔서 십자가를 지심으로 번제와 화목제의 완전한 제물이 되셨음으로 신약시대의 성도는 짐승을 잡아서 번제나 화목제를 드리지 않고 예수님이 말씀하신 대로 신령과 진정으로 예배를 드리는 것으로 바뀌었습니다.(요4:23-24)

사랑하는 성도들이여!

다윗이 하나님께 헌신하며 화목하기 위하여 번제와 화목제를 드린 것같이 우리도 하나님께 신령과 진정으로 예배를 드림으로 하나님께 헌신하며 또 모든 사람들과 화목을 이루며 행복하게 사시기를 기원합니다.

2. 백성들에게 축복하였습니다

다윗 왕은 번제와 화목제를 드린 후에 여호와의 이름으로 백성들에게 축복하였는데 이는 자신이 왕이 된 것은 하나님께서 세워주신 것임을 확실히 믿었으며 하나님께서 자신을 왕으로 세우신 것은 자신이 부귀영화를 누리게 하기 위하여 세우신 것이 아니라 하나님의 선민 이스라엘 백성을 잘 다스려서 하나님을 바르게 섬기며 평안하고 행복하게 살게 하라는 하나님의 명령임을 깨닫고 백성을 위하여 축복하였습니다.

그가 축복할 때에 왕의 이름으로 하지 않고 여호와의 이름으로 축복한 것은 사람들의 행복은 왕인 자신이 주는 것이 아니라 하나님께서 주시는 것이며 자신은 다만 하나님의 명령을 따라 다스리며 외적이 침략할 때 왕이 앞장서서 나가 물리치고 백성들을 보호하며 평안하게 살게 하며 하나님을 잘 섬기도록 하는 것이 왕의 의무임을 알았기 때문입니다.

그런데 다윗을 미워하여 죽이려던 사울이 하나님의 징벌을 받고 다른 사람을 위하여 복을 빈 다윗 왕이 많은 복을 받음으로 다윗 왕은 "그가 저주하기를 좋아하더니 그것이 자기에게 임하고 축복하기를 기뻐하지 아니하더니 복이 멀리 떠났다"(시109:17)고 하였는데 이를 바꾸어 말하면 "내가 축복하기를 좋아하더니 축복이 나에게 임하였다"는 말씀입니다.

예수님께서 제자들을 전도하러 보내시면서 "그 집에 들어가면서 평안하기를 빌라 그 집이 이에 합당하면 너희 빈 평안이 거기 임할 것이요 만일 합당하지 아니하면 그 평안이 너희에 돌아올 것이니라"(마10:12-13)고 하셨습니다.

사랑하는 성도들이여!

다윗 왕과 같이 다른 사람을 위하여 복을 빌어서 피차에 복을 받으며 행복하게 사시기를 기원합니다.

3. 감사와 찬양을 하라고 하였습니다

다윗 왕은 번제와 화목제를 드린 후에 백성을 위하여 축복하고 떡과 과자를 나누어 준 다음 레위 지파 사람들에게 여호와의 궤 앞에서 섬기며 감사하며 찬송하게 하였습니다.

다윗을 비롯한 모든 백성들이 하나님께 감사하며 찬송을 하지만 여호와의 궤 앞에서 감사하며 찬송하는 임무를 레위 지파 사람들에게 맡겼는데 이는 하나님께서 레위 지파 외에는 언약궤 앞에 가까이 함을 허락하지 않으시고 외인이 가까이 하면 죽이라고 하셨으므로 하나님의 뜻을 따라 레위 지파에 속한 사람에게만 이 직분을 맡겼습니다.(민18:7)

하나님을 섬기는 것은 사람에 뜻에 따라 하는 것이 아니라 하나님의 뜻에 따라야 하는데 많은 사람들이 지금은 율법시대가 아니요 은혜시대라고 하면서 예배를 드릴 때에 질서를 무시하는 경우가 있는데 질서를 지키지 않으면 은혜는 사라지고 혼란이 오며 질서를 지키는 예배에 성령께서 임하십니다.

사랑하는 성도들이여!

하나님께서 주신 직분을 등한히 하거나 월권을 하지 마시고 맡은 일에 충성하셔서 성령께서 임재하시는 예배를 드리심으로 은혜로운 신앙생활을 하시기를 기원합니다.

4. 하나님의 언약을 영원히 기억해야 합니다

신앙생활은 창조주이신 하나님과 예수님의 십자가의 구속과 재림을 믿으며 성령님의 역사하심을 믿는 것인데 이는 하나님의 언약을 믿는 것이므로 성도가 기억해야 할 것 중에 가장 소중한 것으로 언약을 믿을 때 신앙이 굳건해집니다.

사람이 성공하려면 신용이 반드시 있어야 하는데 신용이 있다는 것은 약속을 잘 지킨다는 것으로 약속을 잘 지키려면 약속한 내용에 대하여 이해를 잘하고 그 약속을 잊지 않고 기억하고 있어야 되는 것같이 성도가 하나님의 뜻대로 살려면 하나님께서 명하신 말씀과 언약을 반드시 기억해야 하며 그래야 하나님께서 언약하신 은혜와 복을 받을 수 있습니다.

그러므로 다윗은 백성들에게 하나님의 언약을 기억하라고 하였는데 이는 곧 언약을 믿고 준행하라는 말이며 하나님의 언약은 반드시 이루어지며 영원히 변치 않으므로 예수님께서 "진실로 너희에게 이르노니 천지가 없어지기 전에는 율법의 일점 일획도 없어지지 아니하고 다 이루리라"(마5:18)고 말씀하셨습니다.

사랑하는 성도들이여!

다윗 왕과 같이 하나님과 화목하고 또 사람들과 화목하며 하나님께서 기뻐하시는 감사와 찬양으로 예배를 드리시며 하나님의 언약을 기억하시고 순종하셔서 하나님께서 언약하신 은혜와 복을 받으시기를 축원합니다.

46. 요나의 감사기도

요나 2:1-10
"요나가 물고기 뱃속에서 그의 하나님 여호와께 기도하여 이르되 내가 받는 고난으로 말미암아 여호와께 불러 아뢰었더니 주께서 내게 대답하셨고 내가 스올에 뱃속에서 부르짖었더니 주께서 내 음성을 들으셨나이다 주께서 나를 깊음 속 바다 가운데에 던지셨으므로 큰 물이 나를 둘렀고 주의 파도와 큰 물결이 다 내 위에 넘쳤나이다 내가 말하기를 내가 주의 목전에서 쫓겨났을지라도 다시 주의 성전을 바라보겠다 하였나이다 물이 나를 영혼까지 둘렀사오며 깊음이 나를 에워싸고 바다 풀이 내 머리를 감쌌나이다 내가 산의 뿌리까지 내려갔사오며 땅이 그 빗장으로 나를 오래도록 막았사오나 나의 하나님 여호와여 주께서 내 생명을 구덩이에서 건지셨나이다 내 영혼이 내 속에서 피곤할 때에 내가 여호와를 생각하였더니 내 기도가 주께 이르렀사오며 주의 성전에 미쳤나이다 거짓되고 헛된 것을 숭상하는 모든 자는 자기에게 베푸신 은혜를 버렸사오나 나는 감사하는 목소리로 주께 제사를 드리며 나의 서원을 주께 갚겠나이다 구원은 여호와께 속하였나이다 여호와께서 그 물고기에게 말씀하시매 요나를 육지에 토하니라"

사람들이 감사하다는 말을 할 때는 좋은 일이 있을 때만 하는 것으로 생각하는데 예수님께서 바울을 통하여 "범사에 감사하라"(살전5:18)고 하셨으며 요나는 죽음의 문턱에서 하나님께 감사하며 기도하여 문제를 해결받았으므로 감사의 달 두 번째 주일인 오늘은 '요나의 감사기도'라는 제목으로 말씀을 전하겠습니다.

1. 요나는 하나님의 명령을 거역하였습니다

요나는 예수님보다 약800년 전의 사람으로 하나님께서 요나에게 "너는 일어나 저 큰 성읍 니느웨로 가서 외치라"(욘1:2)고 하셨는데 요나는 적국 앗수르의 수도인 니느웨가 하나님의 징계를 받는 것은 이스라엘의 모든 백성들이 바라던 바이며 또 니느웨 사람들은 악하였기 때문에 그곳에 가서 회개하라고 외칠 용기도 나지 않았으므로 하나님의 얼굴을 피하기 위해 다시스로 도망하려고 욥바 항구로 내려갔더니 마침 다시스로 가는 배가 있으므로 자기의 계획이 순조롭게 이루어진다고 생각하고 기쁜 마음으로 배 삯을 주고 배에 올라서 안도의 한숨을 쉬었습니다.

우리는 하나님의 말씀에 불순종하면 모든 일이 뜻대로 되지 않을 것으로 생각하지만 때로는 하나님의 말씀에 불순종할 때도 형통할 때가 있으므로 지혜의 왕 솔로몬을 통하여 "네 마음으로 죄인의 형통을 부러워하지 말고 항상 여호와를 경외하라"(잠23:17)고 하시고 또 "너는 악인의 형통함을 부러워하지 말며 그와 함께 있으려고 하지도 말라"(잠24:1)고 하셨으며 또 욥을 통하여 "악인이 이긴다는 자랑도 잠시요 경건하지 못한 자의 즐거움도 잠깐이니라"(욥20:5)고 하셨습니다. 이는 하나님의 말씀을 무시하고 악을 행하는 사람도 형통할 수 있으나 결코 오래 가지 못한다는 말씀입니다. 그리고 "의인은 고난이 많다"(시34:19)고 하시면서 "여호와는 고난 당하는 사람을 변호해 주신다"(시140:12)고 하셨습니다.

사랑하는 성도들이여!

하나님의 뜻을 거스르는 사람의 형통함을 부러워하지 마시고 혹 하나님께 불순종하였으면 징계가 임하기 전에 회개하여 하나님의 용서와 은혜를 입으시기 기원합니다.

2. 요나가 탄 배가 풍랑을 만났습니다

요나는 하나님께로부터 "너는 저 큰 성읍 니느웨로 가서 그것을 향하여 외치라"(욘1:2)는 사명을 받고 고민하다가 "다시스로 도망가면 되겠다"는 지혜로운(?) 생각을 하고 발걸음을 재촉하여 욥바 항구로 가니 마침 다시스로 가는 배가 있으므로 배를 타고 그동안에 쌓였던 피곤을 풀기 위하여 조용한 곳을 찾아 배 밑층으로 내려가서 잠을 청하였습니다.

순풍에 돛을 단 배가 평안하게 항해를 하고 있을 때 여호와께서 큰 바람을 바다 위에 불게 하심으로 배가 깨질 지경에 이르러 사공들이 두려워하여 각각 자기의 신(神)을 부르며 배를 가볍게 하여 배의 침몰을 막아보려고 배에 싣고 가던 귀한 물건들을 모두 바다에 던져버렸습니다.(욘1:4-5)

그러나 요나는 지금까지 잠도 제대로 못 자고 고민하던 모든 문제가 해결되었다고 생각하니 모든 긴장이 일순간에 풀려 잠이 쏟아지기 시작하여 요나는 풍랑이 일어나는 것도 배가 깨지게 되는 위험한 상황도 알지 못하고 잠을 자고 있었습니다.(욘1:5)

그러나 바람은 더 거세게 불었으며 풍랑도 더욱 높게 일어나므로 선장이 잠을 자고 있는 요나를 깨우며 "자는 자여 어찌함이냐 일어나서 네 하나님께 구하라 혹시 하나님이 우리를 생각하사 망하지 아니하게 하시리라"(욘1:6)고 하면서 그들이 의논하기를 "우리가 제비를 뽑아 이 재앙이 누구로 말미암아 우리에게 임하였나 알아보자"고 하여 제비를 뽑았는데 요나가 뽑혔습니다.(욘1:7)

요나는 바람과 풍랑이 일어난 것이 자기 죄 때문임을 깨닫고 "나를 들어 바다에 던지라 그리하면 바다가 너희를 위하여 잔잔하리라 너희가 이 큰 폭풍을 만난 것이 나 때문인 줄 내가 아노라"(욘1:12)고 고백하였는데 사람들이 요나를 차마 바다에 던지지 못하고 배를 육지로 돌리려고 노력을 하였으나 바다의 파도가 더욱 흉용하므로 할 수 없이 요나를 바다에 던지고 나니 사납게 뛰놀던 파도가 잔잔하여졌습니다.

사랑하는 성도들이여!

환난을 당할 때 원인을 다른 데서 찾지 마시고 자신에게서 찾아 회개하므로 환난의 풍랑이 잔잔하게 되어 남은 삶이 평안하시기를 기원합니다.

3. 요나는 고난 중에 감사하며 기도하였습니다

바다에 던져진 요나는 하나님께서 예비하신 큰 물고기가 삼키므로 견디기 어려운 더 큰 고통을 당하게 되었으나 자신을 니느웨로 가라고 명하신 하나님을 원망하거나 자신을 바다에 던진 사람들을 원망은 한 마디도 하지 않고 또 자신의 행위에 대하여 변명하지 않고 하나님께서 자신의 기도를 들으시고 사망에서 건져주실 것을 확신하면서 "내가 받는 고난으로 말미암아 여호와께 불러 아뢰었더니 주께서 내게 대답하셨고 내가 스올(陰府)의 뱃속에서 부르짖었더니 내게 대답하셨고 주께서 내 음성을 들으셨나이다"(욘2:2)라고 구원을 확신하며 간절히 기도하였습니다.

요나는 하나님께서 자기의 간절한 기도를 들어주심으로 자신은 살아서 자신에게 주어진 사명을 다할 것을 다짐하면서 "나는 감사하는 목소리로 주께 제사를 드리며 나의 서원을 주께 갚겠나이다 구원은 여호와께 속하였나이다"(욘2:9)라고 하면서 감사로 기도를 마쳤습니다.

요나가 하나님의 명령을 거역하고 다시스로 도망가려고 했지만 그는 헤어날 수 없는 절망적인 상황에 처하게 되었을 때 오히려 낙심하지 않고 하나님의 도우심을 확신하고 감사하며 기도하므로 하나님께서 요나의 기도를 들으시고 요나를 삼킨 물고기를 명하셔서 육지에 토하게 하시고 다시 사명을 주셨습니다.(욘3:1-2)

요나가 하나님께서 명하신 대로 니느웨로 가서 "40일이 지나면 니느웨가 무너지리라"(욘3:4)고 외치매 왕으로부터 모든 사람들이 금식을 선포하고 굵은 베옷을 입고 재에 앉아 회개하므로 하나님께서 니느웨 사람들을 용서하시고 재앙을 내리지 않았습니다.

사랑하는 성도들이여!

하나님께서 주신 사명을 감당하실 때 어려움을 당하게 되면 다른 사람이나 환경에서 원인을 찾지 마시고 자기 자신에게서 원인을 찾아 회개하며 간절히 기도하심으로 문제를 해결받으시고 받은 사명을 완수하심으로 주님 앞에 서실 때 주께서 예비하신 의의 면류관을 받으시기를 축원합니다.

47. 사도 바울의 감사생활

빌레몬서 1:1-7
"그리스도 예수를 위하여 갇힌 자 된 바울과 및 형제 디모데는 우리의 사랑을 받는 자요 동역자인 빌레몬과 자매 압비아와 우리와 함께 병사 된 아킵보와 네 집에 있는 교회에 편지하노니 하나님 우리 아버지와 주 예수 그리스도로부터 은혜와 평강이 너희에게 있을지어다 내가 항상 내 하나님께 감사하고 기도할 때에 너희를 말함은 주 예수와 및 모든 성도에 대한 네 사랑과 믿음이 있음을 들음이니 이로써 네 믿음의 교제가 우리 가운데 있는 선을 알게 하고 그리스도께 이르도록 역사하느니라 형제여 성도들의 마음이 너로 말미암아 평안함을 얻었으니 내가 너의 사랑으로 많은 기쁨과 위로를 받았노라"

감사의 달을 맞이하여 지난 주일까지 구약 성경에서 다윗 왕의 감사 생활과 요나의 감사 기도에 대하여 말씀을 드렸는데 오늘은 신약 성경에서 사도 바울의 감사 생활을 통하여 '사도 바울의 감사 생활' 이라는 제목으로 말씀을 전하겠습니다.

1. 억울하게 감옥에 갇혀서도 감사하였습니다

사람이 계획한 일이 잘 이루어질 때나 평안할 때는 감사할 수 있으나 일이 뜻대로 되지 않고 어려움이나 고통을 당하거나 특별히 억울한 일을 당할 때는 감사는 고사하고 다른 사람이나 환경을 원망하며 심지어 하나님을 원망하며 불평하며 실족하여 신앙생활을 포기하는 이도 있습니다.

그런데 사도 바울은 주님이 주신 사명인 복음을 전하다가 억울하게 감옥에 갇혔으나 누명을 씌워 고발한 사람을 미워하거나 원망할 만하고 또 주님을 원망할 수도 있으나 자신을 모략한 사람이나 또 자신이 억울하게 쓰고 있는 죄가 무엇인가를 제대로 조사도 해보지도 않고 채찍으로 때리고 발에 착고를 채워 감옥에 가둔 관리들을 원망하지 않고 오히려 감옥을 전도할 수 있는 좋은 장소요 기회로 생각하고 주님께 감사하며 간수와 죄수들에게 열심히 전도하였습니다.(행16:19-)

바울은 고난을 당하는 것을 주님의 고난과 주님의 부활의 영광에 참여하는 하는 것이라 생각하고(빌3:10) 주님의 고난에 참여한 사람은 의의 면류관과 영광의 면류관을 받을 것이라는 확신을 가지고 있었기 때문에 "나는 선한 싸움을 싸우고 나의 달려갈 길을 마치고 믿음을 지켰으니 이제 후로는 나를 위하여 의의 면류관이 예비되었으므로 주 곧 의로우신 재판장이 그 날에 내게 주실 것이며 내게만 아니라 주의 나타나심을 사모하는 모든 자에게 도니라"(딤후4:7-8)고 하였습니다.

사랑하는 성도들이여!

고난을 당할 때 원망하거나 낙심하지 마시고 하나님께 감사하심으로 하나님께 영광을 돌리심으로 주님 앞에 서실 때 의의 면류관을 받으시기를 기원합니다.

2. 다른 사람을 인하여도 감사하였습니다

사람들 중에는 자신의 일이 잘 돼도 감사할 줄 모르는 이들이 많은데 사도 바울은 자신의 일뿐 아니라 다른 사람의 일로 인하여도 언제나 감사하였습니다.

본문 말씀에도 "내가 항상 내 하나님께 감사하고 기도할 때에 너를 말함은 주 예수와 및 모든 성도에 대한 네 사랑과 믿음이 있음을 들음이라"(:4-5)고 하셨으며 "나의 밤낮 간구하는 가운데 쉬지 않고 너를 생각하여 청결한 양심으로 조상적부터 섬겨오는 하나님께 감사한다"(딤후1:3)고 하셨으며 빌립보 교회에 주신 말씀에서도 "내가 너희를 생각할 때마다 나의 하나님께 감사한다"(빌1:3)고 하였는데 감사하는 이유는 "너희가 첫날부터 이제까지 복음을 위한 일에 참예하고 있기 때문이라"(빌1:5)고 하였습니다.

사도 바울의 이와 같은 하나님께 대한 감사의 생활은 모든 성도로 인한 감사인데 이는 모든 사람과 그의 영혼을 사랑하고 그의 인격을 존중하며 또 신뢰하기 때문으로 다른 사람의 인격을 존중하고 또 신뢰하다가 낭패를 당하는 일이 많기 때문에 참으로 어려운 일입니다.

사실 다른 사람의 인격을 존중하고 신뢰하는 사람은 칭찬받을 만한 사람이지만 오히려 어리석은 사람으로 취급하며 다른 사람을 신뢰하지 않고 의심하는 사람을 지혜로운 사람으로 여기는 악한 세상이므로 "너희는 이웃을 믿지 말며 친구를 의지하지 말며 네 품에 누운 여인에게라도 네 입의 문을 지킬지어다"(미7:5)라고 미가 선지자는 말했습니다.

그러므로 예수님께서 말세의 징조에 대하여 "불법이 성(盛)하여 많은 사람의 사랑이 식어지리라"(마24:12)고 하신 대로 다른 사람이 은혜를 베풀어도 은혜로 생각하지 않고 자기를 이용하려는 속임수로 생각하기 때문에 자신의 진심을 보이지 않으므로 결국 불신이 사람 사이를 가로막고 있으므로 피차에 감사하는 마음이 없어지고 결국 하나님께 대한 감사도 사라지고 말았습니다.

사랑하는 성도들이여!

"사촌이 땅을 사면 배가 아프다"는 옛말이 있는데 이는 다른 사람이 잘되는 것을 시기한다는 말로 우리 성도들은 바울과 같이 다른 사람들이 잘되는 것을 인하여 하나님께 감사하는 성도가 되시기를 기원합니다.

3. 예수님의 약속을 믿음으로 감사하였습니다

사람이 문명사회를 이룬 것은 언어의 소통으로 인하여 약속을 할 수 있기 때문입니다. 만약 사람이 약속을 하지 않고 또 약속을 믿지 않는다면 본능에 의하여 살아가는 짐승들과 같이 세월이 아무리 많이 지나도 옛날이나 지금이나 똑같은 삶을 살게 되므로 문명이나 문화라는 말조차 존재하지 않았을 것입니다.

사람과의 약속이 중요하여 약속이 잘 지켜지는 민족이나 국가는 살기 좋은 문명사회를 이루는 반면 약속이 잘 지켜지지 않는 나라나 민족은 문명사회를 이루지 못하고 미개한 생활을 계속할 수밖에 없어 후진국이라는 불명예를 벗어나지 못합니다.

그런데 사람과 사람 사이에 약속보다 일찍 존재하였고 또 중요한 약속은 하나님께서 우리 인간과 하신 약속으로 이 약속을 근거로 신앙생활을 하는 것인데 신앙생활은 하나님의 존재하심과 역사하시는 것만을 믿는 것이 아니라 하나님께서 하신 약속을 믿는 것으로 시작되었으며 또 약속을 바라보며 사는 것으로 하나님의 약속을 믿는 정도에 따라 말씀에 순종하는 열심과 태도가 달라집니다.

그런데 사도 바울은 자신이 과거에 박해자였을 때 예수님께서 자신을 부르시면서 "이 사람은 내 이름을 이방인과 임금들과 이스라엘 자손들에게 전하기 위하여 택한 나의 그릇이라"(행9"15)는 자신에 대하여 아나니아에게 말씀하신 것과 고린도에서 복음을 전할 때 "두려워하지 말며 침묵하지 말고 말하라 내가 너와 함께 있으매 어떤 사람도 너를 대적하여 해롭게 할 자가 없을 것이니 이는 이 성중에 내 백성이 많음이라"(행18:9-10)하신 위로와 약속의 말씀을 굳게 믿었습니다.

바울은 선한 싸움을 싸우고 달려갈 길을 마치고 믿음을 지켰으므로 의의 면류관을 주님께서 주신다는(딤후4:7-8) 확신을 가지고 있었기에 아무리 견디기 어려운 환난과 핍박을 당해도 낙심하지 않고 범사에 감사하면서 예수님께서 자기에게 주신 복음 전파의 사명을 기쁨으로 계속하였습니다.

사랑하는 성도들이여!

감사를 하지 않는 사람은 감사할 일이 생기지 않으므로 불행한 삶을 살 수 밖에 없으며 범사에 감사하는 사람은 감사할 일이 계속 찾아오므로 행복한 삶을 살게 됩니다.

사도 바울과 같이 믿음에 굳게 서서 감사를 넘치도록 하시며(골2:6하) 행복하게 사는 성도가 되시기를 축원합니다.

48. 인정받지 못한 감사기도

누가복음 18:9-14
"또 자기를 의롭다고 믿고 다른 사람을 멸시하는 자들에게 비유로 말씀하시되 두 사람이 기도하러 성전에 올라가니 하나는 바리새인이요 하나는 세리라 바리새인은 서서 따로 기도하여 이르되 하나님이여 나는 다른 사람들 곧 토색, 불의, 간음을 하는 자들과 같지 아니하고 이 세리와도 같지 아니함을 감사하나이다 나는 이레에 두 번씩 금식하고 또 소득의 십일조를 드리나이다 하고 세리는 멀리 서서 감히 눈을 들어 하늘을 쳐다보지도 못하고 다만 가슴을 치며 이르되 하나님이여 불쌍히 여기소서 나는 죄인이로소이다 하였느니라 내가 너희에게 이르노니 이에 저 바리새인이 아니요 이 사람이 의롭다 하심을 받고 그의 집으로 내려갔느니라 무릇 자기를 높이는 자는 낮아지고 자기를 낮추는 자는 높아지리라 하시니라"

사람은 누구나 자신이 행한 일에 인정을 받기 원하여 자신이 한 일을 자랑을 하며 사람들이 인정을 해주지 않으면 섭섭해하는데 본문에도 두 사람이 성전에 올라가서 기도하였는데 세리의 기도는 하나님께 인정을 받았으나 바리새인은 감사의 기도를 드렸으나 하나님께 인정을 받지 못하였다고 예수님께서 말씀하셨으므로 '인정받지 못한 감사기도' 라는 제목으로 말씀을 전하겠습니다.

1. 다른 사람을 악평하는 감사기도입니다

예수님께서 복음을 전하실 당시에 바리새인들은 많은 사람들이 존경하였는데 바리새인들은 존경을 받을 때 겸손하지 않고 오히려 교만해지므로 예수님의 책망을 받았습니다.

바리새인들은 자신들을 의인이라고 생각하고 다른 사람들은 토색, 불의. 간음을 하는 죄인이라고 하여 그들과 가까이 하지 않았으며 특히 세리는 이스라엘 민족의 반역자로 취급하여 그들과는 인사도 하지 않고 한 자리에 앉지도 않으며 함께 음식을 먹지도 않으며 인사를 하거나 한 자리에서 음식을 먹는 사람까지 죄인 취급을 하며 멸시하였습니다.

예수님께서 세리장인 삭개오의 집에 들어가셔서 삭개오와 말씀하시며 음식을 잡수시는 것을 본 바리새인들은 "죄인의 집에 유하러 들어갔도다"(눅19:7)라고 수군거리며 예수님을 비방했습니다.

그러므로 바리새인들은 기도할 때도 세리들과 자리를 같이하지 않고 따로 서서 "하나님이여 나는 다른 사람들 곧 토색, 불의, 간음을 하는 자들과 같이 아니하고 이 세리와도 같이 아니함을 감사하나이다"(눅18:11)라고 자기의 의를 자랑하면서 기도했으나 하나님께로부터 의롭다는 인정을 받지 못했다고 예수님께서 비유로 말씀하셨습니다.

바리새인이 하나님께 기도할 때 분명히 "감사하나이다"라고 감사의 기도를 했어도 다른 사람 즉 세리를 악평하며 기도를 하고 자신은 세리와 같지 않음을 감사하였기 때문에 바리새인의 감사 기도는 하나님께 인정을 받지 못한 것입니다.

성도가 다른 사람과 비교해서 감사하는 것은 올바른 감사가 되지 못합니다. 자신만 못한 사람과 비교할 때는 감사할 수 있겠으나 자기보다 나은 사람과 비교하게 되면 자신의 처지가 처량하게 생각되어 감사는 사라지고 불평과 원망을 하게 되므로 하나님과 자신과의 관계를 생각하여 하나님께서 베풀어주신 은혜를 생각하여 감사하야 하나님께서 인정하시며 기쁘게 받으시게 됩니다.

사랑하는 성도들이여!

악을 행하는 사람일지라도 악평하거나 비판하는 기도를 하지 마시고 그들을 측은히 여기는 마음으로 기도하여 하나님께 인정받는 기도생활을 하시기를 기원합니다.

2. 자신의 의(義)를 자랑하는 감사기도입니다

바리새인들이 "나는 다른 사람들 곧 토색, 불의, 간음을 하는 자들과 같지 아니하고 이 세리와도 같지 아니함을 감사하나이다"라고 기도한 것은 자신은 다른 사람의 것을 억지로 빼앗지 않았으며 또 불의한 일을 행하지도 않고 하나님의 말씀에 순종하여 의롭게 살았으며 간음을 하지 않고 정절을 지켰으며 세리와 같이 민족을 배반하여 불법으로 치부(致富)하지도 않았다는 자신의 의(義)를 자랑하는 기도를 하였으나 하나님께로부터 인정을 받지 못하였습니다.

바리새인들은 자신들의 믿음을 다른 사람들에게 자랑하기를 좋아하여 율법을 크게 써서 옷깃에 붙이고 다녔기 때문에 예수님께서 이를 지적하여 말씀하시기를 "서기관들과 바리새인들이 무엇이든지 그들이 말하는 바는 행하고 지키되 그들의 하는 행위는 본받지 말라 그들은 말만 하고 행하지 아니하며 또 무거운 짐을 묶어 사람의 어깨에 지우고 자기는 이것을 한 손가락으로도 움직이려 하지 아니하며 그들의 모든 행위를 모든 사람에게 보이고자 하나니 그 경문 띠를 넓게 하며 옷술을 길게 하고 잔치의 윗자리와 회당의 높은 자리와 시장에서 문안 받는 것과 사람에게 랍비라 칭함을 받는 것을 좋아하느니라(마23:2-7)고 하셨습니다.

바리새인은 "나는 이레에 두 번씩 금식하고 또 소득의 십일조를 드리나이다"(눅18:12)라고 기도하였다고 말씀하셨는데 바리새인은 신앙생활을 하면서 하나님께 자신이 행한 일을 자랑하는 기도를 하였습니다.

성도가 기도할 때는 하나님께서 자신에게 베풀어주신 은혜를 감사하여 하나님께 영광을 돌리며 자신의 죄를 고백하며 하나님의 뜻을 이루기 위하여 자신이 해야 할 일이 무엇인가를 아뢰며 또 하나님의 뜻이 이 땅에서 이루어지기를 위하여 기도하고 또 다른 사람을 위해서 기도해야 하나님께 인정을 받습니다.

그러므로 예수님께서 성도가 기도할 때 주의할 것을 말씀하시고 우리가 기도를 어떻게 해야 할 것인가를 간단하게 가르쳐 주신 것이 '주기도문'이며 또 기도는 하나님과의 대화이므로 하나님과의 대화를 사람에게 보이려고 해서는 안 됩니다.

사람과의 대화도 내용이 중요한 것은 다른 사람이 모르게 하며 만약 보이기 위한 대화를 한다면 대화의 내용보다 그 사람과의 관계를 보여주기 위한 것입니다.

그런데 성도가 기도할 때 하나님과의 관계를 사람들에게 보여주기 위한 기도라면 이는 무의미한 것이며 하나님과의 대화는 내용이 중요한 것이므로 사람들에게 보이기 위해서 하는 것은 잘못된 것이므로 기도할 때 사람에게 보이려고 하지 말라고 예수님께서 "너는 기도할 때에 골방에 들어가 은밀한 중에 계신 네 아버지께 기도하라 은밀한 중에 보시는 네 아버지께서 갚으시리라"(마6:6)고 말씀하셨습니다.

성도가 의를 행한 것은 자신이 의롭거나 지혜가 있어서가 아니라 하나님께서 의롭게 살 수 있는 지혜와 환경을 만들어 주셨기 때문이므로 성도는 하나님께 자랑할 것이 전혀 없는 죄인일 뿐입니다. 그리고 예수님은 의인을 부르러 온 것이 아니라 죄인을 불러 회개시키려고 오셨으므로(눅5:32) 자신의 의를 하나님께 자랑하면 예수님과 자신과의 관계는 멀어지고 또 끊어지고 맙니다.

기도는 영혼의 호흡이며 하나님의 뜻을 아는 지혜의 문(門)이며 사단을 물리치는 무기이며 자신의 신앙을 성장시키는 원동력입니다. 그러므로 내가 의인이라고 자랑할 때는 기도의 능력이 나타나지 않고 죄를 고백할 때 능력이 나타납니다.

사랑하는 성도들이여!

하나님께 감사기도를 하실 때 다른 사람과 비교하면서 하거나 자신의 의를 자랑하지 마시고 하나님의 은혜를 생각하며 감사기도를 하심으로 하나님께 인정받는 성도가 되시기를 축원합니다.

49. 의로운 요셉

마태복음 1:18-25

"예수 그리스도의 나심은 이러하니라 그의 어머니 마리아가 요셉과 약혼하고 동거하기 전에 성령으로 잉태된 것이 나타났더니 그의 남편 요셉은 의로운 사람이라 그를 드러내지 아니하고 가만히 끊고자 하여 이 이일을 생각할 때에 주의 사자가 현몽하여 이르되 다윗의 자손 요셉아 네 아내 마리아 데려오기를 무서워하지 말라 그에게 잉태된 자는 성령으로 된 것이라 아들을 낳으리니 이름을 예수라 하라 이는 그가 자기 백성을 그들의 죄에서 구원할 자이심이라 하니라 이 모든 일이 된 것은 주께서 선지자로 하신 말씀을 이루려 하심이니 이르시되 보라 처녀가 잉태하여 아들을 낳을 것이요 그의 이름은 임마누엘이라 하리라 하셨으니 이를 번역한즉 하나님이 우리와 함께 계시다 함이라 요셉이 잠에서 깨어 일어나 주의 사자의 분부대로 행하여 그의 아내를 데려 왔으나 아들을 낳기까지 동침하지 아니하더니 낳으매 이름을 예수라 하니라"

예수님께서 죄인을 구원하시려고 세상에 오실 때 요셉과 약혼한 마리아의 몸을 통하여 탄생하셨는데 본문에서 요셉을 의로운 사람이라고 소개하였으므로 성탄절을 앞두고 오늘은 '의로운 요셉' 이라는 제목으로 말씀을 전하겠습니다.

1. 요셉은 침착한 사람입니다

요셉은 마리아와 약혼을 하고 결혼할 날을 기쁨으로 손꼽아 기다리며 결혼 준비에 여념이 없었을 때 약혼녀인 마리아가 잉태하였다는 청천병력과 같은 소식이 들려왔을 때 요셉이 얼마나 큰 충격을 받았으며 또 얼마나 큰 배신감을 느끼고 분노했을까 하는 생각을 해봅니다.

율법에 "누구든지 남의 아내와 간음하는 자 곧 그의 이웃의 아내와 간음하는 자는 그 간부(姦夫)와 음부(淫婦)를 반드시 죽일지니라"(레20:10)고 하셨기 때문에 요셉이 마을 사람들을 모아놓고 마리아가 음행(淫行)하였다고 공포하고 돌로 쳐죽일 수도 있으나 요셉은 이를 드러내지 않았습니다.

요셉은 조급하게 서두르지 않고 가만히 끊으려고 깊이 생각하고 있을 때 주의 사자(使者)가 현몽(現夢)하여 말하기를 "다윗의 자손 요셉아 네 아내 마리아 데려오기를 무서워하지 말라 그에게 잉태된 자는 성령으로 된 것이라 아들을 낳으리니 이름을 예수라 하라 이는 그가 자기 백성을 그들의 죄에서 구원할 자이심이라"(마2:20-21)고 하였습니다.

만약 요셉이 마리아가 잉태했다는 소식을 듣고 조급하게 이를 주위 사람들에게 알리고 파혼을 했다면 요셉은 하나님의 구원섭리를 무너뜨린 죄인이 되었을 것입니다.

조급한 사람은 많은 실수를 하게 되므로 의로운 사람이 될 수 없으며 따라서 조급한 사람은 중요한 일을 할 수 없으므로 중요한 일을 맡기지 않으며 침착한 사람에게 맡깁니다.

사랑하는 성도들이여!

삶의 위기를 만났을 때 조급하지 말고 여유를 가지고 침착한 마음으로 기도하여 요셉과 같이 하나님께서 하시는 구원섭리에 귀하게 쓰임 받으시기를 기원합니다.

2. 요셉은 메시야에 대한 예언을 알고 있었습니다

사람들이 말하는 '의로운 사람' 이란 뜻은 '사람의 도리에 따라 사는 사람' 이라는 뜻이며 본문에서 말하는 '의로운 사람' 이란 '하나님의 법에 따라 경건하게 사는 사람' 이라는 뜻인데 요셉은 하나님의 법 즉 율법을 알고 있었으며 모든 이스라엘 백성들이 기다리는 메시야에 대하여 예언한 말씀을 잘 알고 있었음으로 주의 사자가 현몽하여 "그에게 잉태된 자는 성령을 잉태된 것이라"(마1:20)는 말씀을 들었을 때 이사야 선지자를 통하여 "보라 처녀가 잉태하여 아들을 낳을 것이요 그의 이름을 임마누엘이라 하리라"(사7:14))고 예언하신 말씀을 알고 있었기 때문에 요셉은 잠에서

깨어나서 지체하지 않고 주의 사자가 분부한 대로 즉시 마리아를 집으로 데려옴으로 하나님의 구원섭리에 동참하였습니다.

만약 하나님께서 이사야 선지자를 통하여 예언하신 메시야의 동정녀 탄생을 몰랐다면 주의 사자가 현몽하여 하신 말씀을 사실로 받아들이지 않고 자신과 약혼한 마리아가 잉태하였다는 소식에 감당할 수 없는 큰 충격을 받았기 때문에 희한한 꿈을 꾸었다고 생각했을 것입니다.

그러나 요셉은 경건한 생활을 하면서 이스라엘 민족이 기다리는 메시야가 처녀의 몸에 잉태되어 오실 것이라는 이사야 선지자의 예언을 알고 또 믿었기 때문에 꿈에서 천사가 전하여 준 말을 조금도 의심하지 않고 믿었으므로 잠에서 깨어난 즉시 마리아의 집으로 가서 마리아

를 데려옴으로 결혼하지 않은 여자가 잉태한 부정한 여자라는 죄로 율법주의자들에게 죽임을 당할 수 있었던 위기에서 예수님이 무사히 탄생하시게 되었으니 예수님의 탄생에 관하여 마리아 못지않게 요셉이 큰 역할을 하였습니다.

사람들은 '아는 것이 힘' 이라고 하여 많은 것을 배우는데 사람은 알지 못하면 일을 할 수 없으며 또 잘못 배우면 일을 하더라도 잘못하게 되므로 바르게 배워야 하며 사람은 아는 만큼 일을 할 수 있기 때문에 많은 것을 배우되 바르게 배워야 합니다.

특히 성도는 하나님의 말씀을 바르게 알고 믿어야 하는데 대부분의 이단들이 믿음이 없거나 마음이 악해서 성도를 해치려고 이단이 된 것보다 신앙의 열심은 있으나 하나님의 말씀에 대한 올바른 지식이 없으므로 성경을 자기 주관대로 해석하여 이단이 되고 또 이단에 빠지게 되는 것입니다.

사랑하는 성도들이여!

하나님의 말씀과 예수님의 재림에 대하여 올바른 지식을 지녀서 이단들에게 속지 마시고 올바른 믿음으로 재림하시는 주님을 영접하시기를 기원합니다.

3. 요셉은 경건하여 절제하였습니다

주의 사자의 말씀을 듣고 약혼녀인 마리아를 즉시 데려온 요셉은 마리아가 아들을 낳을 때까지 동침하지 않았는데 혈기 왕성한 청년이 약혼녀와 몇 달 동안을 한 집에 살면서 동침하지 않았다는 것은 보통 사람으로는 있을 수 없는 거의 불가능한 일인데 요셉이 절제할 수 있었던 것은 성품이 의로운 사람이라고 칭할 만큼 경건한 사람이었기 때문입니다.

즉 요셉은 경건한 사람임으로 약혼녀인 마리아가 잉태한 것은 성령으로 된 것이며 잉태된 아기는 "인류의 구세주로 오시는 예수"라는 주의 사자의 말씀을 의심치 않고 믿었는데 이는 일상생활에서 하나님의 말씀을 온전하게 믿고 말씀에 따라 살아온 경건한 사람이었기 때문에 요셉이 육체의 정욕을 절제할 수 있음을 아시는 하나님께서 요셉과 정혼한 마리아를 통하여 예수 그리스도를 나게 하신 것입니다.

세상에는 많은 일을 하고도 절제하지 못하여 애써 이루어 놓은 업적이 물거품이 되기도 하며 또 파렴치한 사람이라는 소리를 듣게 되는 경우도 있습니다. 모든 일의 결과는 절제로 성공과 실패가 결정된다고 해도 지나친 말이 아니므로 성령의 열매를 말씀하시면서 절제를 마지막으로 말씀하셨는데(갈5:22-23) 이는 성령으로 많은 열매를 맺었어도 절제하지 않으면 많은 열매가 허사가 되기 때문입니다.

다윗은 절제하지 못하여 우리아의 아내 밧세바를 범하므로 성군으로서 일생에 지을 수 없는 오점(汚點)을 남기고 나단 선지자의 책망을 받고 눈물로 침상을 적시며 살았습니다.

사랑하는 성도들이여!

견디기 어려운 일을 당할 때 의로운 요셉을 본받아 조급하지 말고 깊이 생각하며 하나님의 말씀을 묵상하며 또 하나님의 약속을 믿고 절제하면서 경건한 삶으로 하나님의 구원섭리에 귀하게 쓰임 받는 복을 받으시기를 축원합니다.

50. 이사야 선지자가 본 예수님

이사야 53:1-6
"우리가 전한 것을 누가 믿었느냐 여호와의 팔이 누구에게 나타났느냐 그는 주 앞에서 자라나기를 연한 순 같고 마른 땅에서 나온 뿌리 같아서 고운 모양도 없고 풍채도 없은즉 우리가 보기에 흠모할 만한 아름다운 것이 없도다 그는 멸시를 받아 사람들에게 버림을 받았으며 간고를 많이 겪었으며 질고를 아는 자라 마치 사람들이 그에게서 얼굴을 가리는 것 같이 멸시를 당하였고 우리도 그를 귀히 여기지 아니하였도다 그는 실로 우리의 질고를 지고 우리의 슬픔을 당하였거늘 우리는 생각하기를 그는 징벌을 받아 하나님께 맞으며 고난을 당한다 하였노라 그가 찔림은 우리의 허물 때문이요 그가 상함은 우리의 죄악 때문이라 그가 징계를 받으므로 우리가 평화를 누리고 그가 채찍에 맞음으로 우리는 나음을 받았도다 우리는 다 양 같아서 그릇 행하여 각기 제 길로 갔거늘 여호와께서는 우리 모두의 죄악을 그에게 담당시키셨도다"

사람이 사탄의 미혹을 받아 죄를 범하였을 때 하나님께서 예수님을 보내 주실 것을 말씀하신 후(창3:15) 여러 선지자들을 통하여 계속 말씀하셨는데 성탄절을 두 주일 앞둔 오늘은 이사야 선지자를 통하여 예언하신 말씀을 가지고 '이사야 선지자가 본 예수님'이란 제목으로 말씀을 전하겠습니다.

1. 흠모할 만한 아름다움이 없었습니다

　옛날부터 사람을 겉볼안(겉을 보면 속마음을 알 수 있다)이라 하여 사람을 고를 때 신언서판(身言書判)이라는 네 가지 조건으로 보았는데 첫째로 신수(외모)를 보고 둘째는 말씨, 셋째는 글씨(문필) 넷째는 판단력을 보았습니다.

　문명사회라는 지금도 외모가 잘 생겨서 출세하는 사람이 있는가 하면 많은 학식과 재주가 있어도 외모 때문에 취직을 하지 못하는 이들이 많기 때문에 외모지상주의(外貌至上主義)시대가 되어 미인을 만드는(人工美人) 성형외과가 많은 인기를 얻고 있으며 미인을 뽑는 대회가 수를 알 수 없을 만큼 생기고 있습니다.

　그런데 이사야 선지자가 약700년 후에 오실 메시야이신 예수님을 보고 "연한 순 같고 마른땅에서 나온 뿌리 같아서 고운 모양도 없고 풍채도 없은즉 우리가 보기에 흠모할 만한 아름다운 것이 없도다"라고 하였으므로 어떤 사람들은 예수님은 키가 작고 얼굴도 못생겼을 것이라고 말하고 있으나 이사야 선지자가 표현한 것은 메시야이신 예수님은 지금까지 세상 모든 사람들이 생각하는 것같이 특별한 외모를 가지고 오시는 분이 아니라 세상에서 흔히 볼 수 있는 평범한 사람으로 오신다는 것을 말씀한 것이며 예수님의 외모보다 메시야로 오시는 그 직무의 중요함을 강조하여 표현한 것입니다.

　사랑하는 성도들이여!

　성탄절을 맞이하면서 하나님의 아들로 천군 천사의 찬양 중에 오시는 예수님으로만 생각하지 마시고 우리 약한 사람들의 죄를 대신하시고 천국의 소망을 주시기 위해 오시는 예수님으로 영접하시기를 기원합니다.

2. 멸시받는 예수님을 보았습니다

누구나 사람들에게 존경받기를 원하여 많은 노력을 하며 때로는 존경받기 위하여 바리새인들과 서기관들과 같이 외식(外飾)하는 사람도 있으며 또 자신은 존경받지 못하더라도 존경받는 사람과 함께 하기를 원하며 또 존경받는 사람과 함께 하게 되면 그것을 자랑하며 다른 사람들에게 멸시받는 사람과는 가까이 하지 않으려 하며 그 사람과의 관계를 물으면 그 사람을 알지 못한다고 부인하기도 합니다.

그런데 예수님의 모습을 이사야 선지자는 "그는 멸시를 받아 사람들에게 버림을 받았으며 간고(艱苦=가난하여 고생함)를 많이 겪었으며 질고를 아는 자라(※대조성경 "그는 언제나 병을 앓고 있었다") 사람들이 그에게서 얼굴을 돌렸고 그가 멸시를 당하니 우리도 덩달아 그를 귀히 여기지 아니하였다."(※대조성경 참고)고 예수님께 대하여 말씀하였습니다.

이와 같이 메시야로 오실 예수님이 위풍당당한 모습은 찾아 볼 수 없고 초라한 모습으로 고통받는 모습을 본 이사야 선지자는 고통받는 예수님을 부끄러워하거나 실망하지 않고 자랑스럽게 생각하여 전파한 것은 예수님 자신의 허물이나 죄로 인하여 멸시와 고난을 당하는 것이 아니라 세상 모든 사람들의 죄와 질고를 대신 짊어지시고 당하시는 것임을 알았기 때문에 기쁨으로 증거하기를 "그가 찔림은 우리의 허물 때문이요 그가 상함은 우리의 죄악 때문이라 그가 징계를 받으므로 우리가 평화를 누리고 그가 채찍에 맞으므로 우리는 나음을 받았도다"라고 그 이유를 자신 있게 전하였습니다.

예수님을 믿는 사람과 안 믿는 사람의 차이는 예수님을 어떻게 보느냐에 달렸는데 예수님을 인류 역사상 보기 드문 훌륭한 성인(聖人)으로만 보는 사람은 예수님을 존경하여 그 가르침은 받아들이면서도 신앙의 대상으로는 믿지 않으나 예수님을 인류의 죄를 해결하려고 하나님께서 보내신 역사상 한 분밖에 없는 하나님의 독생자이시며 구세주 즉 메시야이심을 아는 사람은 예수님의 구속의 은총을 믿고 하늘의 소망과 부활과 영생을 믿으므로 하나님의 약속에 의하여 하나님의 자녀가 되었으므로 성도라 칭함을 받게 된 것을 가장 큰 복으로 생각합니다.

사랑하는 성도들이여!

이사야 선지자가 예언한 예수님은 우리의 죄를 대신하여 간고를 겪으신 구세주이심을 믿고 사람들에게 자랑하셔서 주님을 기쁘시게 하는 성도가 되시기를 기원합니다.

3. 입을 열지 않는 예수님을 보았습니다

사람들은 자신이 잘못한 것이 없는데 오해를 받거나 어려움을 당할 때 자신의 잘못이 없음을 여러 가지 방법을 동원하여 변명하며 혹 자신의 잘못이 있을지라도 자신의 명예와 당할 고난을 생각하여 잘못을 인정하지 않고 변명을 하거나 다른 사람에게 전가(轉嫁)하기도 하는데 사람들은 이를 지혜로 생각합니다.

그러나 예수님은 죄가 없음에도 죄인으로 판결이 내려졌음에도 변명하시지 않고 또 침 뱉음을 당하실 때도 도수장으로 끌려가는 어린 양이 잠잠한 것같이 또는 털 깎는 자 앞에서 잠잠한 양과 같이 아무 말씀도 하시지 않고 사형장(死刑場)인 골고다로 십자가를 지고 가셨습니다.

죄가 없으신 예수님께서 사형 판결을 받으시고 골고다로 끌려가시면서 "나는 죄가 없다"고 말씀하지 않으신 것은 예수님은 자신의 죄로 심문을 받고 십자가형을 받으시는 것이 아니라 모든 사람들의 죄를 대신하여 십자가의 고난을 받으시는 사명을 하나님 아버지께로부터 받고 오셨기 때문에 변명할 수가 없으며 또 변명을 해서도 안 되며 변명할 필요가 없기 때문에 변명하지 않고 잠잠하셨습니다.

만약 예수님께서 죄가 없음을 말씀하셔서 십자가를 지지 않으셨다면 인류는 여전히 죄 가운데 있으므로 구원을 받지 못할 것이며 하나님께서 우리의 죄를 등 뒤로 던지셨다(사38:17하)는 말씀과 기억도 하지 않으신다(사43:25)고 약속하신 말씀은 거짓말이 되기 때문에 하나님의 뜻에 따라 인류의 죄를 대신하여 묵묵히 십자가를 지고 가셨습니다.

사랑하는 성도들이여!

예수님이 인류의 구원을 위하여 천한 사람의 모양으로 이 땅에 오셔서 멸시와 고난을 당하실 때 변명하지 않으심을 본받아 우리도 하나님의 뜻을 위하여 고난을 당할 때 묵묵히 충성하심으로 하나님께서 주신 사명을 완수하고 생명의 면류관과 의의 면류관 영광의 면류관을 받으시기를 축원합니다.

51. 말씀대로 내게 이루어지이다

누가복음 1:26-38

"여섯째 달에 천사 가브리엘이 하나님의 보내심을 받아 갈릴리 나사렛이란 동네에 가서 다윗의 자손 요셉이란 사람과 약혼한 처녀에게 이르니 그 처녀의 이름은 마리아라 그에게 들어가 이르되 은혜를 입은 자여 평안할지어다 주께서 너와 함께 하시도다 하니 처녀가 그 말을 듣고 놀라 이런 인사가 어찌함인가 생각하매 천사가 이르되 마리아여 무서워 말라 네가 하나님께 은혜를 입었느니라 보라 네가 잉태하여 아들을 낳으리니 이름을 예수라 하라 그가 큰 자가 되고 지극히 높으신 이의 아들이라 일컬어질 것이요 주 하나님께서 그 조상 다윗의 왕위를 그에게 주시리니 영원히 야곱의 집을 왕으로 다스리실 것이며 그 나라가 무궁하리라 마리아가 천사에게 말하되 나는 남자를 알지 못하니 어찌 이 일이 있으리이까 천사가 대답하여 이르되 성령이 네게 임하시고 지극히 높으신 이의 능력이 너를 덮으시리니 이러므로 나실 바 거룩한 이는 하나님의 아들이라 일컬어지리라 보라 네 친족 엘리사벳도 늙어서 아들을 배었느니라 본래 임신하지 못한다고 알려진 이가 이미 여섯 달이 되었나니 대저 하나님의 모든 말씀은 능하지 못하심이 없느니라 마리아가 이르되 주의 여종이오니 말씀대로 내게 이루어지이다 하매 천사가 떠나가니라"

하나님께서 보내신 천사 가브리엘이 요셉과 약혼한 마리아에게 "보라 네가 잉태하여 아들을 낳으리니 그 이름을 예수라 하라"고 하시며 나실 아기에 대하여 말하였을 때 마리아는 "주의 여종이오니 말씀대로 내게 이루어지이다"라고 하였습니다. 성탄절을 일주일 앞두고 마리아가 말한 '말씀대로 내게 이루어지이다' 라는 제목으로 말씀을 전하겠습니다.

1. 요셉의 신앙과 인격을 믿었기 때문입니다

부부의 행복과 불행도 어떤 배우자를 만나느냐에 달려 있으므로 예로부터 "부부는 잘 만나면 백년 친구요 잘못 만나면 백년 원수"라고 하였는데 마리아가 어떤 환경에서 자랐는지는 알 수 없지만 그는 요셉을 만나 약혼은 하였으나 결혼하기 전에 자신이 잉태하였다는 천사의 전하는 말을 듣고 거절하지 않고 "말씀대로 이루어지이다"라고 한 것은 자신의 생명을 담보로 한 상당히 위험한 모험입니다. 결혼을 하기 전에 자신이 잉태한 것을 요셉이 하나님의 뜻으로 받아들이지 않고 음행한 것으로 여길 수 있으며 이는 곧 마리아 자신이 죽임을 당할 수 있는데 마리아가 허락한 것은 약혼자인 요셉의 신앙과 인격을 믿었기 때문입니다.

만약 약혼자인 요셉의 신앙과 인격을 믿지 못했다면 가브리엘 천사가 말했을 때 자신의 수태를 거절하였거나 약혼자인 요셉과 의논할 기회를 달라고 했을 것인데 마리아가 즉시 받아들인 것은 요셉이 마리아의 잉태된 것이 하나님의 특별한 섭리에 의하여 이루어졌음을 의심하지 않고 받아들일 것이라는 확신을 가지고 있었기 때문인데 만약 마리아가 약혼자인 요셉을 믿지 못하여 자기 몸을 통하여 예수를 나게 하신다는 하나님의 뜻을 거부하였더라면 자기에게 주시는 가장 귀한 은혜와 복을 상실했을 것입니다.

세상에서 부부 사이를 가장 가까운 사이라 하여 무촌(無寸)이라 하며 하나님께서도 부부는 둘이 아니요 하나라고 하셨으므로 세상 많은 사람 가운데 가장 신뢰할 수 있는 가까운 사이인데 때로는 부부간에 믿지 못하여 행복을 꿈꾸며 만난 부부가 행복을 모르고 불행하게 사는 사람이 의외로 많은 것이 현실입니다.

사랑하는 성도들이여!

마리아가 요셉의 신앙과 인격을 믿어 인류를 구원하시려는 하나님의 구원 섭리에 동참한 것 같이 여러분들도 부부간에 서로 신뢰하여 하나님의 뜻을 이루는 가정으로 은혜와 복을 받으며 행복하게 사시기를 기원합니다.

2. 엘리사벳이 임신했음을 들었기 때문입니다

마리아는 처음에 자신이 잉태하여 아들을 낳을 것이니 이름을 예수라 하라는 천사의 말을 들었을 때 "나는 남자를 알지 못하니 어찌 이 일이 있으리이까"라고 한 것은 천사의 말을 믿을 수 없었기 때문인데 천사가 "보라 네 친족 엘리사벳도 늙어서 아이를 배었느니라 본래 임신하지 못한다고 알려진 이가 이미 여섯 달이 되었나니 대저 하나님의 모든 말씀은 능하지 못하심이 없느니라"(눅1:36-37)고 하는 천사의 말을 듣고 "주의 여종이오니 말씀대로 내게 이루어지이다"라고 천사가 전한 말을 받아들였습니다.

늙어서 아이를 낳을 수 없는 엘리사벳이 잉태했다면 이는 하나님의 섭리와 능력으로 된 것이 분명하다는 것을 믿고 이와 같은 능력이 자기에게도 임하면 처녀인 자신도 잉태할 수 있음을 확신하였기 때문에 "말씀대로 내게 이루어지이다"라고 하였는데 이러한 믿음을 가진 사람이 하나님의 은혜와 복을 받으며 하나님께 쓰임을 받을 수 있는 사람입니다

사람들은 자신의 지식과 경험만을 믿으려 하지만 하나님께서는 필요에 따라 사람들의 지식이나 경험을 초월하는 기적을 행하시는데 하나님께서 엘리사벳이 나이 많아 아이를 낳지 못하는 여인으로 모든 사람이 알고 있었는데 임신을 하게 하신 것은 마리아가 자신이 동정녀로 임신한 것을 믿게 하시려는 것이며 또한 모든 사람들이 예수님의 동정녀 탄생을 믿게 하시려는 하나님의 특별한 섭리에 의한 기적입니다.

때로는 하나님의 말씀이 믿어지지 않거나 다른 사람들이 하나님의 말씀을 믿고 은혜를 받고 삶의 변화가 일어나고 때로는 기적이 일어난 것을 의심하거나 그 사람에게 있을 수 있는 일이라 생각하지 마시고 나에게도 분명히 있을 수 있다는 확신을 가지시고 믿고 기도하시며 최선을 다하여 기적을 체험하심으로 환란의 바람이 불더라도 흔들리지 않는 신앙인이 되십시오.

사람들은 세상에서 들려오는 잘못된 소리를 듣고 믿음을 저버리는 사람이 있는가 하면 또 믿음에 관하여 올바른 소리를 들어 믿음이 견고해져서 하나님의 뜻을 따라 하나님께 영광을 돌리 며 사는 모범적인 신앙인이 되고 믿음을 지키기 위하여 많은 손해도 보며 또 고난도 달게 받으며 또 예수님께서 주신 사명을 위하여 두려움 없이 순교를 하는 성도들이 많습니다.

사랑하는 성도들이여!

"믿음은 들음에서 나며 들음은 그리스도의 말씀으로 말미암았느니라"(롬10:17)고 하신 말씀을 기억하시고 마리아와 같이 하나님의 말씀

을 들어 믿음의 부요한 성도가 되어 기쁨으로 하나님께 충성하시기를 기원합니다.

3. 하나님의 보호하심을 확신했기 때문입니다

율법에는 처녀가 결혼하기 전에 정조를 지키지 않으면 "그 처녀를 아버지 집에서 끌어내고 그 성읍 사람들이 그를 돌로 쳐 죽이라"(신 22:20-21)고 하였으므로 마리아가 처녀의 몸으로 잉태하게 되면 드러나지 않을 수 없고 드러나면 성읍 사람들에 의하여 죽임을 당할 것이 분명한데 마리아가 가브리엘 천사에게 "주의 여종이오니 말씀대로 내게 이루어지이다"라고 담대하게 말한 것은 자신이 임신한 것이 하나님의 뜻에 의하여 된 것이라면 하나님의 뜻을 거역할 수 없고 또 하나님께서 분명히 보호해 주실 것이라는 확신을 했기 때문에 주저하지 않고 "말씀대로 내게 이루어지이다"라고 말한 것입니다.

하나님께서는 성도가 하나님의 뜻을 따라 순종할 때 함께 하시며 보호해주시기로 약속하셨으므로(사43:1-7) 성도는 담대하게 하나님의 말씀대로 살아야 하며 만약 하나님의 보호를 받지 못하더라도 영원한 세계가 약속되어 있음으로 믿고 충성해야 합니다.

사랑하는 성도들이여!

무슨 일을 당하더라도 마리아와 같이 하나님의 섭리임을 믿고 받아들이고 순종하심으로 하나님의 보호하심과 은혜와 복을 받아 하나님의 뜻을 이루시기를 축원합니다.

52. 기쁘다 구주 오셨네

누가복음 2:1-7
"그 때에 가이사 아구스도가 영을 내려 천하로 다 호적하라 하였으니 이 호적은 구레뇨가 수리아 총독이 되었을 때에 처음 한 것이라 모든 사람이 호적하러 각각 고향으로 돌아가매 요셉도 다윗의 집 족속이므로 갈릴리 나사렛 동네에서 유다를 향하여 베들레헴이라 하는 다윗의 동네로 그 약혼한 마리아와 함께 호적하러 올라가니 마리아가 이미 잉태하였더라 거기 있을 그 때에 해산할 날이 차서 첫아들을 낳아 강보로 싸서 구유에 뉘었으니 이는 여관에 있을 곳이 없음이러라"

인류를 구원하시려고 오신 예수님의 잉태와 출생에 관한 내용을 보면 사람들이 상상조차 할 수 없는 신기한 생각을 갖게 되는데 오늘 본문 말씀에는 예수님의 탄생에 관한 말씀이 기록되었으므로 성탄절을 맞이하여 본문 말씀을 가지고 '기쁘다 구주 오셨네' 라는 제목으로 말씀을 전하겠습니다.

1. 로마의 지배를 받을 때 오셨습니다

이스라엘 백성들은 오랜 기간 이방 민족의 지배를 받으면서 메시야가 오셔서 구원해주실 것을 기다리고 있었는데 특히 로마의 침략을 받아 주권을 빼앗기고 지배를 받아 로마정부에 세금을 바치면서 노예와 같은 생활을 하고 있었으므로 다윗 왕과 같은 지도자 즉 메시야가 나타나서 로마의 학정에서 구해주기를 고대하고 있었습니다.

로마 황제 가이사 아구스도가 로마의 식민지 국가에서 세금을 철저하게 거두며 효율적으로 다스리기 위하여 호적을 하라고 명하였는데 호적할 때 현재 살고 있는 현지에서 하는 것이 아니라 각자가 태어난 본적지에 가서 하는 것이므로 요셉은 아내인 마리아가 성령으로 잉태되어 만삭이 된 상태이지만 나사렛에서 베들레헴으로 올라갔는데 당시 상황으로는 정치적인 이유로 베들레헴으로 간 것이지만 이는 "베들레헴 에브라다야 너는 유다 족속 중에 작을지라도 이스라엘을 다스릴 자가 네게서 내게로 나올 것이라"(미5:2)고 미가 선지자의 예언을 이루기 위한 것입니다.

만약 로마 황제 가이사 아구스도가 호적하라는 명을 내리지 않았다면 예수님은 베들레헴에서 탄생하시지 않고 나사렛에서 탄생했을 것이며 미가 선지자의 예언은 이루어지지 않았을 것입니다.

하나님께서는 선지자들을 통하여 예언하신 말씀을 이루시기 위하여 때로는 하나님을 알지 못하거나 하나님의 뜻을 거스르고 박해하는 자들을 통해서도 하나님의 뜻을 이루어가십니다.

이스라엘 백성들이 로마의 지배를 받아 고난을 당하며 소망을 잃고 살아갈 때 예수님께서 천국 복음을 전하심으로 선민 이스라엘들에게 소망을 주시고 위로하신 것뿐만 아니라 죄에 빠져서 사탄의 노예가 되어 천국에 대한 소망을 잃고 사는 만백성들을 구원하시기 위하여 오셨으므로 "영접하는 자 곧 그 이름을 믿는 자들에게는 하나님의 자녀가 되는 권세를 주셨으니"(요1:12)라고 하셨는데 이는 죄를 지어 하나님과 관계가 끊어지고 하나님과 원수가 된 죄인들에게 가장 소중한 소망을 주시기 위하여 이 땅에 오셨다는 말씀입니다.

사랑하는 성도들이여!

성탄절을 맞이하여 과거에 사탄의 종이었던 우리를 예수님께서 오셔서 해방시키심으로 하나님의 자녀가 되어 천국의 소망을 가지고 살게 됨을 확신하시며 범사에 하나님께 감사하며 충성하시며 행복하게 시시기를 기원합니다.

2. 베들레헴에서 탄생하셨습니다

베들레헴은 믿음의 조상 다윗이 태어나고 자란 곳으로(삼상17:12) 예수님께서 오시기 전 약 700년 경에 미가 선지자가 "베들레헴 에브라다야 너는 유다 족속 중에 작을지라도 이스라엘을 다스리는 자가 네게서 내게로 나올 것이라 그의 근본은 상고에 영원히 있느니라"(미5:2)고 메시야가 나실 곳으로 예언하였는데 베들레헴이라는 동네의 이름의 뜻은 '떡집' 이라는 뜻으로 예루살렘에서 남쪽으로 약 20리 떨어진 곳으로 예루살렘으로 절기를 지키러 가는 사람들을 상대로 음식(떡)을 파는 집이 많기 때문에 붙여진 이름으로 우리나라를 예로 든다면 수원 아래에 있는「병점」(옛이름=떡점거리)과 같은 곳으로 예수님께서 오실 때 베들레헴에서 탄생하신 것은 예수님께서 생명의 떡으로 오셨기 때문입니다.

그러므로 예수님께서 "내가 곧 생명의 떡이니 내게 오는 자는 결코 주리지 아니할 터이요"(요6:35)라고 하시고 "나는 하늘로서 내려온 살아있는 떡이니 사람이 이 떡을 먹으면 영생하리라 내가 줄 떡은 세상의 생명을 위한 내 살이니라"(요6:51)고 하셨는데 사람이 건강을 유지하고 살아가려면 반드시 음식을 먹어야 하는 것같이 영혼의 삶을 위해서는 하늘에서 내려오신 살아있는 떡이신 예수님을 영접해야 하므로 예수님께서 친히 "내 살은 참된 양식이요 내 피는 참된 음료니라"(요6:55)라고 말씀하셨습니다.

사랑하는 성도들이여!

생명의 떡으로 오신 예수님을 모심으로 예수님께서 주시는 영생의 복을 받으시기를 기원합니다.

3. 예수님은 마구간에서 태어나셨습니다

이 세상을 창조하시고 다스리시는 하나님의 아들이 있을 곳이 없어서 마구간에서 태어나시고 구유에 뉘인 이유를 살펴보면

첫째, 하나님의 아들임을 아는 사람이 없었기 때문입니다.

예수님께서 태어나셨을 때 하나님의 아들이심을 아는 사람이 있었다면 자기는 길거리에서 밤을 지새더라도 자기의 자리를 기쁨으로 내어드렸을 것입니다. 그러나 자리를 양보한 사람이 하나도 없었던 것은 지금 태어난 아기가 자기들이 기다리고 있는 메시야이심을 아는 사람이 하나도 없었기 때문이며 오히려 많은 사람들은 산모와 아기가 저주를 받은 불행한 사람이라고 수군거리며 멀리했을 것입니다.

둘째. 인정이 메말랐기 때문입니다.

비록 하나님의 아들이심을 몰랐다 해도 젊은 여인이 마구간에서 아이를 낳은 것을 보았거나 또는 소문을 들었을 때 인정이 조금이라도 있었다면 자기의 방을 산모와 어린 아기를 위하여 즉시 양보했을 것인데 여관에 있을 곳이 없을 만큼 많은 사람들이 있었는데도 자기

의 방을 양보하는 사람이 하나도 없었다는 것은 인정이 메말랐다는 증거입니다.

셋째. 예수님의 겸손을 보여주신 것입니다.

사람은 누구나 지위가 높거나 부유할수록 좋은 자리를 원하는데 예수님은 하나님의 아들로 영광스러운 하늘 보좌를 버리시고 세상에 죄인을 구하려고 죄악으로 가득 찬 세상에 오실 때 가장 낮고 추한 누구나 피하는 자리인 마구간 구유에 누우셨으며 높고 귀한 자리에 있는 사람과 부유한 사람들보다 낮고 천하고 가난한 사람들을 구원의 대상으로 삼으셨습니다.

그러므로 예수님께서 세상에서 존경받지 못하는 사람들을 부르셔서 사도로 세우셨으며 "수고하고 무거운 짐 진 자들아 다 내게로 오라 내가 너희를 쉬게 하리라 나는 마음이 온유하고 겸손하니 나의 멍에를 메고 내게 배우라 그리하면 너희 마음이 쉼을 얻으리니 이는 내 멍에는 쉽고 내 짐은 가벼움이라"(마11:28-30)고 자신의 겸손하심을 말씀하셨습니다.

사랑하는 성도들이여!

영벌에 처해질 우리에게 영생을 주시기 위하여 생명의 떡으로 오신 예수님을 지금 어디에 모셨습니까? 문제를 해결해주시는 해결사로 이용하지 마시고 추한 내 마음에 오신 예수님께 나의 가장 귀한 자리를 내어드리고 예수님의 겸손을 본받아 충성하심으로 하나님께 영광을 돌리시기를 축원합니다.

深泉 심현섭 목사 설교집 · 1
하나님께서 함께 하신 사람들
심현섭 목사 지음

발행처 / 도서출판 힘써
발행인 / 김학진
대표이사 / 김영숙
기획 / 힘써기획부
편집디자인 / 예사랑
표지화 / 김금길
인쇄 / 영재문화

등록 / 2009년 3월 6일 (제 439-2009-000003호)
1판 1쇄 인쇄 2012년 4월 2일
1판 1쇄 발행 2012년 4월 2일

주소 / 충북 충주시 소래면 양촌리 182-1
043-854-1836 HP 011-9881-2926
E-mail / rlagkrwls2003@hanmail.net

ISBN 978-89-85323-03-1   03230
값 10,000원

이 책의 저작권은 도서출판 힘써에 있습니다.
양측의 서면 동의 없이는 무단 전제 및 복제를 금합니다.